基础教育
国际比较研究丛书

Series of
International and
Comparative Studies on
Basic Education

顾明远 主编

美国的『家庭学校』

Home Schools in the United States

张爱玲——著

上海教育出版社
SHANGHAI EDUCATIONAL PUBLISHING HOUSE

总 序

2020年注定是人类历史上不平凡的一年，新冠疫情的爆发改变了世界发展的基本格局。一些国家保守主义、单边主义抬头，逆全球化思维盛行；但更多国家和国际组织呼吁全球应加强合作，共同抗击疫情并抵制疫情给世界各国社会、经济、教育等不同领域带来的不良影响。受疫情的影响，不少国家因通信基础设施薄弱已出现了学习危机，加之疫情影响导致的经济危机势必影响很多国家的教育投入，进而加剧教育不平等的现象。此外，疫情期间不少国家不断爆出的种族歧视、隔阂言论和行为，给世界和平和发展带来了潜在的风险。为此，2020年联合国教科文组织“教育的未来”倡议国际委员会发布了《新冠肺炎疫情后世界的教育：公共行动的九个思路》(Education in A Post-COVID World：Nine Ideas for Public Action)，特别强调要加大教育投入，保障公共教育经费，同时呼吁“全球团结一心，化解不平等。新冠肺炎疫情解释了权力不均和全球发展不平等问题。各方应重新倡导国际合作，维护多边主义，以同理心和对人性的共同理解为核心，促进国际合作和全球团结”。[1]

事实上，全球教育发展面临的挑战远非如此。回

[1] International Commission on the Futures of Education, UNESCO. Education in A Post-COVID World：Nine Ideas for Public Action [R/OL]. [2020-06-24] https://unesdoc.unesco.org/ark: /48223/pf0000373717/PDF/373717eng.pdf.multi.

顾人类社会进入21世纪以来，经济的快速发展和科技的日益进步的确给教育的发展带来了很大的变化，“经济增长和创造财富降低了全球贫穷率，但世界各地的社会内部以及不同社会之间，脆弱性、不平等、排斥和暴力却有增无减。不可持续的经济生产和消费模式导致全球气候变暖、环境恶化和自然灾害频发……技术发展增进了人们之间的相互关联，为彼此交流、合作与团结开辟出了新的渠道，但我们也发现，文化和宗教不宽容、基于身份的政治鼓动和冲突日益增多”。[1]这些全球可持续发展的危机已然给世界各国的教育提出了巨大的挑战。为此，联合国教科文组织特别重申了人文主义的方法，强调：“再没有比教育更加强大的变革力量，教育促进人权和尊严，消除贫穷，强化可持续性，为所有人建设更美好的未来，教育以权利平等和社会正义、尊重文化多样性、国际团结和分担责任为基础，所有这些都是人性的基本共同点。”[2]

对此，中国政府一直高度赞同并积极行动，响应国际社会的号召。我们以习近平总书记提出的“人类命运共同体”和“文化交流互鉴”的思想为指导，坚持教育对外开放，积极地开展各项国际教育交流与合作活动。日前，《教育部等八部门关于加快和扩大新时代教育对外开放的意见》也明确指出，要“坚持教育对外开放不动摇，主动加强同世界各国的互鉴、互容、互通，形成更全方位、更宽领域、更多层次、更加主动的教育对外开放局面”。[3]为此，我们需要更加深入地研究各国教育改革的最新动向，把握世界教育发展的基本趋势。

北京师范大学国际与比较教育研究院作为教育部普通高等学校人文社会科学重点研究基地，始终围绕着世界和我国教育改革与发展的

[1] 联合国教育、科学及文化组织.反思教育：向“全球共同利益”的理念转变［M].巴黎：联合国教科文组织，2015：9.

[2] 同上：4.

[3] 教育部.教育部等八部门全面部署加快和扩大新时代教育对外开放［R/OL].（2020-06-18)［2020-06-24］. https://www.xuexi.cn/lgpage/detail/index.html?id=12928850217812069436&；item_id=12928850217812069436.

重大理论、政策和实践前沿问题开展深入研究。此次组织出版的“基础教育国际比较研究丛书”共10本，既有国别的研究，涉及英国、美国、法国、加拿大等不同的国家，也有专题的研究，如基础教育质量问题、英才教育等。这些研究均是我院教师和博士生近年来的研究成果，希望能帮助从事基础教育工作的教育决策者和实践者开拓视野，较为深入准确地把握世界教育发展的前沿问题，以更好地促进我国基础教育新一轮的深化改革。在出版过程中，我们得到了上海教育出版社的大力支持，特别是此套丛书的负责人袁彬同志和董洪同志的大力支持，具体负责每本书的编辑不仅工作高效，而且认真负责，在此一并感谢！

顾明远

2020年6月24日

于北京求是书屋

Foreword

序

我的同事肖甦老师告诉我，她的学生张爱玲的博士论文即将出版了，我听了非常高兴，表示祝贺。随后她约我为这本书写一篇序，我本觉得还是导师写为好，导师嘛，扶学生上马，再送一程，多好的事！但是肖老师坚持请我写，说我是答辩委员会的主席，于是我就不好推脱了，何况张爱玲的这篇论文确实比较优秀，于是特为序。

家庭是教育的重要场所之一。在学校普遍建立，义务教育全面实施之前，父母在家教育子女是最常见的形式。但随着国家掌控教育权和学校教育的普及，家庭出让了部分教育权，学校成为儿童学习的主要场所。不过即便如此，家长从来没有也不可能全部出让对子女的教育权。作为社会组成的最小单位，家庭永远是每个孩子长大成人，走向社会的首要根基。

信息技术的不断发展打通了教育的边界，激活了家庭和社会更多的教育功能，使得教育形态日益多样化。在人工智能时代和互联网时代，学校教育的垄断地位受到撼动和挑战，自由学校、“无围墙学校”“家庭学校”等多种教育形式出现并得以发展。在人们获取教育机会的需求得到满足后，一部分人开始寻求更适合自己的教育，于是就出现了“从学校回到家庭”这种逆反现象。它不仅在一定程度上反映了公众对现行教育制度的不信任态度，而且说明受教育机会的均等不仅仅是获得上学读书的权利以及公正的待遇，还包括享有符合身心发展的个性化教育。[1]

现代意义上的“家庭学校教育”（home-schooling）是在学校教育制度充分发展的基础上出现的一种教育形式，是家长期许孩子在自由的学习形式下成长、成才的一种自主选择；由此而产生的“家庭学校”（home school）以义务教育阶段的学龄儿童为主体，父母为主要施教者，家庭为主要学习场域。欧美发达国家的“家庭学校”早在20世纪七八十年代就已出现并获得一定发展，2012年美国接受“家庭学校教育”的学生已达177万之多，相关立法及政策措施也都比较系统和完善。

在我国，“家庭学校”（国内最普遍的说法是“在家上学”）产生于20世纪90年代末，21世纪以来持续升温，引发媒体的热议、纷争与学术界的关注、讨论。以1996年“童话大王”郑渊洁对自己儿子郑亚旗实施家庭私塾教育为标志，“在家上学”开始进入大众视野并获得关注。近20年来，选择“在家上学”的人数小幅增加，一部分家长为实现资源共享，开始“抱团”发展，以家庭互助方式成立“微型学校”，一些小型的进行“在家上学”的家庭还建立了互助组织，定期举行经验交流、成果分享的工作坊活动。这些教育实践不仅反映了我国家长对内心理想教育的一种探索和实验，同时也表明中国的“在家上学”已开始初步组织化。

尽管规模不大，地域集中，但“在家上学”确实代表了一部分家长对高质量、个性化教育以及教育选择权的追求。迄今为止，我国“家庭学校”的内涵和外延尚未厘清，没有明确的法律规范，“家庭学校”如何发展、以何种形式发展等一系列问题都成为家长的困惑。

张爱玲博士以敏锐的眼光捕捉到了这种虽脱离主流学校教育但正逐渐升温的社会现象，并将其作为博士论文的研究主题。她从“家庭

[1] 劳凯声.教育立法的实践理论与问题［D］.北京：北京师范大学，1991.

学校”发展最为成熟的美国入手，尝试以历史发展为线索，以开放系统的组织理论为分析视角，将美国“家庭学校”置于教育系统以及更大的社会系统之中，尽可能立体呈现这一“小众”“另类”的教育形式从自力更生到协同进化，与外部环境既抗争又合作的动态画面，从而也为我国“家庭学校”的研究和实践提供了有益借鉴与启示。

这项研究表明，美国“家庭学校”的成长经历了三次蜕变：社会地位从非法到合法；教育形式从单一到多样；服务（保障）体系从匮乏到日趋完善。美国“家庭学校”在对抗与协作中博弈，在探索与调整中求得生存和发展，逐渐获得公众认可，外部资源不断丰富，自身类型日益多样化。“家庭学校”在教育形式上的实验也为美国教育带来了新的活力，既在一定程度上推动了学校教育制度的改革和创新，又满足了一部分家长和学生自主设计发展和成才道路的愿望。

这一研究具有较强的时代性，既能满足研究者、读者理解美国基础教育改革与发展的需要，也能观照国内教育改革的现实需要。它或可为我国理性、科学地审视“家庭学校”这一小众的教育形式提供一定的借鉴。

首先，“家庭学校”的发展需要法律的规范和引领。“家庭学校”是义务教育的一种豁免形式，教育部门应正视家长的教育需求，出台相应的法律、政策，实施严格、有效的管理和监督，保障家长的教育选择权、儿童的受教育权与教育质量。

其次，“家庭学校”的成长体现了教育范式正在改变。在信息化和互联网时代，各种自下而上的、非制度化的、自由组织的和个性化的学习逐渐成为现实，形式多样的教育系统正在构建之中。在中国，“家庭学校”只是初露端倪，尚未获得合法地位，但它的出现无疑为主流的公立学校改革提供了一个不同的范式，并会刺激公立学校的创新和提升。

再次，家长选择“家庭学校”形式须谨慎。“家庭学校”的确可以实施个性化的定制式教育，效率较高，但并不适合所有的家庭，它对家长的教育能力、家庭的经济实力都是一种挑战。此外，由于家庭的私密性，教育部门难以公正、客观地监管与评价。“家庭学校”颇受社会质疑，家长想要寻求有效的援助，而相关的社会支持体系又不可能在短时间里建立起来，光是在获得公共教育经费方面，家长就很难如愿。

最后，我想还应该指出的是，“家庭学校”之所以能够在美国基础教育体系中占有一席之地，成为学校教育的有益补充，与美国的文化传统密切相关。第一，美国具有强烈的基督教文化传统，在基督教文化中，父母教育子女天经地义，这是父母的权利、义务和责任；第二，美国文化推崇个人的选择，即便有义务教育的法令，也不能限制个人的选择，个人选择在现代甚至被推崇为不可侵犯的个人权利，这就为立法允许择校，允许“家庭学校”存在奠定了文化基础，并且也使得美国社会和政府对“家庭学校”这种小众选择持理解和宽容的态度；第三，美国人有不靠政府自己行动解决问题的传统，他们在认为传统学校不适合自己孩子的时候，并不怨天尤人，而是创造“家庭学校”这种新的学习形式；第四，美国文化强调家长尊重子女，尊重子女不同的学习方式，推崇家长与子女互动式的学习，所以在家上学基本上是家长和子女共同的选择；第五，传统上，美国家庭在子女出生后，母亲都会放弃工作或者从事部分时间制工作以重返家庭（当然，现代社会也有父亲选择重返家庭），这就有了实施“家庭学校”的现实可能性；第六，美国有自由结社的传统，许多“家庭学校”通过自由结社抱团取暖，互相支持，弥补各自家庭在教育子女方面的不足，从而为“家庭学校”争取到一片发展的空间。我国的文化传统与美国显然不同，因此家长还是要慎重决策，审视在我国的文化环境中自己是否为子女在家学习做好了充分的准备。

本书是在张爱玲同志的博士论文《美国“家庭学校”发展研究——基于开放系统的组织理论》的基础上，经过补充、完善、修改而成的。在本书的写作过程中，她阅读和参考了大量外文文献，形成了一系列具体而清晰的观点，展现了独立开展教育研究的能力。在本书付梓之际，希望张爱玲博士能够在后续的研究中以此为起点，不断拓展研究思路，在教学、科研等方面取得更多的成果。

最后再说一句多余的话，相信在本次疫情中，许多家长对“神兽”在家学习有了更直接、更深刻的体验，这时再来读此书，我想一定会有所受益，同时也可以以自己的切身体会对本书提出中肯的意见。希望作者在读者意见的基础上，发现新的研究问题，推进自己的研究。

北京师范大学国际与比较教育研究院

2020年6月10日

Contents

目　录

第一章

导　论

"家庭学校"作为一种凸显家长教育选择权，促进儿童个性发展的教育方式，因追求充分的教育自由而备受关注。我国的一些家长在20世纪90年代开始了在家教育子女的实践，但在法律制度保障和教育过程中面临诸多障碍与困境，而美国在这方面的研究和实践相对成熟。本研究重在探索美国"家庭学校"的生存环境、发展历程及运行机制，以期为我国的"家庭学校"提供一些警示和启示。

第一节 研究缘起

知识经济时代和信息化社会到来，人们的教育需求日益多元化、个性化，在正规学校之外，多种教育实验和另类教育形式得以兴起和发展。一些家长努力追求教育选择权，捍卫自身的教育权利，开始了"家庭学校"的探索。20世纪90年代末至今，我国"家庭学校"的实践和研究日趋活跃，但同时面临诸多困境。而美国的"家庭学校"已经走过50多年的发展历程，拥有法律制度保障，形成了较为完善的社会支持体系，可以为我国"家庭学校"的健康成长提供借鉴和思考。

一、教育形态日益多样化，"家庭学校"得以兴起与发展

在人类教育的历史长河中，家庭是人类最古老、最经典的教育场

所和精神摇篮，发挥着生产、教育、抚养与赡养等多重职能，给予儿童基本的生活技能和道德熏陶。

19世纪以来，特别是随着工业革命的进行和民族国家的建立，社会分工和公民教育促使国家建立公共教育制度。自此，具有高效、统一、制度化等特征的公立学校取代了家庭与教会的地位，学校成为儿童学习的主要场所。学校教育具有自身的独特优势，如效率高，有助于集体规范的传递等。但它也有自身的缺陷，一是遵循“模具制造，批量生产”的工业化逻辑，具有确定性、标准化、统一性等特征，难以兼顾个性发展需求；二是经过多年的发展，公立学校形成相对稳固的自系统。由于多年运转的惯性，该系统不仅缺乏外部压力，而且从内部也滋生出管理僵化、效益低下、依赖性过强、缺乏责任感等问题。[1]

20世纪80年代以来，世界各国不约而同地掀起了声势浩大的“学校教育重建运动”。西方国家在基础教育领域进行了以新自由主义为主导思想的一系列改革，如引入市场，削弱政府职能，有力地推动了教育多样化的发展。其中，“拓展父母的选择权日益被视为撬动教育体制改革的杠杆”。[2]联合国教科文组织1993年发表的《世界教育报告》对“处于调整与变化的世界中的教育”进行了探讨，“扩大教育选择”被认为是三大主题之一。[3]在新技术革命影响下，学校越来越显示出它在许多方面的缺陷与无力，例如终身学习、个性化学习、天赋的发挥、创造力的培养等都不是学校擅长的事情，但这些方面的学习，恰是21世纪信息社会所必需的。

[1] 史静寰，等.当代美国教育［M］.北京：社会科学文献出版社，2012：210.
[2] ［美］E.S.萨瓦斯.民营化与公私部门的伙伴关系［M］.周志忍，译.北京：中国人民大学出版社，2002：276.
[3] 联合国教科文组织.世界教育报告（1993）［R］.中国联合国教科文组织全国委员会，1993：17.

在上述社会背景和教育改革氛围中，学校教育经历着不断的冲击和改革。我们正在经历一个人类教育意识全面觉醒的时代，多样化的教育形态如春日百花，争奇斗艳。[1]学校教育的垄断地位受到撼动和挑战，自由学校、“无围墙学校”“家庭学校”等多样的教育形式出现并得以发展。“家庭学校”源于许多家长不满学校教育质量，忧虑校园环境安全，进行宗教信仰教育等原因，家长主动将孩子带离体制化学校，在家开展个性化教育。“家庭学校”实施过程中，孩子得到更多的关注，孩子的爱好、兴趣、特长得到重视、发现与培养，“家庭学校”逐渐成为一种有效的教育形式。

二、中国“家庭学校”实践和研究活跃，但存在诸多困境和不足

随着社会发展，人们的教育观念不断更新，教育改革持续推进。20世纪90年代末期，尤其是21世纪以来，“家庭学校”作为一种教育现象和社会现象在中国持续升温，如郑渊洁在家自办私塾教育儿子；徐雪金专职教育自己的儿女，并创办了“在家上学联盟”网站；一些以家长互助方式成立的“微型学校”不断出现，如北京日日新学堂、广州六月小学堂、云南大理苍山学堂等。[2]

实践的升温引发社会媒体的热议。报纸、电视、网络等主流媒体都对“家庭学校”进行过报道，并使用一些引人注目的字眼，如“叛

[1] 项贤明.泛教育论——广义教育学的初步探索［M］.太原：山西教育出版社，2000：85.

[2] 国内有关该问题的新闻、随笔、学术论文、课题等资料中，术语的使用存在一些混乱，如将英文“homeschooling”一词翻译为“在家上学”“在家教育”“家庭学校”“家庭学校教育”，名称各异，但含义基本相同，主要是指以父母为主导，以家庭为主要场所的一种正规教育形式。我国学者在研究国内相关问题时倾向于使用“在家上学”一词，而在研究美国时通常使用“家庭学校”“在家教育”“家庭学校教育”等。

离”“非主流”“桃花源式的教育”“倒逼学校教育”等。舆论的热议引发研究者的思考，如劳凯声教授提出：“在现代社会，个人发展的最好环境是学校，但为什么许多国家会对‘家庭学校’网开一面？同时，教育进入国家的管理范围不过才200年，为什么国家要对教育管这么多？”[1]“家庭学校”逐渐从舆论热点走向学术研究。一些有关“家庭学校”的相关课题被立项，如北京市哲学社会科学2012年度立项课题“北京市在家教育的立法规范研究”（12JYA002）等。专著和报告也开始出现，2012年，第一部全景式展现我国“家庭学校”实践的专著《在家上学——叛离学校教育》出版；[2] 2013年，21世纪教育研究院发布第一份《中国在家上学研究报告》，完成了第一次较为广泛的在家上学的调查，并对数据进行了统计分析，总结我国的在家上学基本情况。国家也认识到了人们对教育多样化的需求，《国家中长期教育改革和发展规划纲要（2010—2020年）》提出：“要形成以开放多样、优质均衡为特点的现代国民教育体系，为不同需求的学生提供更多的与其发展相匹配的教育选择机会。”

在我国，尽管在家上学的规模不大，而且地域集中，[3] 但它的出现和发展代表了一部分家长对高质量、个性化教育以及教育选择权的追求。这不仅对学校教育和义务教育制度产生了冲击，也对国家教育权提出了挑战。目前，我国政府对“家庭学校”存在一种不置可否、视而不见的态度，“家庭学校”在实践中面临诸多困境，如“家庭学

[1] 作者因参与肖甦教授主持的“义务教育阶段在家上学现象与政策应对研究——基于美、俄、日等国的比较分析”课题，参加了首都教育发展2011协同创新中心的开题会议，与会专家都较为关注在家上学现象，劳凯声教授提出上述问题，引发大家的思考。

[2] 李新玲.在家上学——叛离学校教育［M］.北京：中央广播电视大学出版社，2012.

[3] 报告指出：当前活跃于中国的“在家上学”群体规模约为1.8万人（不包括港澳台），主要集中在广东、浙江、北京等经济文化水平较高、社会公众教育观念较开放的东部地区。

校”未获得合法地位，家长没有获得明确的教学规范；学生无法与公立学校进行有效对接，在家学习的孩子今后的出路无着；家长的教学实践多样，不知如何科学地选择教材和教学方法等。

从研究层面看，我国关于“家庭学校”的学术理论研究起步较晚（大约在20世纪90年代初），系统分析该现象的研究成果虽然逐年增多，但依然不够丰富。从已有的研究成果看，专著、报告等较少，学术论文和随笔相对较多；研究内容上，以宏观研究为主，主要是描述事实、分析原因、提出建议，研究的深度和系统性不够；研究视角上，法理分析、个案介绍居多；国别研究上，以美国为主。

三、美国“家庭学校”发展相对成熟，为我们提供借鉴和思考

在美国，现代意义上的“家庭学校”产生于20世纪60年代，是在声势浩大的“反文化运动”的影响下发生的一场社会运动和教育运动。作为一个新生事物，这种追求教育个性化、家长教育选择权的行为受到原有教育制度的强烈抵制和批判。“家庭学校”发展初期，家长和学者们经过努力建立了一些支持性组织，团结起来进行了积极的抗争。随着20世纪70年代国家对优异教育日益重视，加之新保守主义在20世纪80年代抬头，倡导市场竞争，鼓励个人选择，这些因素在一定程度上推动了“家庭学校”的发展。20世纪90年代中期，“家庭学校”在美国的合法地位得以确立。

从数量看，“家庭学校”的规模不断壮大。依据美国教育部下属的全国教育数据中心（National Center for Education Statistics）发布的数据，1994年美国K-12阶段在家学习的孩子数量为34.5万人，1996年为63.6万人，1999年为85万人，2003年达到110万人，占整

个学龄儿童的2.2%，2007年约为150万人，占整个学龄儿童的2.9%，2012年为177万人，占整个学龄儿童的3.4%。全国家庭教育研究所（National Home Education Research Institute）2011年公布的数据显示，2010年美国K–12阶段在家学习的孩子数量达到204万人，占整个学龄儿童的3.8%。虽然数据的准确性存在疑问，[1]但“家庭学校”在数量上的不断增长是不争的事实。

从发展状态看，“家庭学校”形成了较为稳定的教学模式和成熟的教育市场，专业咨询公司、课程或教具制作公司等大量出现，为在家学习的学生提供专业服务。联邦、州、地方等各个层面形成了相对完善的组织体系，它们为家长们提供相关知识、出版物、研讨会和法律支持。全美建立了诸多以“家庭学校”为专题的网站，为家长们提供交流互动的平台、教育内容方面的指导以及大量的教育资源等。同时，良好的社区辅导网络体系与“家庭学校”学习组织得以建立，家长之间彼此合作教学、促进交流，运用教育信息技术，形成了“家庭学校”远距离教学网。

现在，美国“家庭学校”接受政府的管理和批准，遵守相关法律的要求，有正规的教育内容、教材和考试评价等。“家庭学校”当初处于“地下”的、社会边缘的生存状态得以改变，已经被主流社会认可和接受，[2]成为一种较为正规的教育形式，充分发挥了家庭教育形式多样、个性化、人性化、自由度高的优势。

综上所述，基于教育形式日益多样化，教育选择权愈加凸显，美

[1] 在阅读外文文献时，经常使用“估计、大约”等词来描述数量，这说明在家学习的学生数量是一个概数，原因主要有：(1) 美国各州对家庭学校的管制程度不一，在一些州，家庭学校不需要注册；(2) 开展家庭学校的家庭分布较为分散，难以统计；(3) 有些家长不愿参与调查，担心受到干扰等。

[2] Murphy, J. Homeschooling in America: Capturing and assessing the movement [M]. California: Corwin Press, 2012: 36.

国的“家庭学校”已经成为家长可以选择的一种教育形式。我国“家庭学校”实践持续升温，但困境重重，理论研究相对薄弱。以“家庭学校”实践和理论研究相对成熟的美国为研究对象，确有必要。

第二节 文献综述

笔者以“在家上学”“家庭学校”“家庭学校教育”“在家教育”“home-schooling”“homeschooling”“home school”等为关键词在中国知网、ERIC（教育资源信息数据库）、ProQuest Education Journals等数据库中进行检索，并通过北京师范大学图书馆、国家图书馆等路径进行文献搜索，查找相关的期刊文章、学术论文、中英文报告、专著等。

这里的文献综述主要包括两部分：一是我国学者关于“家庭学校”的研究；二是美国学者关于美国“家庭学校”的研究。每一部分按照研究主题进行评述。

一、中国的“家庭学校”[1]研究

中国学者关于“家庭学校”的研究始于20世纪90年代初。陈燕平

[1] 我国学者在进行该问题研究时，未形成统一概念，常使用“在家上学”“家庭学校”“家庭学校教育”“在家教育”等概念。笔者在进行文献综述时，尊重原文的用语。

最早将美国“家庭学校”介绍到国内[1];饶从满更带有学术意味地分析美国“家庭学校”教育运动[2];孟四清最早使用问卷调查法研究了我国“在家上学”的情况[3]。已有研究成果有期刊学术论文、硕士论文、报告、专著等，其中，期刊学术论文、硕士论文较多，报告、专著数量较少。

表 1-1 关于“家庭学校”研究的中文文献资料数量统计表[4]

年份	期刊论文（篇）	硕士论文（篇）	专著（主题）（本）	合计篇（本）
1990	1	0	0	1
1991	1	0	0	1
1998	1	0	0	1
1999	1	0	0	1
2000	3	0	0	3
2001	3	0	0	3
2002	3	0	0	3
2003	6	0	0	6
2004	10	0	1（译著《麦克劳-希尔家庭教学》）	11
2005	8	4	1（译著《缅因州的神奇学校》）	13
2006	6	1	1（《台湾在家教育自主学习之个案研究》）	8
2007	14	1	0	15
2008	11	3	0	14

[1] 陈燕平.再度兴起的美国家庭学校［J].国际展望，1990（2）：25-26.
[2] 饶从满.美国家庭学校教育运动简介［J].外国教育研究，1991（4）：49-53.
[3] 孟四清.关于在家上学问题的调查与思考［J].上海教育科研，2002（2）：53-56.
[4] 选择文献时剔除了随笔和新闻，突出学术性和理论性；注重研究主题上与“家庭学校”的紧密相关性，如包括一些父母教育权、儿童受教育权等著作。还有一些专著如教育基本理论、美国教育史、美国择校运动研究等中夹杂着（或某一章节）对“家庭学校”的讨论，这些可以算作参考文献，但与家庭学校的相关度略微差一些，则不包括在内。

（续表）

年份	期刊论文（篇）	硕士论文（篇）	专著（主题）（本）	合计篇（本）
2009	11	1	1（译著《父母、国家与教育权》）	13
2010	13	4	1（译著约翰·霍尔特《孩子为何失败》）	18
2011	9	3	0	12
2012	13	1	2（《中国在家上学：叛离学校教育》，译著《受教育人权》）	16
2013	17	7	0	24
2014	8	1	0	9
2015	14	4	0	17
2016	13	1	0	14
2017	15	2	2《远离学校的教育：当代西方国家"在家上学"运动研究》《中国式在家上学——R学堂的教育人类学研究》	19
2018	9	1	0	10
2019	5	1	1《教育的另一种可能：13个在家上学的真实故事》	7
合计	195	34	10	239

我国关于“家庭学校”的研究主要包括以下几方面。

（一）关于“家庭学校”发展历史的分析和评价

1. 对“家庭学校”产生背景的分析

研究者对“家庭学校”产生背景的分析主要集中在以下方面。

一是公立学校（或教育制度）的原因。甄丽娜、杨启光、艾军婷指出，美国“家庭学校”兴起的原因是校园的环境安全问题、学校的教育质量问题。[1]汪利兵和邝伟乐提出，英国“家庭学校”的出现和发展源于义务教育发展到一定阶段后人们对学校教育的种种不满。[2]潘岳认为法国有家中求学的传统，选择在家教育的原因主要是校内暴力事件频发。[3]郭慧玉运用新制度经济学的理论分析框架指出，由于教育制度供给的时滞性、供需失衡，“在家上学”群体的特定教育需求无法得到及时、有效的满足，他们转而到学校教育之外替代性的制度安排中寻求满足，以此阐释这一教育现象兴起和演变的制度性原因。[4]

二是社会原因。艾军婷从社会学的视角将美国“家庭学校”发展的深层原因归结于社会经济、政治与文化、激进与新兴的教育思潮。[5]任杰慧、张小军运用教育人类学“工具连锁反应理论”，通过对北京市一所在家上学学堂的参与观察与深入访谈，探讨了中国式“在家上学”产生的原因是一种形塑，是中国社会文化变迁的结果。[6]

三是社会思潮的推动。汪利兵和邝伟乐提出，卢梭（Jean-Jacques Rousseau）、杜威（John Dewey）的进步主义思潮推动了英国“在家上学”的产生。姜姗姗指出，美国家庭学校的兴起源于三个动力：反传统文化运动、保守的基督教徒、家长对教育质量的追求；其理论

[1] 甄丽娜.当代美国“家庭学校”透视［J］.贵州师范大学学报（社会科学版），2003（6）：103-106.
杨启光.当代美国家庭学校教育运动的学术研究与政策分析［J］.比较教育研究，2003（8）：81-85.
艾军婷.美国家庭学校教育的社会学分析［D］.昆明：云南师范大学，2007.

[2] 汪利兵，邝伟乐.英国义务教育学龄儿童“在家上学”现象述评［J］.比较教育研究，2003（4）：63-67.

[3] 潘岳.法国的“在家上学”族［J］.世界文化，2007（11）：8-9.

[4] 郭慧玉.“在家上学”的制度经济学分析［D］.上海：华东师范大学，2015.

[5] 艾军婷.美国家庭学校教育的社会学分析［D］.昆明：云南师范大学，2007.

[6] 任杰慧，张小军.教育人类学视野下的“在家上学”现象［J］.学海，2015（5）：44-51.

来源于宗教右翼思潮、反文化左翼思潮。[1]尚超、栾玉杰认为，弗里德曼（Milton Friedman）的新自由主义教育观、保尔·古德曼（Paul Goodman）的自由学校教育思想、伊万·伊利奇（Ivan Illich）的“非学校化社会”思想、约翰·霍尔特（John Holt）的反文化左翼思潮、雷蒙德·莫尔（Raymond Moore）的宗教左翼思潮为美国“家庭学校”教育的产生和发展奠定了深厚的理论基础。[2]

四是家长的观念及儿童的需求。甄丽娜、杨启光、艾军婷指出，美国“家庭学校”源于家长的宗教信仰和特定的教育理念、儿童的特殊教育需要。

2. “家庭学校”的发展阶段

研究者们按照不同的分类标准，将美国“家庭学校”的发展分为若干阶段。王俊景将美国“家庭学校”教育分为四个阶段：17世纪到19世纪70年代是最初形态，19世纪70年代到20世纪五六十年代开始发展，20世纪五六十年代到80年代引发争议，20世纪80年代至今地位合法化。[3]艾军婷将美国“家庭学校”分为与学校、政府的对峙时期和合作时期两个阶段。张丽梅将美国“家庭学校”分为三个阶段：论争和对抗时期（20世纪60年代末到80年代初），逐步实现合法化时期（20世纪80年代中期到1993年），迅速发展时期（自1993年以来）。[4]栾玉杰将美国“家庭学校”的发展分为三个阶段：最初形态的争议阶段，开始发展的合作阶段，快速发展的巩固阶段。[5]

---

［1］ 姜姗姗.美国家庭学校教育研究［D].长春：东北师范大学，2006.
［2］ 尚超.美国家庭学校研究——历史、现状与未来［D].北京：北京师范大学，2005.
栾玉杰.不同利益群体影响下的美国家庭学校教育研究［D].长春：东北师范大学，2011.
［3］ 王俊景.美国家庭学校教育研究［D].保定：河北大学，2005.
［4］ 张丽梅.美国家庭学校教育发展研究［D].保定：河北大学，2010.
［5］ 栾玉杰.不同利益群体影响下的美国家庭学校教育研究［D].长春：东北师范大学，2011.

3. 对美国“家庭学校”发展影响重大的人物

我国学者对约翰·霍尔特、雷蒙德·莫尔夫妇等人的思想及其对家庭学校的贡献做了研究和总结。牛芳菊与耿兆辉、朱云艳、侯翠环分析约翰·霍尔特的教育思想，总结约翰·霍尔特在“家庭学校”运动中起到的先锋和主导作用。[1]刘涛阐释莫尔夫妇的“家庭学校”教育思想及其实践带来的启示。[2]

4. 美国“家庭学校”与公立学校的关系

“家庭学校”与公立学校之间存在冲突，随着前者合法化的实现，一些家庭与公立学校开始呈现一定程度的合作状态。

段庆阳、周世厚指出，美国“家庭学校”伴随着家庭与学校分离而出现，在交互影响中发展，逐渐由对立走向合作、共生，呼吁我国不要仅仅强调在家上学与传统公立学校的对立，而忽视了其共生的必要与现实。[3]王佳佳、刘涛、张丹认为，美国的在家上学给公立学校带来挑战，导致公立学校生源流失，经费受到威胁，两者之间的关系从排斥到合作，如公立学校开放资源和设施，开发专门项目，为家长提供指导和帮助等，合作有益于双方的发展。[4]

（二）“家庭学校”现象及其调查分析与反思

1. “家庭学校”现象介绍

李新玲从新闻记者的视角讲述了中国“在家上学”的实践。为

[1] 牛芳菊.约翰·霍尔特与美国家庭学校［J］.教育发展研究，2005（2）：97-101.
朱云艳.美国家庭学校教育之父——约翰·霍尔特家庭学校教育思想研究［D］.保定：河北大学，2011.
耿兆辉，朱云艳，侯翠环.约翰·霍尔特家庭教育思想新探［J］.河北师范大学学报（教育科学版），2011（7）：63-65.

[2] 刘涛.美国莫尔夫妇家庭学校的教育思想及实践启示［D］.上海：上海师范大学，2015.

[3] 段庆阳，周世厚.从对立到共生：美国家庭学校与公立学校交互关系的演进分析［J］.上海教育科研，2015（9）：19-22.

[4] 王佳佳，刘涛，张丹.美国“在家上学”运动与公立学校的应对［J］.外国中小学教育，2015（7）：14-18.

了探寻理想的教育，中国的一群家长带领孩子叛离学校教育，走上了“在家上学”的漫漫长路。她介绍了苍山学堂、六月小学堂、日日新学堂、星光学堂等的实践活动，阐释中国“在家上学”实践者的网上联合体——“中国在家上学联盟”的功能，关注“蔬菜超人”妈妈与一些在家上学孩子的状况。[1]李秋玲介绍中国武汉7个城市家庭父母带孩子回农村自教。宋伟涛介绍北京张乔峰等一些家长的教育理念，总结中国“在家上学”的多样化教育形式，并介绍了家长们的收获以及遇到的困境与疑惑。[2]李爱分析了我国“在家上学”的产生、发展、特点，并结合美国在家上学的实践经验提出建议。[3]

胡超、苌庆辉从社会学的视角，分析引发我国“在家上学”现象产生的社会因素、存在的问题及面临的社会困境等。[4]任杰慧以北京R学堂为例，通过问卷调查和访谈，揭示了中国式在家上学学堂所处的尴尬境地，以及由此带来的师资、资源、机会上的困境和不平等。[5]

还有一些研究介绍了国外“在家上学”的发展情况。方兆玉指出，在俄罗斯，选择在家上学的家庭可挂靠学校，获得政府补贴。李晓萌介绍，近年来俄罗斯“在家上学”快速发展，2008年有1.8万个孩子在家接受教育，2012年这个数字超过10万。[6]金帷介绍，英国“在家上学”的人数近年增长迅速，引发社会热议，文章报道了英国家庭选择在家上学的理由、优势和遭受的质疑。张晓雯对英国“在家上学”

---

[1] 李新玲.在家上学——叛离学校教育［M].北京：中央广播电视大学出版社，2012.

[2] 李秋玲.“武汉7家城市父母带孩子回农村自教”引起的思考［J].基础教育研究，2013（23）：6-8.
宋伟涛.在家上学学校之外的寻求［N].中国教育报，2013-12-31（003）.

[3] 李爱.义务教育阶段我国“在家上学”现象探析［J].现代教育科学，2015（5）：127-129.

[4] 胡超，苌庆辉.社会学视域下我国“在家上学”现象研究述评［J].教学与管理，2015（2）：18-20.

[5] 任杰慧.体制外守望：中国式“在家上学”的教育困境——基于北京R学堂的个案研究［J].民族教育研究，2015（5）：110-117.

[6] 方兆玉.俄罗斯：“在家上学”可挂靠学校，获政府补贴［J].上海教育，2012（9）：30.
李晓萌.俄罗斯“在家上学”迅速发展（新闻编译）［J].比较教育研究，2012（7）：93-94.

的现状进行了数量、法律依据的分析。韦尉介绍，英国伦敦从原则、规定、申请流程等方面制定了在家上学的具体政策和完整体系。[1]

2. 对“家庭学校”问题的理论思考

（1）“家庭学校”是对学校教育的逃离与批判

刘争先认为，在家上学是对制度化学校教育的反抗与反思，反映了教育需求多样化的发展趋势，学校教育应实现由同质化的选拔功能到个性化的育人功能的转变。[2]王兆璟和苏尧分析了家长选择在家上学的原因，考察实施“在家上学”需要慎重考虑的多种因素及其在实践中引发的多方争议。[3]陈汉珍通过“丁丁为何不上学”的个案研究，利用质性研究方法探讨家长选择在家教育的原因，进而提出学校教育异化问题。[4]

（2）分析“家庭学校”的可行性及存在的风险与挑战

陈桂生教授指出，在家上学可能是一种捷径，但其实是一种冒险行为；在家上学的成效似乎明显，但成效究竟如何，这些孩子最终如何发展，有赖于后续的追踪调查才能断定；在家上学的利与弊，不仅取决于家长的旨趣，更与家庭环境和家长自身的教养密切相关。[5]饶龙飞、郭四玲通过系统比较国外家庭学校教育制度和实施经验指出，在家上学的可行性因素包括家庭层面的态度（认识和信心）和能力（经济和学识）、国家层面的宽容政治与严密监控 、社会层面的文化传

---

[1] 金帷.在家上学，是选择还是无奈？［N］.中国教育报，2007-08-20（8）.
张晓雯.“在家上学”海外速览［J］.辅导员，2014（3）：15-16.
韦尉.伦敦市“在家上学”政策简介及启示［J］.教育与教学研究，2015（3）：18-21.

[2] 刘争先.在家上学对制度化学校教育的反抗与反思［J］.贵州师范大学学报（社会科学版），2013（12）：115-119.

[3] 王兆璟，苏尧.“在家上学”的教育逻辑与反思［J］.当代教育与文化，2015（2）：11-15.

[4] 陈汉珍.丁丁为什么在家上学？——兼论教育异化［D］.上海：华东师范大学，2008.

[5] 陈桂生.教育实话［M］.上海：华东师范大学出版社，2003：44-46.

统基因与有效社会支持系统。[1]

（3）“家庭学校”有利有弊，选择需要谨慎

甄丽娜、李东影分析“家庭学校”的优势表现在：尊重社会成员的教育选择权，保证学生的自由学习权；减少政府对教育的资金投入，充分利用家庭资源；提高学生的学习效率；提升家长参与教育的积极性；充分实施个性化的教育，“家庭学校”之间联系密切等。[2]胡淑芸、余强基指出，“家庭学校”逐渐被认可，越来越多的人将“家庭学校”作为一种新的家庭教育形式予以支持，但同时，也有许多质疑与反对之声，比如认为对“家庭学校”的监管不到位，如何评价“家庭学校”的教学水平等。[3]甄丽娜指出了美国“家庭学校”的局限性：孩子的社会化和竞争性问题，家庭在物质方面难以面面俱到，以及社会文化整合、教育机会均等、税收与权利问题等。汪利兵、邝伟乐指出了目前英国在家上学存在家长教育的能力问题、在家上学儿童的社会化问题以及学业评估问题。[4]

3. 关于“家庭学校”的数据统计分析

无论在哪个国家，关于“家庭学校”的人口统计数据调查都较难开展，研究中给出的数量大都为估数。这源于以下几点原因：“家庭学校”是一个小众选择，分布较为分散，很难被找到；家长不愿参与调查，怕暴露，避免受到干预等。

---

[1] 饶龙飞，郭四玲．“在家上学”的可行性因素探析［J］.和田师范专科学校学报，2014（2）：34-38.

[2] 李东影.美国家庭学校教育的特点及对我国教育的启示［J］.沈阳教育学院学报，2008（5）：107-110.

[3] 胡淑芸.美国“家庭学校”引发争议［J］.社会，1998（9）：37.
余强基.家庭教育发展的新形式——在家上学——“国内外家庭教育新动向的研究”报告［J］.天津市教科院学报，2001（6）：23-26.

[4] 汪利兵，邝伟乐.英国义务教育学龄儿童“在家上学”现象述评［J］.比较教育研究，2003（4）：63-67.

中国关于在家上学的数据统计起步较晚，相关报告很少。2013年8月，21世纪教育研究院发布《中国在家上学现状调研报告》，这是我国该领域的第一个数据统计报告。该报告指出，目前有1.8万学生选择在家上学，并分别从分布区域、孩子概况、学习方式、孩子喜爱程度、学习成效、课外活动、孩子特长、家庭收入、家长学历、家长职业、原因、最大阻力、未来规划、困惑和问题、最需要的支持等15个方面进行统计分析。报告总结中国在家上学发展面临的主要问题是：合法化问题、社会化问题、学习的成效和质量保障问题、信息沟通和专业发展问题。

我国学者还介绍了美国“家庭学校”学生的数量。屈书杰、黄日强、刘燕、李继航[1]等主要根据全国教育数据中心、全国家庭教育研究院等的统计报告介绍美国“家庭学校”的数量。汪利兵和邝伟乐[2]、张晓雯[3]介绍英国“家庭学校”的学生数量。上述学者的普遍结论是：各国在家学习的学生数量都有增长的趋势。

（三）对“家庭学校”合法性的探析

不同国家政府对“家庭学校”的态度不一样。有些国家认可“家庭学校”的合法地位，并提供政策和法律保障；有些国家则没有形成关于“家庭学校”的明确态度。

---

[1] 屈书杰.在家上学——美国教育新景观透视［J］.外国中小学教育，1999（2）：40-42.
黄日强.在家上学：美国教育的奇特现象［J］.中国人才，2000（1）：50-51.
刘燕.现当代美国家庭学校现象研究［D］.上海：华东师范大学，2005.
李继航.从美国家庭学校的兴起看现代学校教育制度的危机与出路［D］.上海：上海师范大学，2010.

[2] 汪利兵，邝伟乐.英国义务教育学龄儿童“在家上学”现象述评［J］.比较教育研究，2003（4）：63-67.

[3] 张晓雯.“在家上学”海外速览［J］.辅导员，2014（3）：15-16.

1. 关于“家庭学校”的法律或制度保障

俄罗斯认可在家上学这一教育形式。肖甦教授介绍，1994年俄罗斯教育主管部门颁布了“校外考生制形式、家庭形式接受普通教育的示范条例”，这为儿童接受多样化形式的教育提供了依据。[1] 方兆玉指出，俄罗斯在家上学可挂靠学校，获政府补贴。[2]

汪利兵、邝伟乐以及张晓雯指出，英国目前并没有针对在家上学问题制定专门的法律，但家长为其子女选择在家上学这一教育形式拥有充分的法律依据。

美国“家庭学校”经过曲折斗争获得合法地位，各州管理与规范程度不一。彭鸿斌以案例的形式分析美国家庭学校教育合法化的历程，提出美国“家庭学校”的合法化建立在诸多法院案例基础上。[3] 王佳佳指出，美国“家庭学校”合法化是多重力量推动的结果，包括自身的成功实践、各种民间组织的活动、美国法律体制的漏洞、新闻媒体的大量关注和“一边倒”的态度。[4] 张瑞芳考察了美国各州在家上学的立法状况，厘清了美国在家上学的法律渊源。[5]

陈颖以举例的形式分析了美国各州“家庭学校”的四种管制类型，即无须通告、较低程度的控制、中等程度的控制、较高程度的控制，并比较了它们之间的区别。[6] 殷晟在研究美国在家教育历史背景的基础上，总结了美国各州在家教育法制的基本类型和具体的实施模式。[7] 尹向毅、刘亚飞指出，美国各州主要通过判例法、立法、利用原有法律

[1] 肖甦.在家上学，到校考试——俄罗斯普教新形式［J].俄罗斯文艺，2000（9）：79-80.
[2] 方兆玉.俄罗斯："在家上学”可挂靠学校，获政府补贴［J].上海教育，2012（26）：30.
[3] 彭洪斌.美国儿童在家上学合法化演变历程与现状［J].外国中小学教育，2009（1）：48-52.
[4] 王佳佳.美国“家庭学校”合法化进程评析［J].外国中小学教育，2012（7）：12-17.
[5] 张瑞芳.美国“在家上学”法律渊源及特点探析［J].比较教育研究，2015（3）：48-54.
[6] 陈颖.美国各州家庭学校立法情况比较［J].世界教育信息，2008（1）：61-64.
[7] 殷晟.在家教育法制化研究［D].南昌：江西师范大学，2010.

等三种形式使得在家上学合法化，其中判例法与立法之间的相互影响最为充分。[1]

2. 从教育权的角度探讨“家庭学校”的合法性

大多数学者认为“家庭学校”合理合法，体现出家长（儿童）教育权与国家教育权之间的博弈，但两者之间如何平衡成为关键。

陈志科援引《中华人民共和国教育法》《中华人民共和国义务教育法》《中华人民共和国义务教育法实施细则》和《中华人民共和国未成年人保护法》等法律法规的相关规定，就义务教育制度中的义务主体和义务内容、义务教育的实现方式及管理要求进行逐项分析，得出结论：在家上学从理论上讲是成立的，从法律上说是合乎法理的，提出要实现在家上学的合法化，需要政府、家庭、社会各方面共同努力。[2]劳凯声教授在其博士论文中从受教育权的角度分析美国义务教育的家庭化，即“从学校回到家庭”这种逆反现象。[3]王录平、胡劲松指出，在家上学是一种公民受教育形式，是义务教育阶段儿童的一项受教育权利，应厘清相关法律关系主体间的权利义务关系，合理规范和引导在家上学实践。[4]

2009年，《父母、国家与教育权》的中译本出版，作者布赖恩·克里滕登对父母引导其子女融入某种生活方式的权利进行了辩护，他认为父母应该能够在公立与私立的各种学校教育之间作出选择。但是，这种选择的自由应该受到以下几种重要因素的限制：子女独立的道德地位、教育的性质、国家对教育实践合法行使的权威以及

[1] 尹向毅，刘亚飞.美国义务教育阶段在家上学合法化研究［J］.齐鲁师范学院学报，2015（2）：59-65.
[2] 陈志科.在家上学的合法性探讨［J］.天津市教科院学报，2007（5）：19-22.
[3] 劳凯声.教育立法的实践理论与问题［D］.北京：北京师范大学，1991.
[4] 王录平，胡劲松.论“在家上学”作为一种权利［J］.教育科学，2014（3）：23-27.

对平等的理想和其他社会价值的尊重。[1] 胡劲松、段斌斌指出，在家上学符合义务教育制度的创立精神，可以成为学校义务教育的补充。在家上学是父母基于监护权代理子女作出的教育选择，作为教育权利，其形式必须与儿童少年的最大利益相契合。[2]

赵静分析家庭教育权与国家教育权的内涵和性质及两者产生冲突的原因，指出两者属于教育领域的私权和公权，提出在义务教育阶段，应明确家庭教育权的内容，同时规范国家教育权，在为国家教育权划定范围的同时，还家庭教育权一片自由空间。[3] 蒋杏以在家上学的形成及概念内涵为背景和理论基础，探讨父母教育权与儿童利益、父母教育选择权与参与权的关系、父母教育权与国家教育权之间的相互制约。[4]

（四）关于“家庭学校”的教学及效果探析

这方面的研究更多集中在国外相关情况的翻译和介绍上，学者对中国“家庭学校”的教学及其效果的调查研究还较少。

1.“家庭学校”的教学

美国家庭教学资源较为丰富，形式多样灵活。《麦克劳-希尔家庭教学》《缅因州的神奇学校》等译著是介绍美国家庭学校基本问题的入门书，为家长在家对孩子开展教学提供综合指南。[5] 杨启光认为美国“家庭学校”分为两大类：一是以宗教信仰为基础的意识形态家庭学校；二是教学型家庭学校（高度结构化的传统派、较少结构化的折

[1] 布赖恩·克里滕登.父母、国家与教育权［M］.秦惠民，等译.北京：教育科学出版社，2009.
[2] 胡劲松，段斌斌.论“在家上学”的权利主体及其权利性质——保障适龄儿童受教育权的视角［J］.教育研究与实验，2014（4）：50-54.
[3] 赵静.自主与强制——义务教育阶段家庭教育权与国家教育权冲突问题研究［D］.重庆：西南大学，2008.
[4] 蒋杏.基于“在家上学”父母教育权的探讨［J］.绥化学院学报，2015（9）：128-130.
[5] 劳拉·塞伯等.《麦克劳-希尔家庭教学》［M］.王智明，等译.上海：华东师范大学出版社，2004.
高尔德.缅因州的神奇学校［M］.文敏，译.杭州：浙江教育出版社，2005.

中派、极端派），“家庭学校”的类型与课程选择有较大关系。[1]甄丽娜提出“家庭学校”的教学具有针对性、灵活性、开放性、个性化等特征，效果较好，而且投资少收益大。卢海弘指出，美国“家庭学校”教材来源多样，教学任务主要由母亲完成，教学具有个别化、自然的社会化环境、团结性和多样性等特点，在社会化与学习成绩方面尚无系统、可控性的研究。[2]姜姗姗、栾玉杰对美国各州“家庭学校”的教学组织形式、教学资源、师资认证、教学形式、教学效果等方面进行分析。赵丽雯以一个在华生活的美国家庭为个案，对家庭学校教育中的课程设计、组织、评价等问题进行质性研究，指出家庭学校教育培养学生个性化、丰富教育多样化，这种教育形式是可行的。[3]

苟春燕介绍英国伯明翰“先锋”家庭学校，指出学生在家里借助电脑完成老师发出的教学要求，每周和授课教师集会，交流学习心得。这类家庭学校没有标准教材，由教育局从各学校选择教师或教师自愿申请，经审查合格后统一设计教育方案上网并加以统一管理。[4]

2. “家庭学校”学生的学术成绩和社会化

“家庭学校”中的学生学术成绩和社会化良好。陈新宇、王佳佳、张明霞、吴田田介绍美国“家庭学校”的类型、教学情况、特点和成果等，提出在家学习的孩子在学习成绩、社会化等方面发展良好。[5]尚超、艾军婷利用社会学和教育社会学系统研究了家庭学校教育的社

---

[1] 杨启光.当代美国家庭学校教育运动的学术研究与政策分析［J］.比较教育研究，2013（8）：81-85.

[2] 卢海弘.美国“家庭学校”的教学述评［J］.比较教育研究，2004（5）：49-53.

[3] 赵丽雯.“家庭学校”教育中课程实施的执行研究——以一个在华生活的美国家庭为个案研究［D］.西宁：青海师范大学，2013.

[4] 苟春艳.“家庭学校”在英国［J］.刊授党校，2000（4）：23.

[5] 陈新宇.美国家庭学校学生的社会化问题初探［J］.贵州民族学院学报（哲学社会科学版），2004（5）：145-147.
王佳佳.美国“在家上学”儿童的社会化问题之争［J］.外国教育研究，2012（1）：28-35.
张明霞.试论美国家庭学校的教学状况及对我国的启示［J］.中国科教创新导刊，2012（3）：11.
吴田田.美国家庭学校课程与教学述评［J］.内蒙古民族大学学报，2013（1）：63-66.

会化问题，指出美国“家庭学校”学生的社会化良好。[1]文心提出，法国的在家教育使用弹性课程表，学习的深度和广度加倍，认为在家上学经得起检验，目前尚无负面案例。[2]齐学红、陆文静基于儿童本位的视角，选取长沙市的个案，探析中国在家教育对儿童的学习态度和人际交往等方面的社会化发展情况的影响，结论是：在家教育具有培养自主型儿童的可能，对儿童社会化发展具有积极影响。[3]

（五）关于“家庭学校”的国别比较研究

一部分学者进行中美比较，分析两国不同的国情孕育出不一样的“家庭学校”，以期有所借鉴、学习。陈桂生教授将在家上学放在家庭与学校关系的背景下考察，[4]指出我国公立学校存在的问题与美国公立学校暴露出来的问题颇不相同，我国出现的在家上学现象也与美国的同类现象不尽一致。[5]贺武华从父母对公立学校教育的态度、对在家上学的认识、在家上学的法律问题和费用问题等四个方面进行中美比较，揭示出中国的在家上学存在诸多问题和隐患。[6]郑可春从形成动因和立法许可两个角度对中美在家上学进行比较分析，指出美国在家上学的动因是宗教信仰、价值观教育、教育私有化理念的影响、政治因素（反主流）等，是一种主动选择；我国在家上学的动因是家长对现行学校教育的不满、家长素质的提高和经济水平的提升等，是一种被迫选择。[7]卢丽洁分析中国在家上学在实践中遭遇的困难，考察美国“家庭

[1] 尚超.美国“家庭学校”学生社会化问题研究［J］.比较教育研究，2004（5）：54-58.
[2] 文心.在家上学的法国学子［J］.家庭（育儿），2003-06-01：38-39.
[3] 齐学红，陆文静.在家教育对儿童社会化影响的个案研究［J］.教育科学研究，2013（7）：50-55.
[4] 陈桂生.教育原理［M］.上海：华东师范大学出版社，2000：263-264.
[5] 陈桂生.学校实话［M］.上海：华东师范大学出版社，2010.
[6] 贺武华.我国“在家上学”现象深度分析：中美比较视角［J］.浙江社会科学，2012（11）：84-89.
[7] 郑可春.论中美两国“在家上学”的差异——以形成动因和立法许可两个向度为例［J］.教育探索，2013（9）：151-153.

学校”的政策保障和社会支持系统，寻求经验。[1]王佳佳、朱瑶对中美在家上学的课程内容、取材、价值取向方面的差异进行比较评析。[2]

此外，还有学者综合论述各国在家上学情况。陈志科在《家庭学校与教育形式创新论》一文中概述了美国、俄罗斯、加拿大、新西兰、泰国等国家以及中国台湾地区的在家上学情形。柳国辉对美国、英国、法国、爱尔兰等欧美国家的“家庭学校”进行立法研究。

（六）“家庭学校”应用于特殊群体的研究

“家庭学校”作为一种特色的教育安置和服务方式，对天才儿童、智障儿童等特殊群体具有重要的意义，可以较为有效地满足他们的个性化发展需求。孙振华考察美国“家庭学校”的英才教育，指出它可以最大限度地发展孩子的特长和潜能。[3]刘文璐采用个案研究法，探讨休闲教学方案对在家教育脑瘫学生休闲能力的成效。[4]董玮倩对美国和中国台湾地区特殊儿童的在家教育进行比较研究，总结有效经验，从界定送教上门性质、制定实施办法、培养师资队伍、提供家长亲职教育和相关支持、设置专业合作团队、发展远程授课、采取监督措施、加强经费配合等方面提出建议。[5]

纵观我国研究“家庭学校”的历程，可以看到以下明显的发展趋势：（1）研究成果的数量不断增多，这一问题日益引发诸多学者的关注。（2）研究不断深入，逐渐从新闻随笔、情况介绍等发展到学

---

[1] 卢丽洁.“在家上学”在中国的困境及对策：来自美国的经验［J］.中小学德育，2014（9）：19-22.
[2] 王佳佳，朱瑶.中美“在家上学”课程内容差异评析［J］.教育评论，2015（11）：19-22.
[3] 孙振华.美国家庭学校英才教育研究［D］.北京：首都师范大学，2009.
[4] 刘文璐.休闲教学方案对在家教育脑瘫学生休闲能力培养的个案研究［D］.重庆：重庆师范大学，2012.
[5] 董玮倩.美国和中国台湾地区特殊儿童在家教育比较研究及启示［D］.上海：华东师范大学，2013.

位论文、期刊论文、著作，理论层次、分析力度在不断提升，一些学者开始利用经济学、社会学、人类学等相关理论来分析这一现象。（3）研究内容不断扩展，涵盖历史、法律、制度保障、教学等多个层面，内容较为全面，为我们了解、认识“家庭学校”提供了充足的材料，具有一定的价值。

总体来看，我国学者关于“家庭学校”的研究主要有以下特点：从研究成果看，多数为随笔、新闻、期刊文章、硕士论文，至今还没有博士论文或学术性的专著；从研究层次看，缺乏深入、具体的理论探讨和阐释，以宏观研究为主，研究的深度和系统性不够；从研究视角看，只有一小部分学者从社会学、法学、经济学等理论高度来审视这一现象；从国别研究看，以美国为主；从研究方法看，方法单一，主要是文献法和比较法等，观察法、访谈法、问卷调查、案例分析、叙事研究、质性研究等方法较少使用。整体上看，我国对“家庭学校”的研究还处于起步和发展阶段。

二、美国的“家庭学校”研究

现代意义上的“家庭学校”产生于20世纪六七十年代的美国。与其他国家相比，美国的“家庭学校”产生早、发展快，积累了大量的经验，因此，关于“家庭学校”的研究也相对起步较早，研究成果数量较多，学术论文、专著、报告等较为丰富，形成了相对固定的研究群体和机构，如布莱恩·雷（Brian D. Ray）、约瑟夫·莫非（Joseph Murph）、米尔顿·盖舍尔（Milton Gaither）等学者，皮博迪教育学报（*Peabody Journal of Education*）等期刊，美国全国家庭教育研究所、全国教育数据中心等机构。由于语言和关注点的关系，本部分以美国学者对美国“家庭学校”的研究为主要评述内容。表1-2是有关“家

表 1-2　本研究参考的主要英文专著汇总表

年份	作　　者	书　　名	出　版　社
与“家庭学校”高度相关的专著			
1990	Anne Pedersen; Peggy O’Mara	*Schooling at Home: Parents, Kids and Learning*	John Muir Publications
1997	Marry Griffith	*The Homeschooling Handbook: From Preschool to High School, A Parent’s Guide*	Prima Publishing
2000	John and Kathy Perry	*The Complete Guide to Homeschooling*	Lowell House
2005	Bruce S. Cooper	*Home Schooling in Full View: A Reader*	Information Age
2001	Mitchell L. Stevens	*Kingdom of Children: Culture and Controversy in the Homeschooling Movement*	Princeton University Press
2008	Lisa Rivero	*The Homeschooling Option: How to decide when it’s right for your family*	Palgrave Macmillan
2008	Adrienne Furness	*Helping Homeschoolers in the Library*	American Library Association
2008	Michael Leppert	*The homeschooling book of lists, 1st ed.*	Jossey-Bass
2008	Milton Gaither	*Homeschool: An American History*	Palgrave Macmillan
2012	Joseph Murph	*Homeschooling in America: Capturing and Assessing the Movement*	Corwin Press

（续表）

年份	作　　者	书　　名	出　版　社
2013	Jennifer Lois	*Home is Where the School is: The Logic of Homeschooling and the Emotional Labor of Mothering*	New York University Press
2015	Ama Mazama; Garvey Musumunu	*African American and Homeschooling: Motivations, Opportunities and Challenges*	Routledge
特殊儿童与“家庭学校”			
1988	David and Micki Colfax	*Homeschooling for Excellence*	Warner Books
2009	Patricia Schetter	*Homeschooling the Child with Austim: Answers to the Top Questions Parents and Professional Ask*	Jossey-Bass
2012	Clare Lawrence	*Autism and Flexischooling: A Shared Classroom and Homeschooling Approach*	Jessica Kingsley Publisher
教育私有化、择校、“另类”教育视域中的“家庭学校”			
1998	Joseph Murphy; Scott W. Gilmer; Richard Weise; Ann Page	*Pathways to Privatization in Education*	Ablex Publishing
2012	Allan G. Osborne; Charles J. Russo; Gerald M. Cattaro.	*Alternative Schooling and School Choice: Debating Issues in American Education*	SAGE Publication
2013	Wayne D. Lewis	*The Politics of Parent Choice in Public Education: the Choice Movement in North Carolina and the United States*	Palgrave Macmillan

庭学校”主题的主要专著，这些资料为系统地认识和理解美国“家庭学校”奠定了重要基础。

按照研究主题进行归纳，美国对“家庭学校”的研究主要包括以下方面。

（一）“家庭学校”发展历史的研究

学者普遍认为，教育思潮、教育理论及社会主流意识形态对美国“家庭学校”的发展产生重要影响他们通常按照一定标准划分“家庭学校”的发展阶段。

1. 关于“家庭学校”产生背景和原因的研究

学者们从社会、文化、教育等多方面寻找“家庭学校”产生的原因。梅伯里（Maralee Mayberry）和诺尔斯（J. Gary Knowles）指出，美国家长选择“家庭学校”的动机很复杂，但存在一些共性，如为了家庭内部的团结，抵制城市化和现代化对家庭的消极影响。[1]莱曼（Isabel Lyman）和巴沙姆（Patrick Basham）指出，“家庭学校”因受到反文化左翼思潮和宗教右翼思潮的影响而产生并发展壮大。[2]格瑞菲斯（Mary Griffith）将约翰·霍尔特、雷蒙德·莫尔的思想以及伊利奇的“去学校化教育”作为“家庭学校”产生的理论基础。[3]斯蒂文斯（Mitchell L. Stevens）认为“家庭学校”在美国的发展得益于美国独特的制度与文化，如分权制教育管理制度，作为“家庭学校”重要力量的基督徒占有

---

［1］Mayberry, M., Knowles, J.G. Family Unity Objectives of Parents who Teach Their Children:Ideological and Pedagogical Orientations to Home Schooling［J］. The Unrban Review, 1989(4): 209-225.

［2］Lyman, I. Homeschooling: Back to the future［J］. Policy Analysis, 1998(5): 294.
Basham, P., Merrifield, J., Hepburn, C. Home schooling: From the extreme to the mainstream［M］. Canada: Fraser Institute, 2007.

［3］Griffith, M. The Homeschooling Handbook from Preschool to High School: A Parent's Guide［M］. Rocklin, CA: Prima publishing, 1997.

较大的人口比重且拥有丰富的教育资源，关注儿童个体需求的教育理念等。[1]盖舍尔指出，现代意义上的“家庭学校”在美国20世纪五六十年代出现有四个原因：一是反传统文化成为美国意识形态的主流之一，人们对学校机构有一种反叛态度；二是郊区化现象的出现；三是美国人对教育子女十分重视；四是自20世纪中叶以来学校与家庭的变革。[2]迈克尔·W. 阿普尔（Michael W. Apple）基于文化政治学的视角，认为“家庭学校”的产生更多源于宗教原因，新自由主义、新保守主义、威权民粹主义、新管理主义是推动“家庭学校”发展的重要力量。[3]埃里克森（Donald Erickson）将“家庭学校”置于一种强制性的社会政治背景之下，认为标准化、统一性的教育制度必然会走向改革。[4]

2. 关于“家庭学校”发展阶段的研究

学者们对“家庭学校”的发展进行了时间阶段的划分。巴沙姆、梅里菲尔德（John Merrifield）、赫本（Claudia R. Hepburn）指出，“家庭学校”从极端走向主流，他们从法律管制、数量增长、家庭特征、儿童的社会化和学术成绩等方面展开介绍。[5]卡珀（J. Carper）、黑尔（P. T. Hill）、维尔黑姆（G. Willhelm）和费尔曼（M. Fireman）认为“家庭学校”并不是一个新现象，它可以追溯至美国建国初期，可分为三个阶段：公立学校教育制度建立之前；制度化学校教育占

---

[1] Stevens, M. Kingdom of children: culture and controversy in the homeschooling movement [M]. Princeton: Princeton University Press, 2001.

[2] Gaither, M. Why Homeschooling Happened [J]. Educational Horizon, 2008, 86(4): 22-30.

[3] 迈克尔·W.阿普尔.教育的“正确”之路——市场、标准、上帝和平等（第二版）[M].黄忠敬，吴晋婷，译.袁振国，审校.上海：华东师范大学出版社，2008.该书中的两篇文章：远离所有的教师——家庭学校的文化政治；做好家庭学校的工作——性别、技术和课程，都与“家庭学校”相关。

[4] Cooper, B. S. Home schooling in Full Views: A Reader [M]. Greenwish, CT: Information Age. 2005: 21-44.

[5] Basham P., Merrifield J., Hepburn C.R. Home schooling: From the extreme to the mainstream(2nd edition) [R]. Canada: A Fraser Institute, 2007.

据垄断地位的时期；现代“家庭学校”时期。[1]一大批研究者如诺尔斯、维尔黑姆和费尔曼等将现代“家庭学校”的开端定位在20世纪60年代。[2]

（二）采用“家庭学校教育”的家庭特征及原因的研究

实施“家庭学校”的家庭具备某些共同特征，但该群体趋于多样化；同时，家庭选择“家庭学校”的具体原因也较为多样。

1. 选择“家庭学校”的家庭特征

诸多学者或机构通过量化研究和质性研究方法，利用问卷、访谈等形式，选择一定的样本或个案，对选择“家庭学校”的家庭进行人口统计学分析，内容包括家长的受教育水平、职业与收入、婚姻状况、子女数量、宗教信仰、政治和教育态度等，从上述维度描述这一群体的基本特征。古斯泰伍森（G. Gustavsen）、雷顿（Liden）、泰勒（J. Taylor）、沃茨（J. Wartes）、梅伯里、赖特（C. Wright）等学者和美国国家教育数据中心等机构都进行过这一问题的研究，得出的结论也趋于一致：选择“家庭学校”的家长大多属于中产阶级，家庭收入稳定，家庭成员关系融洽，多子女，多为宗教信徒；随着这一教育形式日益受到社会公众的认可，其社会支持体系日益完善，选择“家庭学校”的家庭日益多样化。

---

[1] Carper, J. Pluralism to establishment to dissent: The religious and educational context of homeschooling [J]. Peabody Journal of Education, 2000(75): 8-19.
Hill, P, T. Home schooling and the future of public education [J]. Peabody Journal of Education, 2000(75): 20-31.
Williams, G., Fireman, M. Historical and contemporary developments in home school education [J]. Journal of Research on Christian Education,2009(18): 303-315.

[2] Knowles, J.G. Parents' rationales for operating home schoolers [J]. Journal of Contemporary Ethnography, 1991(20): 203-230.

2. 家长选择“家庭学校”的原因

美国教育部下属的国家教育数据中心的全国家庭教育调查（National Household Education Survey）项目对“家庭学校”进行调查，自1996年开始发布相关报告，迄今已有1996年、1999年、2003年、2007年、2012年、2016年和2017年共七份调查报告。这些报告对家长选择“家庭学校”的原因进行了较为系统的统计和比较，指出提供宗教和道德教育、不满学校教学和环境、孩子的特殊需求等是家长选择“家庭学校”的主要原因。[1][2]

不少学者指出，很多家庭是出于不同的原因选择“家庭学校”的。波士彻（Boschee）对北达科他州的一部分家庭进行调查，使用频数、百分比、平均数、标准差等工具进行数据分析，确定家长选择“家庭学校”的原因主要有：加强亲子关系；宗教信仰；学校内的同伴压力；公立学校和私立学校无法传授美国价值观和培养个性发展。马丁（M. Martin）提出，每个家庭都有自己独立的价值体系以及进行“家庭学校”的缘由，其中，宗教因素是一些家庭作出此种选择的主要因素，其他因素还有：家长对学校教育质量的不信任、对学校环境安全的不放心以及其他一些特殊需要。[3]伊森伯格（E. Isenberg）指出，很多家庭是出于学校教育教学水平差、对孩子进行宗教教育这两方面考虑选择这一教育模式的。[4]

---

[1] Noel, A., Stark, P., & Redford, J. Parent and Family Involvement in Education [R]. From the National Household Education Survey Program of 2012, National Center for Education Statistics. Institute of Education Sciences, U. S. Department of Education . Washington DC. 2013.

[2] Princiotta, D., Bielick, S. Homeschooling in the United States: 2003 [R]. U. S. Department of Education. Washington DC: National Center for Education Statistics, 2006.

[3] Martin, M. Homeschooling: Parents' Reactions [D]. Retrieved from http:www.eric.ed.gov/PDFS/ED415984.pdf.1997.

[4] Isenberg, E. What Have We Learned About Homeschooling [J]. Journal of Research on Christian Education, 2007(18): 23-35.

此外，还有一些学者就该问题对某些种族、地区进行了调查。玛扎姆（Ama Mazama）和伦迪（Garvey Lundy）在2010年春夏季，在美国的一些大都市如芝加哥、洛杉矶、华盛顿、纽约、亚特兰大、哥伦比亚等进行调查（74个访谈）。调查结果显示，非洲裔美国人选择“家庭学校”的重要原因是出于课程考虑，因为他们认为以欧洲为中心的课程会损害孩子的自信心。[1]吉姆斯（J.James）提出“家庭学校”可以帮助非洲裔儿童获得本民族的文化传承。[2]

（三）美国“家庭学校”支持性组织及其职能的研究

支持性组织在“家庭学校”发展过程中起到重要作用。梅伯里等人（Maralee Mayberry et al）、盖舍尔提到，支持性组织是美国“家庭学校”运动得以发展的生命线，它们或进行研究，或提供专业服务和资源等，是“家庭学校”得以成长、壮大的支持性因素。[3]布莱恩·雷指出，“家庭学校”实践者和支持者建立有效的关系网，进行游说和交流，挽救危机，促进了“家庭学校”事业的快速发展。[4]萨莫维尔（Scott Somerville）指出，“家庭学校”法律保护协会对家长产生了巨大的政治影响力，其组织工作得力，形成了一个重要的游说群体，给政府形成压力，在实现“家庭学校”合法化的过程中作用突出。[5]

选择“家庭学校”的家长与支持性组织之间关系密切。沃茨指

[1] Mazama，A., Lundy, G. African American homeschooling and question of curricular culture relevance [J]. The Journal of Negro Education, 2013, 82(2): 324–342.

[2] James, J. Homeschooling for Black Families [J]. Mothering, 2007(3): 66–71.

[3] Mayberry, M., Knowles, G., Ray, B., Marlow, S. Home Schooling: Parents as Educations [M]. Thousand Oaks, CA: Corwin, 1995.
Gaither, M. Homeschool: An American History [M]. New York: Palgrave MacMillan, 2008.

[4] Cooper, Bruce S. Home Schooling in Full Views: A Reader [M]. Greenwish, CT: Information Age, 2005: 1–19.

[5] Ibid.: 135–150.

出，有62%的家长加入支持性组织，至少每两个月参加一次活动。[1]帕克（R. D. Parker）发现，被研究的所有家庭至少加入一个支持性组织，三分之一的家庭参与两个以上的支持性团体。[2]梅伯里等提出，家庭参与支持性组织的比例是86%。

支持性组织的类型多样。盖舍尔、利布基（R.V. Luebke）、诺尔斯等指出，支持性组织按照不同的分类标准，可以分为很多类型：按文化取向分为宗教性和世俗性的组织；按地区层次分为全国、州、地方的组织；按服务群体分为儿童服务和为家长服务的组织等。哈迪（H. Hadeed）、摩罗奇尼克（D.A. Mirochnik）和麦金泰尔（W.G. McIntire）指出，在全国、州、地方等各个层面都有"家庭学校"的支持性组织的运行。[3]在美国，每个州或地区至少有一个协会或组织为"家庭学校"提供支持，如提供学习资源，组织专项活动，举办讲座等，这些组织都有自己的网址，方便家长查找，为"家庭学校"的发展提供了无限的资源和能量。[4]

支持性组织在发展过程中存在一些分歧和冲突，并出现分化现象。盖舍尔、斯蒂文斯、莫非等指出，20世纪80年代基督徒的大量加入，使得"家庭学校"基督化，这些教徒建立的一些支持性组织具有排斥性，左右着"家庭学校"的发展，之前建立的世俗化或包容性

---

[1] Wartes, J. Report from the 1986 homeschool testing and other descriptive information about Washington's homeschoolers [R]. Woodinville, Washington Homeschool Research Project, 1987.

[2] Parker, R.D. Inside home schoolers: A portrait of eighty-four Texas families and the schools in their homes [D]. Texas Tech University, 1992.

[3] Hadeed, H. Home schooling movement participation: A theoretical Framework [J]. Home School Research, 1991, 7(2): 1–9.
Mirochnik, D, A., McIntire, W.G. Homeschooling: Issues for administrators [D]. Orono: University of Maine, 1991.

[4] Rivero, L. The Homeschooling Option: How to Decide When Its Right for Your Family [M]. New York: Palgrave Macmillan, 2008: 193–212.

的“家庭学校”组织影响力逐渐弱化。

（四）美国“家庭学校”合法化与监管的研究

美国“家庭学校”依据的法律类型较为多样，主要有《家庭学校法》（Homeschool Law）、《私立学校法》（Private school Law）、《教会学校法》（Church School law）、州宪法修正案以及判例。美国“家庭学校”法律保护协会指出，美国各州对“家庭学校”的管制力度不同，分为四种管制类型。一些学者对该问题展开研究，提出三种类型：第一类主张严格监管“家庭学校”；第二类主张给予“家庭学校”自由；第三类是中间路线，即采取一种适中、稳妥的监管方式。

1. 严格监管“家庭学校”

一些公共学校组织从维护自身利益出发，通过其政治影响力呼吁国家对“家庭学校”设置严厉的管理措施来限制它的发展。如国家教育联合会（National Education Association），即全美公立学校教师工会，就曾对“家庭学校”这一教育形式提出了正式的反对，认为它严重影响了各地区的教育经费，更为重要的是，它无法为学生提供综合的教育环境，只有拥有国家颁发的教师资格证的家长才能施教于子女。

很多学者认为，国家能够更好地进行国民教育并保障儿童的教育权益，而家庭很难做到这些。罗斯（Catherine J. Ross）从公民教育的角度指出，“家庭学校”超出了宪法规则所能容忍的限度，在多元的民主社会，政府能够保障儿童接受适宜的教育，因此政府应该加强对“家庭学校”的监管力度。[1] 勒克（Rob Reich）认为，“家庭学校”有

[1] Ross, C.J. Fundamentalist Challenges to Core Democratic Values: Exit and Homeschooling [J]. Educational Theory, 2010(1): 22-26.

存在的必要性，但“家庭学校”中的家长教育行为和一般意义上的家长养育子女的行为不同，他们需要达成一定的教育目标，给他们过多的自由会造成对教育的威胁，因此要对“家庭学校”进行及时有效的严格监管，并时刻保持警惕。[1]波拉克（Daniel Pollack）指出，美国健康和人力服务部下属的儿童保护服务中心对家长的不良教育行为进行监督，保障儿童的权益。[2]

有学者认为，“家庭学校”的开展会对社会造成一定影响，因此应加强管制。阿普尔从批判的视角审视“家庭学校”，指出其背后反映出深刻的反政府情绪、私有化意识。他认为“家庭学校”会引发很多令人担忧的问题，如使得公众责任心削弱，导致更严重的社会不平等；引发反纳税运动，对再分配产生较大的负面影响；家庭将自己“蚕茧般”地包裹起来与社会日益分离，通过互联网创造完美的“虚拟社区”，削弱地方社区等。[3]

2. 给予“家庭学校”自由，放松管制

（1）父母拥有教育子女的权利和自由

史沫特莱（Tom Smedley）从个人、社会的视角分析“家庭学校”现象，为儿童争取自由与爱，保护家庭权利。[4]格拉泽（Perry L. Glanzer）指出政府权力的介入会限制父母在教育孩子方面的自由，这可能对家长与儿童造成不必要的束缚。父母要捍卫自己的教育权和教

[1] Reich, R. The civic perils of homeschooling [J]. Educational Leadership, 2002, 59(7): 56-59.
Reich, R. On regulating homeschooling: a reply to Glanzer [J]. Educational Theory, 2008, 58(1): 17-23.

[2] Pollack, D. Homeschooling and Children Protection [J]. Policy&Practice, 2012, 70(1): 29.

[3] 迈克尔·W.阿普尔.教育的“正确”之路——市场、标准、上帝和不平等（第二版）[M].黄忠敬，吴晋婷，译.袁振国，审校.上海：华东师范大学出版社，2008：212-228.
Apple, M. Away with all teachers: The culture politics of homeschooling [J]. International studies in Sociology of education, 2005, 10(1): 61-80.

[4] Cooper, B. S. Home schooling in Full Views: A Reader [M]. Greenwish, CT: Information Age, 2005: 69-74.

育选择权，这是一种自然权利，从古至今都是合法的。

（2）家庭可以进行适宜的教育，“家庭学校”是一种可行的教育选择[1]

罗曼诺夫斯基（Michael H. Romanowski）指出，在家学习的学生在社会化、学业成绩、进入大学的准备等方面都不低于或高于同龄人水平，因此呼吁尊重父母的教育选择权，认为无论采取哪种教育形式，最大限度发挥儿童的潜能是最根本的目标。一个民主的教育系统应该包容多样化的教育类型。[2]

（3）分析“家庭学校”不合法的原因

波卡德（Tom Burkard）和奥克夫（Dennis O’Keeffe）从自由主义的视角，指出公立学校对国家发展具有重要价值，但义务教育法的实行使得“家庭学校”失去合法地位，以此说明家庭学校与义务教育制度的冲突；同时，尽管义务教育在实施，但依然有一些家庭坚持不送孩子到学校学习，以此展现“家庭学校”的存在有其必要性。[3]

3. 采取一种适中、稳妥的监管方式

不少研究认为，要保持国家教育权和家长教育权之间的平衡。耶让克（Kimberly A. Yuracko）认为，“家庭学校”不再是一种边缘现象，联邦和州政府要依据联邦、州的行动准则和宪法条款对“家庭学校”进行一定的管理，以保证孩子达到最低限度的教育要求，并避免性别歧视；同时，家长在满足各州、地方法律相关规定的同时，具有

[1] Glanzer, P. L. Rethinking the Boundaries and Burdens of Parental Authority over Education: A response to Rob Reich’s Case Study of Homeschooling [J]. Educational Theory, 2008, 58(1): 79–91.

[2] Romanowski, M.H. Revisiting the Common Myths about homeschooling [J]. The Clearing House, 2006: 125–129.

[3] Cooper, B. S. Home schooling in Full Views: A Reader [J]. Greenwish, CT: Information Age, 2005: 229–250.

一定的自主权。[1]麦克马伦（McMullen）提出，监管“家庭学校”的困难包括：缺乏有实际意义的监管条款、监管部门之间的冲突、儿童健康及安全条款的缺失以及家长的反对等，因此建议美国对“家庭学校”的监管应该走一条适中而持续的道路，要求在家学习的儿童接受疫苗接种，对这些学生的基本能力进行有限度的测验，实行由第三方机构进行监管的机制，同时保护父母在教育孩子方面的权利。库斯曼（Robert Kunzman）认为“家庭学校”使得家庭与政府之间的利益冲突得以显现并且复杂化；他强调无论是到校学习还是在家学习，政府都有责任和权利通过法律去维护学生受教育的权利；但他同时强调，要在正规学校教育与其他形式的教育（包括“家庭学校”）之间建立一个明确的区分标准，这样不仅可以保障儿童的基本教育权利，而且可以避免政府对“家庭学校”不必要的干预。[2]

（五）关于美国“家庭学校”教学及效果的研究与评价

吉姆鲁丁（Khairul Azhar Jamaludin）、埃利斯（Norlidah Alias）、德威特（Dorothy DeWitt）指出，目前关于“家庭学校”的研究大多集中在将其作为一种传统教育的替代形式，评估其有效性，特别是儿童的学习效果和社会化发展。总体来看，“家庭学校”具有一定优势，但也存在一些不足。

1. 关于“家庭学校”的教学形式、资源和施教者

选择“家庭学校”的原因与教学之间具有一定的相关度，不同家

[1] Yuracko, K.A. Education off the grid: Constitutional constraints on homeschooling [J]. California Law Review, 2008, 96(3): 123-184.

[2] Kunzman, R. Education, Schooling, and Children’s Rights: The Complexity of Homeschooling [J]. Educational Theory, 2012, 62(1): 75-89.

庭的"家庭学校"通常会选择不同的教材、教法，进行不同形式的教学。盖伦（Jane Van Galen）将教育类型主要分为两种：意识形态型和教学型。前者主要受宗教影响，坚持严格、系统的教学；后者主张自由灵活地开展教育。[1]格鲁乌（S. Groover）和恩德斯利（R. Endsley）采用问卷法，选择70名"家庭学校"的学生和20名不在家学习的学生作为研究对象，同时依据选择原因（学术、宗教）将前者分为两类，以此比较、评估家长的教养价值观和实践。结果显示，与公立学校学生的家长相比，"家庭学校"的家长更多参与儿童教育，更严格控制孩子看电视的时间；因学术原因选择"家庭学校"的家长更积极地创建良好的家庭环境，更期待孩子的成熟和独立；因宗教原因选择"家庭学校"的家长更具有权威，更多参与教堂活动。[2]

宗教信仰会深刻影响"家庭学校"的教学内容与形式，这些家长或许存在一些偏执，应进行重点管理。库斯曼指出，基要主义影响传统基督教"家庭学校"实践者的理念和实践，家庭会提供理想的教育环境支持基要主义的核心原则，包括：抵制现代文化；怀疑机构权威和专业性知识或技能，重视家长权威；以家庭为中心；坚持信仰和学术结合。[3]罗斯指出，一些家庭由于宗教原因选择"家庭学校"，各州应对其进行严格管理，要求重视公民教育，规范民主价值，提倡包容和尊重多样性，特别是当父母离异或不在一起生活，对选择哪种教育方式无法达成一致意见时，州应当享有让孩子接受学校教育的优先权。[4]舍芬斯基

[1] Galen, V.J. Schooling in private:A study of home education [D]. University of North Carolina, 1986.

[2] Groover, S., Endsley, R. Family environment and attitude of homeschoolers and non-homeschoolers [D]. The University of Georgia, 2005.

[3] Kunzman, R. Homeschooling and religious fundamentalism [J]. International Electronic Journal of Elementary Education, 2010, 3(1): 17-28.

[4] Ross, C. Fundamentalist Challenges to core democratic values: exit and homeschooling [J]. William and Mary Bill of Right Journal, 2008(18)：991-1014.

（M. Sherfinski）选取一位母亲和两个10岁以下的孩子作为研究对象，分析母亲为什么以及如何利用古典的基督教工具来教育孩子，阐释这种教育存在的可能性以及其中的挑战，得出结论：母亲需要协调传统基督教教育与当今社会对人的能力、知识要求之间的矛盾，存在的困难主要是金钱、时间、与外界隔离而产生的孤独感、性别压力等。[1]

“家庭学校”与公共图书馆、博物馆等社会教育机构具有密切关系，家长们把社会教育机构作为一种重要的教学资源。马登（S. Madden）对华盛顿霍特科姆县的调查发现，93%的“家庭学校”将图书馆作为学习资料的来源，11%的家庭每周去图书馆一次以上，54%的家庭每周去图书馆一次。他由此提出建议：图书馆应为“家庭学校”提供专门服务，保持沟通、了解，满足家长的需求。[2]克莱斯特-特克（Kleist-Tesch）对佛罗里达州进行了分析，也提出了同样的建议。[3]希恩（Lora Shinn）指出，依据2003年美国教育部下属的全国教育数据中心统计，78%的“家庭学校”从图书馆获取教育资源。随着“家庭学校”的不断发展壮大，它们将成为图书馆的一大客户。因此，希恩给图书馆提出一些建议，如在图书馆或其网站上建立一个“家庭学校”热点信息公告栏；为“家庭学校”提供参观活动；提供综合服务项目；欢迎“家庭学校”志愿者，并为他们举办图书展等。[4]

母亲是“家庭学校”的主要实施者，她们在教育子女过程中承

[1] Sherfinski, M. Contextualizing the tools of a classical and Christian homeschooling mother-teacher [J]. Curriculum Inquiry, 2014, 44(2): 170–203.
[2] Madden, S. Public Library Service to Homeschoolers [J]. School Library Journal, 1991(6): 23–25.
[3] Kleist-Tesch, J. Homeschoolers and the public library [J]. Journal of Youth Service in Library, 1998, 11(3): 26–28.
[4] Shinn, L. A home away from home [J]. School Library Journal, 2008: 39–42.

受较大压力，会出现角色适应问题。斯坦赫勒（Dori Staehle）分析一位母亲对“家庭学校”的反思:“家庭学校”可以照顾儿童的需要，能够提供一种适合孩子的教育；虽然艰难，但得到诸多组织的帮助。[1]阿普尔指出:“家庭学校”的工作主要由妇女来完成；因“家庭学校”的需求形成了广阔的教育服务市场，各种形式的服务公司或组织发展蒸蒸日上;“家庭学校”是一场社会性的运动，它是一个集体项目，有着特定的历史以及组织和物质上的支援，形成了完善的社会网络。[2]罗伊斯（Jennifer Lois）在2000—2008年期间对“家庭学校”中的母亲进行了持续调查，分析她们背后的社会阶层和宗教信仰以及在选择、实施“家庭学校教育”的过程中经历的冲突、适应和获得的成就感。[3]

2. 关于“家庭学校”的教学效果及其影响

“家庭学校”的效果主要指对学生的影响，包括三方面：学业成就、社会化以及进入大学之后的表现等。

（1）关于“家庭学校”学生学业成就的研究

这方面的观点主要分为两大阵营，一方认为“家庭学校”有助于学生的学习，学生的学业成绩高于公立学校学生；另一方认为家庭的师资力量和环境无法与学校教育相比，现有的研究成果在选取样本、研究设计方面存在诸多缺陷，结论的信度和效度不高。研究方法主要

[1] Staehle, D. Taking a different path: A mother's reflections on homeschooling [J]. Roeper Review, 2000, 22(4): 270-271.

[2] 迈克尔·W. 阿普尔. 教育的“正确”之路——市场、标准、上帝和不平等（第二版）[M]. 黄忠敬，吴晋婷，译. 袁振国，审校. 上海：华东师范大学出版，2008：233-253.

[3] Lois, J. Role strain, emotion management, and burnout:homeschooling mothers' adjustment to the teacher role [J]. Symbolic Interaction, 2006, 29(4): 507-529.
Lois, J. Home Is Where the School Is: The Logic of Homeschooling and the Emotional Labor of Mothering [M]. New York: New York University Press, 2013.

为定性分析和定量分析两种。

第一种观点："家庭学校"不利于学业成就的提高。

持这种观点的学者普遍认为，从师资力量和学习环境上来看，家庭存在劣势，父母的教育能力不如经过专业训练的教师，家庭环境不如学校学习氛围浓厚，家庭缺乏系统化的课程学习、定期考核、成绩评估等制度，这些都不足以保障孩子获得较好的学业成就。一些学者认为，虽然"家庭学校"学生的成绩高于或不低于公立学校或其他学校的学生，如美国大学考试（America College Test，简称ACT）、学术能力测试（Scholastic Aptitude Test，简称SAT）成绩以及数学、英语等的成绩，但这方面研究本身存在缺陷，如样本选择的方法不是随机抽样，无法控制主要变量如种族、父母学历、婚姻状况等，因而不具代表性，研究方法不是控制性实验，研究设计本身也存在缺陷等，所以现有研究成果的信度和效度存在问题，不具有推广性。

第二种观点："家庭学校"的学生学业成就较高。

持这种观点的学者认为，真正的教育是自我教育，通过自我教育才能实现自我成长和进步。温馨的家庭环境让孩子心情放松，他们可以心境平和地自由思考；父母对孩子的关注更多，个性化的指导使孩子的学习效率更高；父母更了解孩子，有助于因材施教，帮助孩子发展特长；孩子不受学校体制的束缚，更能够自由地学习。据美国的电视、广播、杂志等报道，"家庭学校"的学生在全国拼写比赛、地理竞赛等活动中成绩优异，有些进入美国顶尖大学，与公立学校的学生相比，他们学业成绩优异，为"家庭学校"树立了积极、良好的公众形象。一些研究者如拉德纳（L.M. Rudner）、盖舍尔、库斯曼进行了大规模定量研究，得出"家庭学校"的学生在某些标准测试中的成绩高于公立学校的学生。还有一些研究者如弗罗斯特（E. Frost）

和莫利斯（R. Morris）、沃茨、布莱恩·雷、贝尔菲尔德（Clive R. Belfield）进行了一些小规模研究，结果表明，除数学以外，“家庭学校”学生的平均成绩优于公立学校学生；当家庭背景这一变量得到控制后，“家庭学校”对学生的学业成绩没有很大影响。[1]巴卫根等（L. Barwegen et al）对一所乡村中学的127名学生进行调查，指出家长参与程度对学生的学业成绩影响显著，父母参与度高的公立学校的学生和“家庭学校”的学生在学业成绩方面没有差别。[2]

（2）关于“家庭学校”学生的社会化发展研究

这方面的观点主要分为两类：一种认为“家庭学校”不利于学生的社会化；另一种认为“家庭学校”不会妨碍学生的社会化发展。研究方法为定性分析和定量分析（调查法、量表法）两种。

第一种观点：“家庭学校”不利于学生的社会化。

持该观点的学者普遍认为，“家庭学校”的学生是一个小众群体，而他们的同龄人大多在学校学习，因此他们与同龄人的接触、交往时间会大幅度减少，这将影响孩子的早期社会化。同时，“家庭学校”的学生被限制在家庭这一相对狭窄的区域范围内，他们很少有机会到类似于学校这一同龄人集中或其他集体活动的地方，因此社会化的时机也被剥夺。此外，家庭将孩子与世界包括政治、社会运动隔离，孩子更关注自我，因此无法培养合格的社会公民。

---

［1］ Frost, E., Morris, R. Does home-schooling work? Some insights for academic success ［J］. Contemporary Education, 1988, 59: 223-227.
Warts, J. The relationship of selected input variables to academic achievement among Washington homeschoolers ［R］. WA: Washington Homeschool Research Project, 1990.
Cooper, B. S. Home schooling in Full Views: A Reader ［M］. Greenwish, CT: Information Age, 2005: 167-178.

［2］ Barwegen, L., Falciani, N., Putnam, S., Reamer, M., Stair, E. Academic achievement of homeschooling and public school students and students' perception of parent involvement ［J］. The School Community Journal, 2005(8): 39-58.

持此观点的学者还批判“家庭学校”忽视孩子的利益，更多体现家长的个人愿望。梅伯里等研究发现，92%的公立学校督学（public school superintendents）认为“家庭学校”的学生没有获得足够的社会化经验，这些学生脱离现实世界，缺少机会去学习知识和社会交往技能。[1] 勒克指出，“家庭学校”虽然可以满足家长为孩子开展定制化教育的愿望，但这种定制化教育更多地反映了家长的一种教育消费心理，他们将孩子视为一个产品，按照自己的喜好购买教育服务，引导孩子的发展，这潜在地削弱了培养孩子作为积极的民主社会公民的目标，将孩子与多样的思想和人群隔离开来，远离充满生机而多元的民主社会。[2] 哈登伯格（Nicky Hardenbergh）批判很多拥有宗教信仰、选择“家庭学校”的家长更多地关注信仰的传递，在很大程度上忽视了孩子的兴趣和权益。[3]

第二种观点：“家庭学校”不会妨碍学生的社会化发展。

持该观点的学者普遍认为，学校中的学生在社会化的过程中存在很多问题，如对某些学生的歧视、欺凌、暴力现象频发，同学之间的不正当竞争，不良信息传播等。同辈群体的压力会让孩子习惯屈从于群体，失去自我独立性，且容易出现早熟、早恋等问题，真正的社会化不在于与多少同龄人交往，而在于交往质量。

“家庭学校”中的学生通过参与社区活动、志愿者活动等形式，不缺乏与同龄伙伴的交往机会，同时，他们还可以和其他年龄层次的人群进行交往，交往对象和范围更加多样、宽广，社交圈得以拓宽。

[1] Mayberry, M., Knowles, J. G., Ray, B. and Marlow, S. Homeschooling: Parents as Educators [M]. Thousand Oaks, CA: Corwin, 1995.
[2] Reich, R. The Civic Perils of Homeschooling [J]. Educational Leadership, 2002, (7): 56-59.
[3] Cooper, B. S. Home schooling in Full Views: A Reader [M]. Greenwish, CT: Information Age, 2005: 97-108.

最为重要的是，“家庭学校”中的孩子与父母的交往、沟通更多，家庭和谐，亲子关系良好，这为他们的社会化提供了坚实的保障。

泰勒（J. Tayor）采用《皮尔斯–哈瑞斯儿童自我概念量表》测试四至十二年级的学生，结果表明：“家庭学校”的学生得分高于公立学校学生，他们普遍拥有一个积极的自我概念。[1]诺尔斯调查了因意识形态或生活空间原因而从“家庭学校”毕业的成年人，结果显示，他们中的三分之二属于自由创业者，94%的人认为“家庭学校”让他们更加独立，79%认为“家庭学校”帮助他们与社会不同层次的人交往，形成独立、依靠自我的意识和能力。[2]

一些学者的研究表明，“家庭学校”的学生自我社会化水平较高。舍弗（S. Sheffer）在测量青少年女孩的自信水平时发现，当她们的想法和意见不被同龄人接受时，“家庭学校”的女生不会因此而失去信心。[3]布莱恩·雷通过调查得出，“家庭学校”积极参与大量家庭之外的活动，每年平均数量为5.2个活动，98%的家庭参与2个以上活动；在活动中，“家庭学校”的学生有机会与同龄人、其他年龄段的儿童以及成年人交往。[4]凯利（S. Kelly）利用量表对洛杉矶郊区的“家庭学校”的孩子进行测试，结果同上。[5]布莱恩·雷对7 300个成

---

[1] Taylor, J. Self-concept in homeschooling children [D]. Andrews University, 1986.

[2] Knowles, J. We've grown up and we're OK: An exploration of adults who were home-educated as students [C]. Paper presented at the 13th National Conference of the New Zealand Association for Research in Education, 1991.

[3] Sheffer, S. Listening to Home Schooled Adolescent Girls [M]. Portsmouth: Boynton/Cook Publishers, 1995.

[4] Ray, B. Strengths of their own: Home Schoolers across America [R]. Salem, OR: National Home Education Institute, 1997.
Ray, B. Homeschooling in the threshold: A survey of research at the dawn for the new millennium [R]. Salem, OR: National Home Education Institute, 1999.

[5] Kelly, S. Socialization of home schooled children: A self-concept study [J]. Home School Researcher, 1991, 7(4): 1–12.

年人（这些人至少在家接受7年教育）进行了调查，结果发现，“家庭学校”的学生能够积极参与社区活动，重视自我教育以及孩子的教育，他们参与集体活动的比例远远高于同龄人，其中71%持续参与社区服务活动，83%是社区团体、教堂和专业组织等的成员，76%的18—24岁青年积极参与国家或州选举，并进行投票，他们更愿意参与政党工作并进行捐助。[1]成（A. Cheng）以一个基督教大学为例，通过实证研究测量这一学校大学生的政治宽容水平。研究发现，“家庭学校”的学生与公立学校的学生相比，具有更大的政治宽容度。[2]

（3）关于“家庭学校”对高校的影响及学生进入高校后表现的研究

“家庭学校”的学生数量越来越多，高校的入学政策受到一定的影响。布莱恩·雷指出，“家庭学校”的学生在学业成绩、社会化、情感发展等方面表现良好，这类学生数量的不断增加必然会对美国高等教育产生一定的影响，因此他提出诸多建议，如避免偏见，为这类学生提供申请机会；灵活对待他们的申请材料；了解他们的成长经历、特长、知识储备，以提供合适的教育等。[3]

“家庭学校”学生的入学成绩及入学后的表现、发展良好。萨顿（L. Sutton）指出，“家庭学校”的学生在大学入学后的表现如领导才能、道德水准、学业成绩等方面不比其他学生差。琼斯（P. Jones）和格鲁克纳（G. Gloeckner）分析了针对“家庭学校”学生的大学入学政策，并利用电子问卷调查入学管理人员对这些学生的态度和认识。

---

[1] Ray, B. Homeschooling grows up [R]. Salem, OR: National Home Education Institute, 2003.

[2] Cheng, A. Does homeschooling or private schooling promote political intolerance? evidence from a Christian university [J]. Journal of School Choice, 2014(8): 49-68.

[3] Ray, B. Homeschoolers on to college: what research show us [J]. Journal of College Admission, 2004(7): 5-11.

结果显示，78%的大学入学管理人员认为这类学生和普通高中毕业生表现一样，有时前者表现更好；75%的大学入学管理人员认为他们需要重新修订本校的入学政策，从而为这类学生排除不必要的障碍。[1]

高校中“家庭学校”的学生较少选择自然科学等专业。菲利普斯（Lynn Phillips）选择美国中西部的一个小型的、多数学生为有信仰的白人的私立学院中的800多名学生作为样本（非随机取样），对学生选择大学专业的问题进行调查研究。结果显示，相比于公立学校和私立学校的同龄人，“家庭学校”的学生较少选择自然科学专业。原因是：这类学生相对缺乏与专业科学教师的交往机会，缺少进入专业科学实验室的机会和经验等；家长缺乏相关专业知识，指导或引导不够。[2]科根（M. Cogan）对中西部一个中等规模的医学研究所中的学生的学业成绩进行调查，结果显示，从“家庭学校”毕业的学生，其大学入学成绩、平均积分点高于接受正规学校教育的学生；使用多元回归分析，在控制人口统计因素、入学之前的因素之后，“家庭学校”学生第一年、第四年的平均积分点较高。[3]

（六）关于美国“家庭学校”与学校教育机构之间关系的研究

在美国每一个州，家庭与学校教育机构之间的关系不尽一致。有些州提出，“家庭学校”的学生在达到资格、遵守规定的情况下，可以使用公立学校的资源或参加课外活动；一些州规定“家庭学校”的学生可以在公立或私立学校注册为非全日制（part-time）学生；还有

[1] Jones, P., Gloeckner, G. A study of admission officers' perceptions and attitudes towards homeschool students [J]. The Journal of college admission, 2004(4): 12-21.

[2] Phillips, L. Homeschooling is an Art, not a Science: The Impact of Homeschooling on Choice of College Major [J]. Sociological Viewpoints, 2010(5): 19-25.

[3] Cogan, M. Exploring academic outcomes of homeschooled students [J]. Journal of College Adimission, 2010(9): 9-25.

一些州推出专门针对“家庭学校”的学习项目，学生在公立学校（多为特许学校）注册，但具体学习是在家长的指导下完成。

1. “家庭学校”与学校教育机构建立合作关系

公立学校与“家庭学校”合作有益于促进双方的发展。梅伯里、诺尔斯利用1985年在犹他州、1987年和1988年在俄勒冈州的调查数据和结果，揭示“家庭学校”的目的是维护良好的家庭关系，免受现代化和城市化对家庭的消极影响，其存在会给公立学校带来威胁，因此，公立学校应当积极构建与“家庭学校”的合作关系，以有助于双方的共同进步。[1]莫非提出，美国“家庭学校”与学校教育机构特别是公立学校之间经历了从反叛、对抗到合作、共生（也会存在冲突）的过程，“家庭学校”的类型也在发生变化，从纯粹的“家庭学校”向混合类型转变。[2]格伦（Charles Glenn）指出，“家庭学校”和公立学校进行合作，这种现象不仅在美国有，在其他国家也存在；尊重国家在教育中的责任，也尊重家长的教育选择权。[3]

一些学者介绍了美国为“家庭学校”的学生专门设计的一些教育项目或法案。达迪克（Dardick）介绍了美国加利福尼亚州北圣胡安的双脊小学学区（The Twin Ridges Elementary School District in North San Juan）的家庭学习项目，学生在公立学校注册，在家学习。他指出这种方式有助于缓解公立学校的拥挤状况，加强学校与家庭的联系和沟通，改善学生学业成绩等优点。[4]“家庭学校”法律保护协会在2007年发布报告，美国18个州授权一些公立学校接纳“家庭学校”

[1] Mayberry M., Knowles J.G. Family Unity Objectives of Parents who Teach Their Children: Ideological and Pedagogical Orientations to Home Schooling [J]. The Unrban Review, 1989(4): 209–225.
[2] Murph, J. Homeschooling in America: Capturing and Assessing the Movement [M]. Corwin Press, 2012.
[3] Cooper, B. S. Home Schooling in Full Views: A Reader [M]. Greenwish, CT: Information Age, 2005: 45–68.
[4] Pedersen, A., O'Mara, P. Schooling at home: Parents, kids and learning [M]. John Muir Publications, 1990.

的学生，同时对这类学生提出一些要求。宾夕法尼亚州州长2005年签署一项法案，允许“家庭学校”的学生参与公立学校的课外活动，该法案于2006年1月实施。[1]亚拉巴马州平等接纳组织（Alabama Equal Access）进行游说，要求允许“家庭学校”的学生平等参加公立学校的体育活动和其他课外活动。[2]

“家庭学校”与网络特许学校的合作引发了争议。埃利斯（Kathleen Ellis）、马什（Rose M. Marsh）、卡尔·彻尔曼（Alison A. Carr-Chellman）、索克曼（Beth R. Sockman）指出，网络特许学校因其灵活性和个性化的教育，吸引了大量“家庭学校”的学生。[3]盖舍尔指出，网络特许学校作为一种在线教育形式，为“家庭学校”提供免费的服务，发展迅速，但遭到部分支持“家庭学校”的宗教人士的批判，认为网络特许学校重创基督教的“家庭学校”运动，抢占了他们的图书市场。[4]伯奇（Patrucua Berch）指出，学区为获得教育经费，利用网络特许学校吸引“家庭学校”的生源；同时，保守的基督徒将网络特许学校作为对家庭的一种资助机制，但“家庭学校”的忠实捍卫者痛斥虚拟特许学校威胁他们的教育自由。[5]坎布尔（Belinda M. Cambre）指出，网络特许学校为进行宗教信仰教育的“家庭学校”提供服务，是一种将公众资金用于宗教教育的行为，遭到社会批判。[6]

---

［1］ Immell, M.Homeschooling［M］. Greenhaven Press, 2009: 129-131.
［2］ Ibid.: 134.
［3］ Ellis, K. Cyber charter schools: evolution, issues, and opportunities in funding and localized oversight［J］. Educational Horizons, 2008: 142-152.
Marsh R. M., Carr-Chellman, A., Sockman, B.R. Selecting Silicon: Why parents choose cyber charter schools［J］. TechTrends, 2009(4): 32-36.
［4］ Gaither, M. Homeschooling: An American History［M］. New York: Palgrave Macmillan, 2008.
［5］ Berch, P. Hidden Market: the New Education Privatization［M］. New York: Routledge, 2009.
［6］ Belinda, M. Cambre. Tearing Down the Wall: Cyber Charter Schools and the Public Endorsement of Religion［J］. TechTrends, 2009: 35-38.

2. 反对“家庭学校”学生使用公立学校资源或参加课外活动

库博（Sherry F. Colb）认为，纳税和付学费不等价，纳税不应该成为“家庭学校”的学生使用公立学校资源的理由；选择公立学校意味着收益与负担并存，“家庭学校”的学生不应该只享受学校资源，而不履行到校的义务；虽然课外活动不属于学校教育的必要组成部分，但学校会对此提出一定的要求；“家庭学校”的学生会受到父母价值观、态度的影响，这会对公立学校产生负面影响或评价。综上，“家庭学校”的学生没有理由参加公立学校的课外活动。[1] 此外，威廉姆斯（Preston Williams）指出，选择“家庭学校”的家长自己并不愿意使用学校资源，因为他们认为参与学校的课外活动或使用资源时，学校会提出自己的要求，“家庭学校”的自由会受到一定的限制。[2]

（七）关于美国特殊儿童、少数族裔“家庭学校”的研究

一些学者研究“家庭学校”对特殊群体的意义及具体实施情况。这类特殊群体主要包括天才儿童、自闭症儿童、多动症儿童等。杜沃（Steven F. Duvall）比较了公立学校与家庭中的特殊儿童在师资、成绩、收获方面的不同，他认可家长在教育中的努力，认为一对一的教育效果更好。[3] 温斯坦利（C. Winstanley）探索标准化学校不利于天才儿童的成长，展现“家庭学校”在这一领域的发展前景。[4] 为了更好地了解天才儿童如何在家接受教育（gifted

---

［1］ Colb, S. Should parents who home-school their children have access to public school extracurricular programmes［R］. 2005.

［2］ Willianm, P. Making a public case against home-schooled athletes［N］. The Washington Post, 2008-02-07(15).

［3］ Cooper, Bruce S. Home Schooling in Full Views: A Reader［M］. Greenwish, CT: Information Age, 2005: 151-166.

［4］ Winstanley, C. Too cool for school? Gifted children and homeschooling［J］. Theory and Research in Education, 2009, 7(3): 347-362.

homeschooling），加利等（J. Jolly et al）选取了13名家长进行采访，结果表明，父母在与公立学校经过无数次协商之后才决定选择“家庭学校”，这个决定给家庭带来了诸多挑战。[1]斯凯特（Patricia Schetter）和劳伦斯（Clare Lawrence）提出“家庭学校”是自闭症儿童教育的一种有效方式，他们针对这类父母普遍存在的疑惑进行了专业解答。[2]

21世纪以来，非洲裔美国人选择在家教育子女的数量显著增加，引起学术界的注意。泰勒（Venus L. Taylor）分析“家庭学校”数量在非洲裔美国家庭中增长的原因主要是校园内的种族歧视，而“家庭学校”可以提供更小的教室，更重视民族文化课程，学生可以得到更多关注和平等对待等。[3]

综上所述，美国关于“家庭学校”的研究起步较早，而且研究内容较为深入、全面，宏观与微观相结合，涵盖发展历史、组织、政策法规、教学实践等多个层面。研究方法也较为多样，定性研究、定量研究以及如个案法、文献法、比较法、问卷法、访谈法等具体方法运用较多。这些文献为本研究提供了丰富的资料。

综合比较国内外对美国“家庭学校”的研究，从研究内容看，国外的研究内容更加丰富，特别是美国教育部下属的全国教育数据中心定期发布的“家庭学校”报告以及全国家庭教育研究所进行的调查研究等，

---

［1］ Jolly, J., Matthews, M., Nester, J. Homeschooling the Gifted: A Parent’s Perspective［J］. Gifted Child Quarterly, 2013, 57: 121.

［2］ Schetter, P. Homeschooling the Child with Austim: Answers to the Top Questions Parents and Professional Ask［M］. Jossey-Bass, 2009.
Lawrence, C. Autism and Flexischooling: A Shared Classroom and Homeschooling Approach［M］. Jessica Kingsley Publisher, 2012.

［3］ Cooper, B. S. Homeschooling in Full Views: A Reader［M］. Greenwish, CT: Information Age, 2005: 121-134.

为本研究提供了丰富的资料。从研究方法看，国外大量使用量表、访谈等方法进行数据分析，较为全面地展现了“家庭学校”的发展面貌，而国内更多的是对美国“家庭学校”的介绍和对某些问题的分析。

第三节 研究问题与意义

“家庭学校”成为一部分家长的选择，对现有的教育制度和学校教育带来挑战，政府的态度影响着它的生存与发展。虽然目前我国选择在家教育子女的家长数量非常少，但从近年来的发展势头看，应该还会扩大。同时，“家庭学校”是个性教育需求的一种集中体现，是社会进步的必然产物，我们无法回避。那么，在“家庭学校”的发展中，如何协调、规范和化解各类矛盾，成为需要关注的问题。“家庭学校”的健康有序发展需具备政策、环境、市场需求等方面的条件以及社会支持体系的完善。系统研究美国“家庭学校”的成长与发展成为一种必要。

一、研究问题

基于我国“家庭学校”的实践需要和现有研究情况，以及研究者资料占有情况，本研究将研究问题聚焦于美国“家庭学校”发展的外部动因、发展历程、内部运行。具体研究问题包括：

（1）推动美国“家庭学校”产生与发展的社会环境。

（2）美国“家庭学校”组织化与合法化的路径及进程。

（3）美国“家庭学校”的运行。

（4）作为美国的非正式教育组织，“家庭学校”、家庭学校组织与公立学校、教育管理部门等正式教育组织之间的互动关系及其发展前景。

二、研究意义

“家庭学校”的出现和发展预示着教育形式多元化的发展趋势不可逆转。“家庭学校”作为一种新的教育选择形式，对我国的基础教育理念、政策和实践带来一定的影响。美国“家庭学校”的实践和理论研究相对成熟，教育部门对此形成了较为完善的管理制度，社会也形成了一套为之服务的良好体系，虽然其中不乏争论和问题。上述研究可以为我国“家庭学校”的良性发展提供一定的理论参考和实践借鉴。

（一）理论意义

其一，丰富该领域的研究视角。以开放系统的组织理论为研究视角和分析框架，在更加开阔的社会背景下对美国“家庭学校”进行较为系统、全面的研究，探析其成长环境，认识其发展历程，揭示“家庭学校”中家长的力量以及他们对多方资源的充分利用，分析“家庭学校”支持性组织的协作与冲突，展现这一小众教育行为引发的社会争议及产生的影响，拓展对美国“家庭学校”的认识。

其二，丰富基础教育理论，深化对基础教育改革的认识。“家庭学校”凸显了家庭的教育功能，是一种新型的教育形式。它扩大了学校教育的概念，更新人们对家庭教育的观点。“家庭学校”作为家长教育选择权的一种实践形式，不仅对现代公共教育的基本理念和义务教育制度形成挑战，也影响着国家对多样化教育需求的态度，考验国家对这些需求的回应能力（制定相关政策、修改法律规定、构建社会保障体系等）。

（二）实践意义

对我国“家庭学校”的实践者来说，本研究可以使家长更清楚地认识“家庭学校”的本质，更理智地对待或选择这一教育形式。

对教育政策、法规的制定者来说，可以更好地尊重家长教育权和学生自由学习权，慎重考虑这部分群体的选择，提高预见能力，针对我国“家庭学校”的现状和特点，未雨绸缪，为相关决策提供参考，从而促进我国义务教育健康、科学地发展，实现义务教育阶段教育的多元性和个性化，保障适龄儿童的受教育权和家长的教育选择权，改善民生。

第四节

核心概念厘定

本研究的核心概念主要有两组：一是家庭学校教育、家庭学校；

二是组织、正式组织、非正式组织、家庭学校组织。

一、家庭学校教育（homeschooling）、家庭学校（home school）

（一）近义词辨析

在英文词典中可以查到home和school、schooling的含义，却无法找到"homeschooling"。"home"指家或住所。[1]"school"指学校，孩子学习的地方；"schooling"指学校教育。[2]"homeschooling"或"home schooling"在英文文献里一般做名词或动词，翻译成"在家上学"或"家庭学校教育"。"homeschooling"一词最早出现在美国教育家约翰·霍尔特主编的杂志《非学校化教育》中。此词在20世纪80年代得到广泛认可，主要是指"所有产生在传统课堂之外的教育形式"（all full-time education that takes place outside of conventional classroom）。从其实践活动看，"家庭学校教育"（homeschooling）不只是指在家庭这一场所进行学习或教育，而且包括"出去学习"（out learning），如旅游，做志愿者，参与社区服务，与其他家庭学校的孩子一起游戏或学习等。

相关英文文献中经常出现一些与"homeschooling"含义相近的单词或词组，需要加以说明和澄清。

homeschool/home school：一般做名词，翻译成"家庭学校"。

homeschooler：该词的含义只能根据实际语境来判断，有时指"在家教育子女的家长"，有时指"在家接受教育的孩子"。

---

[1] 牛津高阶英汉双解词典（第七版）[M].北京：商务印书馆，2010: 978. Home: The house or flat/department that you live in, especially with your family.

[2] 牛津高阶英汉双解词典（第七版）[M].北京：商务印书馆，2010: 1871-1872. School: A place where children go to be educated.Schooling: the education you receive at school.

unschooling/deschooling：“unschooling”这一概念及其蕴含的思想最初由约翰·霍尔特在20世纪60年代提出，“deschooling”由伊利奇提出，这两者的含义接近，可以译为“去学校化教育”。去学校化教育思潮对“家庭学校”的发展起到很大的推动作用，20世纪在六七十年代，一批激进的家长猛烈抨击学校教育，选择在家教育子女，从此开启了现代意义上的“家庭学校”。

home-based education/home education：分别译为“以家庭为基地的教育”“家庭教育”，美国的部分州、加拿大、英国的研究者喜欢使用这一概念来指代家长对义务教育阶段的子女在家开展教育的行为。

alternative education或education otherwise：直译为“另类教育”“可供选择的教育”“另外的教育”等，主要指与正规学校教育不同的教育类型，“家庭学校”只是其中的一种形式。

（二）学者提出的概念和释义

国内学者在使用术语时存在一些混乱，通常有“在家上学”“家庭学校”“家庭学校教育”“在家教育”等，本书在引用时均如实照录其概念和释义。实际上中文的不同术语皆来自对英文“homeschooling/home schooling/ home school”的翻译。在英文文献中，“homeschooling”的使用频率最高。

诸多学者或机构提出自己的概念并进行解释，各有侧重。

（1）强调家庭的学习形式和类型。谢默（B.A. Schemmer）认为“homeschooling”是指“注册一个教育项目，在家庭中实施教学，而代替去公立或私立学校”。[1] 莱恩斯（P.M. Lines）指出，

[1] Schemmer, B.A. Case studies of four families engaged in home education [D]. Ball State University, Muncie, IN, 1985: 8.

“homeschooling”是指“在家庭之中，父母作为活动的教师或指导者，教学和学习通过计划性的活动展开，还有一个或多个来自相同学习取向的家庭的学生的陪伴，他们都处于K-12学段”。[1]孟四清认为，“在家上学”又称“在家自行教育”（homeschooling），是指在家长的安排下，由符合条件的专门人员对学生进行有目的、有步骤的教育，以完成基础教育任务的教育活动。它包括传递知识、发展能力、培养良好的行为习惯与心理品质等。[2]中国21世纪教育研究院指出，“在家上学”（homeschooling，home education）是指在正规的学校教育之外，儿童在家自学、家长自行教授或延师施教、家长组织微型学校、私塾等施行教育的形式，是一种非学校化、家长自助的教育类型。[3]

（2）强调父母的责任和主导地位。泰勒（J. Taylor）认为“homeschooling”是指“儿童不去传统学校接受教育，选择在家庭中学习，父母、家庭教师或指导者承担教育孩子的直接责任”。[4]格雷丁（E. Gladin）指出，“homeschooling”是“在家庭中，主要由父母对自己的孩子开展的教育”。[5]梅伯里将“homeschooling”定义为“家庭为教学及学习之主要地点，而父母为教学活动之教导者或监督者，至少有一位学习者为教学者之子女，且学习者须为幼儿园至高中阶段之学童”。[6]利普斯和费伯格（D. Lips & E. Feiberg）指出，“‘homeschooling’是一种教育的其他选择形式，儿童在家庭中接受教育，而不是到传统的公立或

[1] Glan., J. V., Pittman., M. Homeschooling: Political, Historical, and Pedagogical Perspectives [M]. Norwood, NJ: Ablex, 1991: 10.

[2] 孟四清.关于在家上学问题的调查与思考 [J].上海教育科研，2002（2）：53-56.

[3] 中国在家上学研究报告 [R]. 21世纪教育研究院，2013.

[4] Taylor, J. Self-concept in home-schooling children [D]. Available from ProQuest Dissertation and Theses database(UMI No.DA8624219.), 1986: 14.

[5] Gladin, E. Home education: Characteristic of its families and schools [D]. Bob Jones University, Greenville, SC, 1987: 12.

[6] Mayberry, M. Homeschooling: parents as educators [J]. International Journal of Control, 1995(12): 4-12.

私立学校去。孩子由父母、指导者或其他家庭教师进行教育”。[1]吴清山指出，所谓“家庭学校教育”（homeschooling），是民间团体或家长基于教育理念，自行组织机构在家施行教育，不在固定校区，并以实验课程为主进行教学，以实现其教育理想。[2]

（3）突出强调学龄阶段的儿童不到学校学习。莱恩斯指出，“homeschooling”是指“处于学龄阶段的孩子在父母的一般指导下开展学习，代替了到学校接受全日制的教育”。[3]莱曼认为，“homeschooling”是指“学龄阶段的儿童在家接受教育，而不到学校中去”。[4]霍尔特认为“homeschooling”一词主要用来描述儿童在成长和学习的过程不去学校或不常去学校这一现象。布莱恩·雷指出，“homeschooling”是“对处于初等和中等学校教育阶段的儿童和青少年进行教育实践，是一种以家庭为基础、以父母为主导的教育环境（或至少是在父母的管控下，而不是在州立学校或私立学校的控制下）”。[5]美国教育部下属的全国教育统计中心（National Center for Education Statistics，简称NCES）给K-12阶段“homeschooling”下的定义为：学生不是因为暂时的疾病在家上学，他们或者在家庭中接受教育，而不在公立学校或私立学校上学，或者是在公立学校或私立学校的注册时间不超过25个小时。[6]申素平指出，“家庭学校教育”

---

[1] Lips, D., Feinberg, E. Homeschooling: A Growing Option in American Education［M］. Washington, DC: Heritage Foundation, 2008: 2.

[2] 吴清山.国民教育阶段办理非学校形态试验教育之挑战与策略［J］.北县教育，2003，45：18.

[3] Lines, P. Homechoolers: Estimating numbers and growth. Washington［R］. DC: U.S. Department of Education, National Institute on Student Achievement, Curriculum and Assessment, 1999: 1.

[4] Lyman, I. The Homeschooling Revolution［M］. Amherst, MA: Bench Press International, 2000: 18.

[5] Ray, B. Home educated and now adults: Their community and civic involvement, views about homeschooling and other traits［R］. Salem, OR: National Home Education Research Institute, 2004: 3.

[6] National Center for Education Statistics.1.5 Million Homeschooled Students in the United States in 1999. 2001/7［EB/OL］. http://nces.ed.gov/pubs2001/200103.pdf.2001-7/2012-12-12.

（homeschooling）是指处于学龄阶段的儿童不去公立或私立学校，而是选择在家，主要由其父亲或母亲进行教育和管理，接受其父母认为最适宜的教育。

（三）本研究使用的概念及其含义

因为是研究美国的“home school”“homeschooling”，本文主要参考美国本土意义上的概念。综上所述，概念本身的表达方式多样，释义也很多样，但美国学者普遍强调“homeschooling”所包含的“不到传统的学校学习”“家长的主动选择和教育中的主导地位”等要素。

为了更好地理解这一教育现象，也为了表达的清晰，同时更是为了借助组织理论对这一现象进行深入阐释，本研究主要界定两个概念：（1）“homeschooling”，译作“家庭学校教育”，即“在家庭中开展学校教育”，指处于K-12学龄阶段的正常儿童不到公立或私立学校去接受教育，而以家庭为主要学习场域，以父母自主选择为特征的一种教育形式。这一译法可以最大限度地显示其英文含义。（2）“home school”，本研究将其界定为“家庭学校”，是因在家庭内部实施正规教育而形成的一种学校类型。《教育大辞典》对“学校”（school）的界定是：学校是指人类进行自觉的教育活动，传递社会知识文化，有目的、有计划、有组织地为一定社会培养所需人才的机构。学校是社会发展到一定历史阶段的产物，学校的出现标志着人类教育活动开始进入一个自觉自为的历史时期。在西方，“school”一词源于拉丁文schla和古希腊文skhole，有“休闲安逸之所”之意。[1]从中可以看出，学校的本意是自觉学习、陶冶情操的地方，上述界定并未指定学

[1] 顾明远.教育大辞典［M].上海：上海教育出版社，1998：1822-1823.

校必须具备怎样的规模或教学条件等，因此“家庭学校”也可以作为学校的一种类型。

对上述两个概念的清晰界定，有助于本研究更好地分析“家庭学校”作为一个组织的生长与发展，同时也可以更好地观察“家庭学校教育”作为一种与制度化学校教育不同的教育形式的特点，以及“家庭学校”的运行机制。

二、组织、正式组织、非正式组织、家庭学校组织

这里主要借助组织理论中的“组织”“正式组织”“非正式组织”这三个概念来界定“家庭学校组织”。依据组织的规范程度，本研究将“家庭学校”和家庭学校组织作为非正式组织。

（一）组织

学者们从不同的视角来认识、理解组织，组织的概念有千百种。这里主要从三个视角分析组织的概念。

1. 理性视角下的组织概念

这是较为经典、具有影响力并占据主导地位的组织定义，它将组织视为一个理性系统（更多地专指正式组织），主要有以下定义：

组织是互动的人群集合，是一种具有集中协作功能的系统。组织内部具有高度专门化和高度协作的结构（马奇和西蒙，1958）。[1]

由于组织的区辨性特征，它们都直言不讳是为了实现特定目标而正式建立的，因此应称之为“正式组织”（布劳和斯科特，1962）。[2]

[1] March, J.G., Simon, H.A. Organization [M]. New York: John Wiley, 1958: 4.

[2] Blau, P.M., Scott.W.R. Formal Organization: A Comparative Approach [M]. San Francisco: Chandler Publications, 1962: 5.

综上所述，理性视角强调组织的目标、结构、规范，即目标正式化和结构正式化。支持这一概念的学者更多关注工业公司和国家官僚制度，他们多是拥有管理经验的实践者。归纳起来，这一视角下的“组织”是指两个及以上的人群为了共同的目标而形成的具有一定结构、制度和文化的集合体。这一概念关注控制，只关注参与者（即主体）与任务相关的部分行为。

2. 自然视角下的组织概念

还有一些学者从自然视角审视组织，如古尔德纳（Alvin Gouldner）、巴纳德（Chester Z. Barnard）等。他们倾向于考察服务性的和职业化的组织，如学校、美国青年基督教协会等。[1] 他们认为组织是一个集合体，参与者在寻求各种不同或相同的利益或满足；组织的具体目标是复杂的、分散的、易于变化的。这些学者更关注组织的行动结构，这一结构与组织的各种活动、互动和感知网络相关联。他们认为组织内部的非正式人际关系结构更重要。

在自然视角下，组织是一个集合体，是人们为了某种特定的任务建立起来的人际关系结构，参与者在其中寻求多种利益。

3. 开放系统视角下的组织概念

在开放系统视角下，组织不是封闭的，它是一个依赖于外界的人员、资源和信息的开放系统，组织与“外界”要素的联系甚至比与“内部”要素的关联更为关键。组织是一个内部相互依赖的活动体系，必须不断地创造友爱的纽带和共识的体系，才能保证内部主体之间的联合；同时，单个组织又是更大关系体系的组成部分，并受到这一体

[1] ［美］W. 理查德・斯科特.组织理论：理性、自然与开放系统［M］.黄洋，李霞，申薇，席侃，译.邱泽奇，译校.北京：华夏出版社，2002：74.

系的影响。

从开放系统的视角来看，组织是与参与者之间不断变化的关系相互联系、相互依赖的活动体系；该体系植根于其运行的环境之中，既依赖于与环境之间的交换，同时又由环境建构。[1]

综合上述观点，本研究更多地从自然与开放系统的视角出发审视“家庭学校”，一是因为“家庭学校”的发展更多植根于家庭，它的规范性、目标明确性都显得弱一些；二是因为本研究更多关注参与者实际做了什么，即“家庭学校”内部的家长、子女以及“家庭学校”的支持者的行动如何影响这一教育形式的发展；三是本研究关注“家庭学校”与教育系统乃至整个社会系统之间的互动，深刻认识滋生并推动这一现象成长的社会环境。

（二）正式组织、非正式组织、家庭学校组织

随着组织的发展以及对组织研究的深入，一些学者逐渐认识到将组织视为理性系统的概念存在很大的局限性。于是，他们开始对组织进行深入观察，发现组织内部除了存在为特定目标而刻意设计的高度正式化的结构之外，还存在一些非正式结构，这是基于组织内部成员个人特点以及人际关系而形成的规范与模式。同时，组织的成员怀着自己的信念、期望和抱负进入组织，为组织带来不同的价值、兴趣和能力，因此，他们的需求值得关注。上述发现引发人们对组织中人际关系的关注，非正式组织作为与正式组织并列的概念由此得到重视。

---

[1] ［美］W. 理查德·斯科特.组织理论：理性、自然与开放系统［M］.黄洋，李霞，申薇，席侃，译.邱泽奇，译校.北京：华夏出版社，2002：26.

乔治·埃尔顿·梅奥（George Elton Mayo）1933年在《工业文明中人的问题》中明确提出，非正式组织是企业员工在共同工作过程中，由于具有共同的社会情感而形成的非正式团体，它有着特殊的情感、规范和倾向，左右着成员的行为。[1]

罗特利斯伯格和迪克森（F. J. Roethlisberger & William J. Dickson）在1934年发表的《管理与工人：工业工厂中的技术组织与社会组织》中，使用“非正式组织”（informal organization）（或“非正式群体”，informal group）来界定一种非正式的互动关系。[2]他们认为非正式组织是指存在于某些技术组织中的表现形式，技术组织对之没有相应的明确规定，但它是实际存在的人际情境（如非正式领导、非正式员工群体等）。由此可知，他们将“非正式组织”与理性逻辑上的技术组织进行比较分析，来解释工作场所中群体内部的非逻辑的人的行为和社会规则。

巴纳德在1938年发表的《经理人员的职能》和1948年发表的《组织与管理》等著作中提及正式组织中个人目标与组织目标不一致的情况，指出非正式组织是将正式组织的要求同个人需要相结合的重要方式，它是通过同工作有关的接触产生的，确立了一定的态度、习惯和规范，为正式组织提供活力和效力。[3]

罗特利斯伯格和迪克森在1939年出版的《管理与工人》中更为系统地阐明非正式组织的概念及理论。在这本书里，“非正式组织”与“正式组织”构成两个对比分析的概念。[4]“正式组织”是指被公司的

[1] 杨文士，张雁.管理学原理［M].北京：中国人民大学出版社，1994：47.
[2] 李国梁.非正式组织理论的渊源探析［J].前沿，2013（16）：18-21.
[3] 夏文秀.企业非正式组织研究［M].杭州：浙江人民出版社，2010：4-6.
[4] 李国梁.非正式组织理论的渊源探析［J].前沿，2013（16）：18-21.

规则、制度明确规定的各种人际互动模式，以及在人的组织、人的组织与技术组织之间，公司政策所规定的应当如何去做才能有效完成技术生产任务的相互关系；它遵循效率逻辑和成本逻辑。“非正式组织”是指存在于组织成员中的没有被正式组织明确规定，或者被正式组织描述得不够的那些事实上的人际关系；它遵循的是情感逻辑，即“存在于不同群体内部人际关系所表达的价值观和信念体系”。由此可见，“非正式组织”本质上是工作场所中的一种非正式人际互动关系，其形成的逻辑起点是情感逻辑，这是组织工作场所中不同的员工群体所表达的一种共同价值观。因此，追求社会情感需求的满足是非正式组织形成的基本动因。

乔·R. 卡岑巴赫（Jon R. Katzenbach）、齐亚·卡恩（Zia Khan）指出，未来的组织将面临一个越来越扁平的世界，世界充满迅疾的变化，组织需要做出及时、灵活的反应，这些已经超出了组织“正式”因素方面的能力，需要借助非正式组织的人际关系网作为补充。人们的行为受到逻辑和理性的影响，但情绪和情感的力量主宰着关键行为，而这正是非正式组织所擅长的，因此将正式组织（规范性）和非正式组织（灵活性）整合起来，可以为整个组织的发展提供强大的支持和能量。[1]

《社会学词典》给出了正式组织和非正式组织的概念：正式组织又称“形式组织”，它是成员间的关系和一切活动均由特定的或正式颁布的规则加以规定或限制的组织，基本构成要素为：有周密的计划和明确的目标；有共同的规范和一定的系统；有权威的领导，以执行

[1] 弗朗西斯·赫塞尔本，马歇尔·戈德史密斯.未来的组织：全新管理时代的愿景与战略［M］.苏西，译.北京：中信出版社，2012：85-95.

制定的计划。非正式组织又称“自形组织”，与正式组织相对，由具有共同利益和兴趣的人自愿结合而成，成员间以一种私人方式互动，没有严密的规章、计划和正规的组织机构。[1]

综上所述，正式组织和非正式组织有着密切的联系，两者在形成原因、规范程度上有着显著的差异。最初的组织研究更多关注正式组织，非正式组织是学者们的意外发现，它的出现更多地源于正式组织无法满足某些人的需求。但实际上，非正式组织也可以产生于正式组织之外。一般来说，正式组织通常具有明确的职责分工、正式任命的领导等；非正式组织是因某种需求、共同的兴趣、价值观等自发形成。非正式组织以社会心理需求为联结的基础，以社会化、自由化、个人化等方式进行联系（如聚会、电话、电子邮件等），当然，有些非正式组织中也有会议等较为正式的活动。此外，非正式组织中成员的加入或退出完全处于自发和自愿的状态，没有强制性的约束制度，通常规模不大。

本研究利用“正式组织”和“非正式组织”这一对概念来分析“家庭学校”这一教育现象，将公立学校以及州、学区等教育部门为代表的拥有规章制度、严格的层级系统、明确目标的教育机构视为正式组织；将“家庭学校”以及由其形成的团体、协会等视作非正式组织，即家庭学校组织。

家庭学校组织是指因选择在家教育子女这一共同行为而形成的团体。家庭学校组织是所有选择“家庭学校”的家庭力量的集合，为每个“家庭学校”赢得法律保障，带来组织归属感。本研究主要从两个层面展开分析，即关注组织情境下的个体行为（即单个“家庭学校”

[1] 邓伟志.社会学辞典［M］.上海：上海辞书出版社，2009：467.

的运行）和团体行为（即“家庭学校”组织化历程及其与正式教育组织之间的互动）。

在整个教育领域内，由于科层制的传统学校无法满足一部分学生的个性化成长或家长进行宗教信仰教育等需求，一些家长产生了在家教育孩子的想法，由此产生“家庭学校”。虽然“家庭学校”也对子女进行正规的知识教育，但与学校教育相比，家庭内的教育更多关注孩子的个性发展，其形式、内容更加灵活、自由，普遍缺乏严格的管理制度和要求。在“家庭学校”的创建过程中，家长们为了维护自身的教育自由，组建各种团体或协会，即家庭学校组织。这些组织保护“家庭学校”，形成一致对外的堡垒，提供教育资源。总体上看，家庭学校组织较少形成书面化的规则和制度，大多是家长自愿参加，自由流动性较强。

本研究将公立学校、政府教育管理部门、“家庭学校”、家庭学校组织视为整个教育系统的构成部分（或者是子系统），前两者为正式组织，后两者为非正式组织，它们的共同目标是一致的，即为学生提供高质量的教育。在“家庭学校”的运行过程中，家庭力量在完成教育目标中占据主导地位，但也有一小部分家庭尝试与公立学校合作，借助社会资源，这些行为体现了非正式组织和正式组织之间的融合发展。

综上所述，本研究中对三个核心概念的界定如下：

家庭学校教育（homeschooling），即“在家庭中开展学校教育”，它是家长因排斥制度化的学校教育而选择在家教育子女的一种教育形式。

家庭学校（home school），是指因在家庭内部实施正规教育而形成的一种学校类型，它以义务教育阶段的学龄儿童为主体，以父母为主要施教者，以子女为主要受教者，以家庭为主要教育场域。

家庭学校组织（homeschooling organization），是指为保障父母的教育选择权，为子女提供良好的教育环境，开展家庭学校教育的家长自发形成的团体，其内部较少建立严格的制度规则，结构相对松散。

第五节

理论基础与研究视角

本研究借助现代组织理论中的开放系统视角审视“家庭学校”的生成环境，利用正式组织和非正式组织这对概念来阐释公立学校、教育管理部门等正式教育组织与“家庭学校”、家庭学校组织等非正式教育组织之间的冲突、对抗以及互动、协作，以此揭示“家庭学校”独特的运行模式及其对正规教育体系的补充、调节作用。

一、组织理论

（一）何为组织理论

组织理论是研究和解释组织的结构、职能和运转，即组织中群体行为与个人行为等现象，并揭示、总结规律的理论和知识体系。[1]

［1］D.S.皮尤.组织理论精粹［M］.彭和平，译.北京：中国人民大学出版社，1990：3.

直到20世纪40年代后期，组织理论才作为社会学的一个独立研究领域而存在。[1]虽然早在20世纪初，工业心理学、管理学已经进行了许多关于监狱、工会、政党等的研究，但这些研究限于具体的组织形式，没有提升到组织层面。1937年，英国的林德尔·厄威克（Lyndall Fownes Urwick）和美国的卢瑟·古利克（Luther Gulick）两位行政管理学家合著的《行政科学论文集》中一篇题为《组织理论概述》的论文最早提出“组织理论”的概念。[2]之后，以组织理论为内容，或直接将其作为标题的文章和专著日益增多，组织理论领域的专家、学者也不断涌现，如马克斯·韦伯（Max Weber）关于官僚体制的分析成为早期组织理论的代表；美国学者默顿（Robert King Merton）和他的学生不断收集、编撰各个方面的组织理论和实证材料，同时，他周围聚集了一批优秀的组织学研究人才，后续开展了一系列关于组织个案的研究，如田纳西河谷管理局（塞尔兹尼克，Philip Selznick，1949）、石膏矿厂（古尔德纳，Alvin Gouldner，1954）、职业介绍所和联邦政府执行机构（布劳，Peter Blau，1955）等，他们关注组织结构与功能，形成了组织研究中的哥伦比亚学派。卡耐基技术学院的西蒙（Herbert Simon）关注组织内的决策制定与选择，与马奇（James March）、赛特（Richard Cyert）形成了卡耐基—梅隆学派。[3]在上述学者的努力之下，组织研究作为一个领域基本得以确立。

从发展形态来看，组织逐渐从基于血缘纽带和私人关系的“公社

---

[1]［美］W. 理查德·斯科特.组织理论：理性、自然与开放系统［M］.黄洋，李霞，申薇，席侃，译.邱泽奇，译校.北京：华夏出版社，2002：8.

[2] 朱国云.组织理论：历史与流派（第二版）［M］.南京：南京大学出版社，2014：5.

[3] 周雪光.组织社会学十讲［M］.北京：社会科学文献出版社，2003：19.

形式”转变到基于“契约性质的合作形式”。[1]在现代社会中，组织发挥着重要作用。它将人们有效地集合起来实现一定的目标，克服个体身体的局限以及认知方面的约束，发挥传递信息、资源利用、传导决策等的作用。但组织也不断遭受批评，主要涉及两个方面：一是组织依靠自身力量对社会权力的霸占，如权力精英对社会分层体系的影响、公共组织掌控权力等；二是组织带来的现代生活理性化，因为组织强调系统化、科学化，力求实现有效、有序。

组织的种类繁多，在规模、形式、结构、领域、构成人员等方面存在诸多差异。按规模，组织可分为大型组织和小型组织。组织内部存在不同的结构，如单一的权力和控制结构、科层制、矩阵结构。“家庭学校”以家庭为核心场域，这种基于家庭和血缘关系的组织，其结构形式化程度相对较高，目标具体化程度则较低，其教育目标与正规学校相比，显得更加灵活、机动。

组织的分析层次主要包括：个体行动，即组织内个体参与者的行动或人际关系；组织结构（运行秩序），即组织结构特征或过程；组织之间或组织与更大系统之间的关系，即组织作为一个集合体在更大的关系体系中表现出来的特征和从事的活动。[2]这上述三个分析层次的分析范围依次扩大。本研究运用组织理论分析“家庭学校”、家庭学校组织的上述三个层面：“家庭学校”的教育行动；家庭学校组织的类型、意义、发展历程及其对“家庭学校”的成长带来的影响；“家庭学校”与正式教育组织之间的关系及与美国整个社会环境之间的关系等。

---

[1] Starr, P. The Social Transformation of American Medicine［M］. New York: Basic Books, 1982: 148.
[2]［美］W. 理查德・斯科特.组织理论：理性、自然与开放系统［M］.黄洋，李霞，申薇，席侃，译.邱泽奇，译校.北京：华夏出版社，2002：14.

（二）以开放系统的组织理论为研究视角

“家庭学校”的萌生与发展体现了施教主体（即家长）的努力，同时也展现了整个社会环境对这一教育形式的抵触、排斥和包容、助力。因此，只有将“家庭学校”视作一个开放的组织系统，深入挖掘“家庭学校”内部主体的行为及其与社会环境的互动，才能更加深刻地认识这一教育现象。

1. 开放系统的组织理论

贝塔朗菲（Ludwing Von Bertalanffy）、伯尔丁（K.E. Boulding）的系统理论提出，所有系统都是由要素构成的，要素之间相互依赖。这一观点影响到组织研究领域。广义地说，一般系统理论对于组织理论发展的贡献在于把组织视作一个控制系统和开放系统。开放系统视角下的组织研究开始于20世纪60年代，它探讨组织与环境之间的关系，强调组织与其周围及渗透到组织的要素之间的交互纽带。

一方面，环境被看成是物质的、能量的和信息的终极资源，成为系统运作的关键。组织是一个动态的开放系统，必须不断与环境交换信息、能量和其他资源，才有可能得以生存和发展。另一方面，组织是环境的一部分，组织的结构和行为受所处具体环境的约束，环境也被看作是规范的来源。该视角将组织看作一个松散的系统，强调个体参与者和子群体的复杂性、多变性及其相互之间联系的自由性。组织的规范结构与行为结构之间的关系是松散的，规范并不总能控制行为，因为规范可以改变。

开放系统视角下的组织理论更加重视组织行动，将注意力转向过程。过程不仅被看成是组织内部的运作，而且是作为系统的组织自身的运作。[1]强调动态研究可以对组织过程有更深刻的了解。

其间形成了权变理论、制度学派、组织环境理论等，其中较具有代表性的是权变理论。权变理论的创造者是劳伦斯（Paul R. Lawrence）和骆奇（Jay W. Lorsch），他们认为不同的环境对组织有不同的要求，最佳的组织结构取决于它的环境条件、技术、目标和规模等因素，为此组织需要依据具体情况不断作出调整与变化：一是组织每个子单位的结构特性应当与其自身相关的特定环境相适应；二是组织的分化与整合模式应当与其所处的整体环境相适应。[2]加尔布雷斯（Jay R. Galbraith）指出，环境的不确定性通过影响组织的运作进入组织，他将环境挑战与组织信息系统联系起来，重视组织的信息处理功能。[3]

制度学派的代表人物是塞尔兹尼克和迈耶（J. Meyer），有新旧制度主义之分。旧制度主义认为组织是一个制度化的组织，是社会环境和历史影响中的一个有机体；新制度主义将研究重心放在制度环境上，强调合法性机制的重要性。[4]合法性机制是指那些引导或强制组织采纳具有合法性的组织结构和行为的社会规范。制度环境对组织具有强大的约束力，组织不得不接受在某种制度环境下建构起具有合法性的形式和做法，一般来说，组织形成两种相应对策：一是趋同，即在结构、内容等方面与合法的组织趋于一致；二是将形式和内容分开，即组织的实际运作形式与组织结构分离，结果是组织结构只是一种象征，实际运行遵循一种非正式规范。[5]“家庭学校”为了维护自身的合法性，

---

[1] [美] W. 理查德·斯科特.组织理论：理性、自然与开放系统 [M].黄洋，李霞，申薇，席侃，译.邱泽奇，译校.北京：华夏出版社，2002：93.

[2] Paul, R. Lawrence, Jay W. Lorsch. Organization and Environment:Managing Differentiation and Integration [M]. Boston: Graduate School of Business Administration, Harvard University, 1967: 85-91.

[3] Jay, R. Galbraith. Designing Complex Organizationa [M]. MA: Addison-Wesley, 1973: 52.

[4] 于显洋.组织社会学（第二版）[M].北京：中国人民大学出版社，2009：41.

[5] 同上：62-63.

即采取后一种对策。从结构上，看“家庭学校”有教师和学生，也有施教空间，但其实际运行则采用一种相对松散的形式，教育内容、形式、目标等具有较大的自由度，而且施教者与受教者之间是亲子关系。

2. 理论视角的适切性

本研究主要考察美国“家庭学校”的生成环境及成长历程，重点分析这一教育机构的主体特征、法律保障、组织建设，探究它与正规学校教育和与学区、州教育部门等的关系以及教育目标的达成。利用开放系统的组织理论可以更深刻地探讨以上内容，对美国“家庭学校”的发展进行一次寻根之旅，观察它与社会环境之间的互动，直观地展现“家庭学校”的生存状态以及发展趋势；把握“家庭学校”的施教主体和运行机制；理解“家庭学校”组织的结构类型、发展历程及其在“家庭学校”生长过程中的保障作用。同时，可以更深入地认识“家庭学校”在整个教育系统中的地位、价值，明晰“家庭学校”的地位和功能。

当然，组织理论的研究对象是以企业、行政部门为主，与经济领域、工业发展、政府工作等密切相关，重在提高经济效益、工作效率。组织理论（研究）的出现和进一步深入也是为了有效地促进企业等正式组织的发展。因此与正式组织相比，非正式组织的理论研究较少，运用组织理论来分析教育组织（特别是教育领域中处于非主流的“家庭学校”），并在非正式组织与“家庭学校”之间建立有机联系，进行深入的分析，可能存在一些难度。

二、开放系统的组织理论的利用

本研究意在运用开放系统的组织理论来分析“家庭学校”（家庭学校组织）的成长与发展，具体阐释和分析以下几方面。

（一）审视“家庭学校”的生成环境

从现代组织理论来看，组织是一个开放的系统，它与外部环境保持着密切的联系。本研究将“家庭学校”视作一个开放的系统，认为它是在适宜的环境下萌芽，在持续适应（也有抗争）外部环境中得以生存和发展。美国的个人主义主流价值观、重视亲子关系与家庭功能的宗教文化、教育市场化改革的进行、中产阶级重视子女教育以及传递优势的强烈欲望等，都对“家庭学校”的产生以及成长起到了强有力的推动作用。当然，环境并非都是有利于“家庭学校”生存的，因此“家庭学校”的发展是适应环境的结果，同时也是家庭学校组织（家长、子女及其支持者）控制和改变环境（与不利的、敌对的势力抗争）的结果。

（二）考察“家庭学校”、家庭学校组织与正式教育组织之间的关系

明确“家庭学校”及其组织在整个教育领域中的非主流地位。非正式组织理论批判科学主义组织理论只重视技术，强调“经济人”等弊端，它强调人的情感，重视组织内部的人际关系，具有一定的进步意义。但组织要实现目标，更多的还是依靠正式组织，而不是小团体；效率、成本依然被放在主导位置上，情感需要关注，但处于次要地位。同样，“家庭学校”这一非正式教育组织与公立学校等正式教育组织相比，它对家庭的要求较高，数量少，只适用于少量群体，而在教育领域发挥培养人才这一重要作用的场所，依然是公立学校。

在组织理论中，正式组织和非正式组织两者结伴而存，其间有冲突、摩擦，也存在协作、互助。非正式组织的出现源于正式组织的

不完全性（即在权利、信息、社会交往等方面无法满足一部分人的需求），它能在一定程度上弥补上述缺陷或不足。“家庭学校”作为一种小众的替代性教育形式，其产生是源于现有的学校教育无法满足某些学生的成长需求，或学校教育中的某些内容与家长的观念或信仰冲突等。这一教育形式的出现体现了家庭教育功能的加强，家庭与学校教育之间一种新型关系的构建。

家庭学校组织与正式教育组织之间存在摩擦、冲突，比如家长对学校教育的不满和批判；教育管理部门怀疑家长无法为孩子提供一个适宜的教育环境，要求对其进行严格的监管与规范，于是双方之间摩擦不断。州政府和学区的教育部门对“家庭学校”有所限制，如立法规范，大多没有制定财政支持措施，因此“家庭学校”更多地依靠家长的经济实力和教育能力来开展教育，它的教育内容、形式等具有一定的自主性，其教育目标可能与公共教育发生不一致或冲突。

每个“家庭学校”与正式教育组织之间都有协作和交流。比如在某些州，“家庭学校”的学生被允许参加公立学校的课外活动、某些教育项目或课程等，一小部分州或学区开始为“家庭学校”提供教育资源或补助。但很多协作与交流是发生在冲突之后，而且冲突并不会因此而消失。

（三）探讨“家庭学校”的内部运行机制

乔治·埃尔顿·梅奥在1927—1932年的“霍桑试验”中提出了“社会人”的假设，指出人是生活与社会的人，不仅要求通过劳动获得报酬，而且需要安全感和归属感等。他进而提出了“非正式群体”的概念，认为这些自发形成的非正式群体有助于加强正式内部的协作关系。正式组织显示了组织成员之间的职能关系，而非正式组织显示了成员之间互动的社会关系。之后，非正式组织得到很多学者的关注，先后出现了一些较有代表性的理论，如非正式组织结构理论、人际吸引理论等。

非正式组织结构理论又称小团体结构理论。霍曼斯（George C. Homanns）将非正式组织的成员分为三部分，这三部分人群之间存在和谐一致，但有时也包含一些斗争或冲突。这三部分成员是：核心分子，他们是团体的领导者，是价值体系的创立者或变更者。边缘分子，他们或者顺从团体的价值与规范，争取挤入核心区，或当感觉无法进入核心区后，试图退到外层区域。外层分子，他们或者孤立，或者试图对整个团体提出挑战。这三部分人群在家庭学校组织的发展历程中都有所表现：核心分子经历过更替，起初是世俗人士，后来新教教徒占据领导核心；边缘分子和外层分子也发动过对核心领域的进攻等。

人际吸引理论突出非正式组织内部成员之间相互吸引的特点。相互吸引更多地基于成员之间的相同性（生活区域、价值观、爱好等），但也有可能基于相互之间的差异性（互惠）。代表人物是纽康姆（T.M. Newcomb）、温切（R.F. Winch）。

非正式组织这一小型群体的形成是基于共同目标、兴趣、利益、友谊、政治等原因，源于情感的需要、个人的偏好以及拥有相近的价值观体系，[1] 目的是追求一种制度框架外的个体心理满足。建立“家庭学校”的主要目标是通过家庭的力量来满足孩子个性化成长需求。这些家庭脱离了主流的教育制度，在相同的目标和共同的经历等激励

---

[1] 徐碧琳，陈劼.组织行为与非正式组织研究［M］.北京：经济科学出版社，2009：40-41.

下，为寻求支持和保护，获得安全感，成立组织。

非正式组织的内部成员通常具有共同的价值观或追求，但通过心理契约形成的行为规范与标准很难形成较强的约束力，因而存在着多样性和变动性。[1]家庭学校组织内部成员之间的价值和意识形态有时发生分歧，甚至导致成员间的疏远、相互攻击等，他们脱离原有组织或新建组织，甚至与原有组织对抗，由此产生组织的动荡。从整体上看，由于家庭是一个私领域，各个家庭之间的联系、协调度不高，家庭学校组织内部因而较为松散、自由。由于家长之间经常存在宗教信仰、教育观念等的差异，组织内部会出现某些成员中途退出的现象。总体上看，非正式组织的发展并非一帆风顺，内部有协作，也有分化和冲突。家庭学校组织在发展过程中，因为新教教徒占据优势，持排斥性观点，曾经发生组织内部较严重的分裂。

非正式组织是自发产生的，没有任何权力任命的过程，因此具有权威的领袖在其存在和发展的过程中起到重要作用。这些领袖通常是组织成员依赖的对象，他们经常为其他成员提供支持和帮助，为组织的发展出谋划策，处于核心地位。宗教信徒建立的家庭学校组织有明确的等级规范、严格的管理制度，相对具有较强的凝聚力，领袖发挥重要作用；而世俗化的家庭学校组织则相对松散。

非正式组织具有亚文化特征，它会受到主流文化的影响，但其内部会形成自己的规范和价值观。家庭学校组织是一种相对松散的团体型文化，但他们较为关注组织成员的介入和参与，并能够对外部环境迅速变化的要求做出反应。

---

[1] 徐碧琳，陈劼.组织行为与非正式组织研究［M］.北京：经济科学出版社，2009：57-59.

依据开放系统的组织理论，上述分析的基本逻辑层次见图1-1[1]。

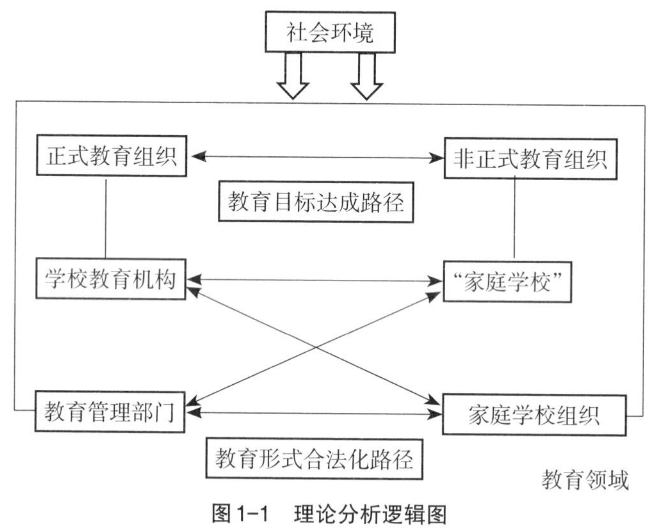

图1-1　理论分析逻辑图

第六节

创新点与难点

本研究将美国“家庭学校”这一非主流的教育形式作为研究对象，加深或拓宽人们对这一教育形式的认识。然而“家庭学校”涉及

[1] 笔者突出教育领域中以公立学校和教育管理部门为代表的正式教育组织和以“家庭学校”及家庭学校组织为代表的非正式教育组织之间的互动，在这一过程中，后者更多地依靠家庭和家长的力量（一部分家庭也借助外部资源）不断达成教育目标和实现合法化。

的问题很多，由此带来一些研究上的困难。

一、创新点

本研究以开放系统的组织理论为视角，将美国“家庭学校”放在教育系统以及更大的社会系统之中，对其生成环境、发展历程、制度保障、组织发展、主体构成及内部运行、外部支持与阻力等方面进行深入、细致的分析，一定程度上拓宽和深化了美国“家庭学校”的分析视角和思路。

研究非主流教育（家庭学校）与主流学校、教育管理机构之间的相互关系与影响，对教育的本质、多元教育进行探讨，力求关注社会公众的多样化的教育需求，构建一个相对完善的教育系统，促进人的个性化成长，包容各类教育组织（机构），优化各类教育形式的生存环境。

二、难点

对美国“家庭学校”相关内容的把握与梳理存在一定的难度。“家庭学校”的成长历程涉及文化、宗教、家庭、教育等多方面的知识，如美国整体的社会状况（家庭的本质和变革、宗教信仰在美国的地位、个人与社群的冲突）、美国教育政策（教育私有化运动和择校运动）、教育（学校教育）的本质与发展趋势（如21世纪学校教育的新形式、新概念和新模式）等，唯有深入了解和认识以上问题，才能够对美国“家庭学校”有一个较为深刻的把握。

进行整体分析和评价并得出结论存在一定难度。美国50个州的“家庭学校”的成长历程、法律政策、发展现状等方面情况各异，因而对美国“家庭学校”进行整体评价时，可能出现用词不够准确、到位的情况。

文献和报告资料存在不完整或滞后等问题，给本研究的阐释与分析造成一定的难度。如美国教育部全国教育数据中心历年发布的报告中，数据统计标准不一，某些统计项目不具有连续性或缺项等，造成本研究在对“家庭学校”主体特征及发展趋势作判断时感到无力。同时，虽然近年来“家庭学校”引发更多学者的思考，但在美国教育研究领域，它不处于核心地带，因此一些信息的更新显得滞后。

第七节

研究思路

本研究运用组织理论阐释和分析美国“家庭学校”的生成环境、发展历程、组织建设、法律保障、主体特征与内部运行、外部的支持与阻力等。首先从宏观上把握“家庭学校”产生的外部大环境，随后阐释家庭学校的运作机制，包括组织建设、法律保障、人员构成及特征。

第一部分探索、描绘美国“家庭学校”成长的社会环境与发展历程。

第二章分析孕育并推动美国“家庭学校”产生和发展的文化、社会体制、科技、家庭等环境要素。在此基础上，第三章简要勾勒美国

“家庭学校”的成长历程。

第二部分阐释美国家庭学校运行机制。

分析美国家庭学校的组织建设、制度保障、主体特征与教育目标的达成。第四章分析家庭学校组织的建设。家庭学校组织捍卫家长的教育权利，给予家庭学校组织归属感，它经历初创、发展、成熟等阶段，经历分裂与权力争夺，影响着“家庭学校”的整体实力。第五章探究“家庭学校”的法律保障与制度规范。家庭学校组织在与政府教育部门的抗争中获得法律保障以及一定的管制和约束。第六章展现“家庭学校”的施教主体的特征和内部运行过程。第七章分析“家庭学校”在实现教育目标的过程中获得的外部支持及遭遇的外部阻力。“家庭学校”从公立学校、博物馆、图书馆、私立教育机构等获得教育资源，但它同时也遭受社会质疑，与公立学校的合作遭到反对，很难获得国家的公共教育经费资助，因此很多家庭在面临困境时选择退出。

第三部分对美国“家庭学校”这一现象进行反思和评价。

“家庭学校”具有一定的合理性和合法性，它在内部主体和外部环境的共同作用下顽强地生长，形成一定的组织，获得一定的法律保障，满足了一部分小众的需求，逐渐获得社会认可。“家庭学校”不断开拓自身的成长路径，缓步实现壮大发展。但“家庭学校”作为一种小众教育选择形式，引发社会的质疑：它凸显家长的教育意志，有可能与国家教育形成一定的冲突，因而国家对之采取消极态度；它有可能忽视儿童的受教育权，对孩子的成长不利；它代表一种私有化意识，对家庭各方面的要求相对较高。因此，这一小众的教育形式一直处于一种质疑与辩护、自力更生与协同进化的状态之中。

本研究的逻辑框架图见图1-2。

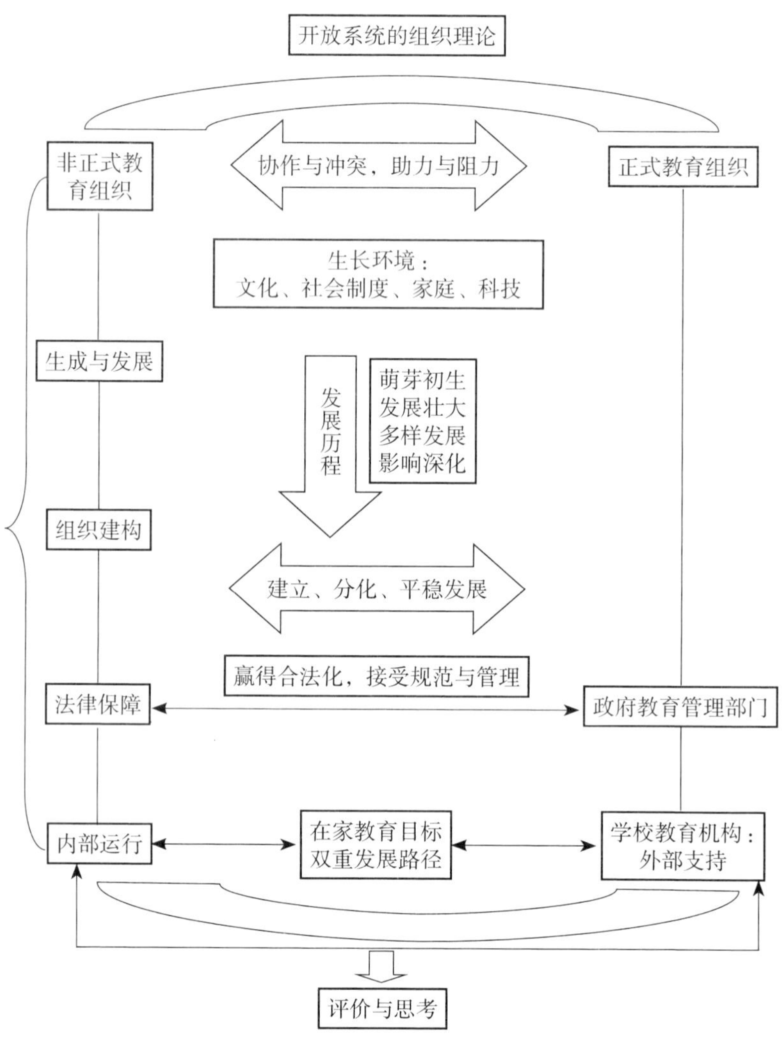

图1-2 研究逻辑框架图

第二章

美国“家庭学校”的生成环境

从本质上看，“家庭学校”不是教育自然演化的结果，它是多种因素相互作用下产生的一种社会现象。从根本原因上看，推动“家庭学校”发展的动力是多方面的，文化、社会制度、技术、家长等推动这一教育形式从地下活动进入主流社会。“家庭学校”的迅速发展表现出家长重视教育的热情以及全球化和信息技术对家长的教育选择的影响和教育能力的提升。

第一节

文化思想提供精神滋养

“家庭学校”的萌芽植根于美国的个人主义价值观，在发展过程中同时受到重视家庭关系的基督教文化、传统母性文化以及后现代主义思想的深刻影响。首先，一部分家长思想激进，受到个人主义与后现代主义思想的影响，主张个人更大的自主权，获得更多选择生活方式（包括教育）的自由；他们质疑专家、政府（包括政府主导下的公立学校），力图依靠自身力量在较为自由的环境中开展个性化教育，实现育子成才的愿望。其次，起初选择“家庭学校”的家长多为宗教教徒，他们重视家庭关系、坚持母亲养育子女的文化对“家庭学校”的发展产生重要影响。

一、个人主义思想刺激“家庭学校”萌芽

美国推崇个人主义价值观。整个社会强调个人的民主、自由和平等，反对国家、社会对个人的干预和限制，强调个人的私有财产制度。个人自由和权利被理所当然地认为是头等重要的道德法令。在个人权利中，首要的是尽可能自由地设计和塑造人的生活。[1]教育子女作为家庭生活中的头等大事，成为家长们关注的焦点。在美国，家长在子女教育上拥有较多的选择和自由。美国社会的主流价值（即个人主义）批判传统官僚式的教育管理制度对个性的压抑，这种氛围为“家庭学校”的产生、合法化以及进一步发展提供了环境条件。

自文艺复兴始，人的价值得到重视，特别是卢梭（Jean Jacques Rousseau）、蒙台梭利（Maria Montessori）等教育专家开始关注儿童的独特价值。17世纪西方文化将儿童期看作是一个特殊时期，一个倍受尊崇和需要照顾的生命时期。[2]儿童期特殊而珍贵的观念产生于现代个人主义，这些主张对“家庭学校”的初期成长至关重要，因为家长认可这一教育共识，重视孩子的发展以及个性化需求；同时，它还可以作为家长在家教育子女的理论依据，向持怀疑态度的邻居、其他家庭成员和学校官员解释，反驳外部的批评。这些主张让家长在选择离开主流的学校教育、突破常规时，能够做到心安理得。这些主张既陈旧又新颖，陈旧是因为它们听起来很熟悉，甚至是获得公认的；新颖是因为一些“家庭学校”的家长利用这一理论作为行动依据，引发

---

[1] R.沃斯诺尔，等.文化分析［M］.上海：上海人民出版社，1990：73-74.

[2] ［澳］布莱恩·克里滕登.父母、国家与受教育权［M］.秦惠民，张东辉，张卫国，译.秦惠民，审校.北京：教育科学出版社，2009：11.

人们对习以为常的理论进行重新思考。重视儿童个性发展的主张为家长们提供行为创新的索引，推动教育形式的创新与实践。

在美国，20世纪五六十年代是一个高举个人主义的时代，是一个反叛常规的年代。核心文化标准和权威受到挑战，一部分人不信任政府及其主办的学校教育，批判公立教育的案例增多。作为反文化运动的核心——部分中产阶级对社会感到失望，离开城市，搬到农村，建立公社，尝试自给自足的生活，采用“家庭学校”的形式来进行子女教育，期望比公立或私立学校做得更好。同时，后现代主义思想也自20世纪60年代初露端倪，后现代主义思想激烈批判现代文明，倡导非理性主义、非中心主义，崇尚标新立异的生活方式，向往未受现代文明侵扰的田园牧歌式生活。由此，社会经济逐渐抛弃了批量化的大工业生产而转向小规模、多样化的商品生产；消费领域则以满足个性化的需求为宗旨；政治上逐渐消解了集权式统治与管理，决策结构趋于平面化、多极化，组织形式与管理方式呈现出流动性。[1]

上述思想意识的发展推动了教育领域的思想动荡。很多教育学者激烈批判学校教育，尊崇孩子的主体地位和学习自由。约翰·霍尔特作为“家庭学校”的倡导者，将美国的自由、个人主义扩展至一个人生命的早期（即儿童期），他认为儿童在成为社会人之前是一个独特的个体，孩子是自我主导学习的实行者。约翰·霍尔特出版的一系列专著，如1964年的《孩子如何失败》（*How Children Fail*）、1981年的《教育你自己》（*Teach Your Own*）等指出，学校制度强调竞争、标准、专制等，形成严格的等级秩序，忽视孩子内在的学习潜能，损害孩子的好奇心和个性。1976年，约翰·霍尔特在《替代教育》（*Instead of*

[1] 张义兵.逃出束缚：赛博教育的社会学解读［M］.北京：北京师范大学出版社，2003：47-48.

Education）一书中公开声明，学校改革失败，正规、传统的教学无法满足学生的需求。20世纪70年代末，约翰·霍尔特明确提出自我主导式的学习，他认为这种学习权利是一项不可剥夺的人权，与生命权一样重要。儿童有权利控制自己的思想，并有能力进行主动学习。

约翰·霍尔特一生共撰写9本著作，一开始主张进行学校制度的内部改革，当意识到教师、行政管理人员等的抵制以及学校教育制度自身的惰性时，便放弃学校内部的改革，支持“去学校化教育”，主张到教育体系之外寻求其他的教育途径。同时，约翰·霍尔特创建杂志《无学校教育之成长》(*Growing Without Schooling*)。这些专著和杂志推动了“家庭学校”的发展。以孩子的成长节奏引领教育，成为许多“家庭学校”实践者的目标。学习的进度要保持与孩子的发展一致，与生活密切联系，允许孩子在兴趣引导之下进行学习，享受自由。

二、基督教文化滋养“家庭学校”成长

拥有强烈宗教信仰的基督教组织及其关系网络为“家庭学校”的发展提供了成长环境。宗教教徒通常认为，公立学校教育本身是危险的场所：世俗化的内容、消极的同伴影响、不安全的校园环境等。他们认为家长对教育的控制是神圣的，是上帝的意旨，教育孩子是家庭与父母的主要责任。基于重视家庭的教育功能和亲子关系的理念，宗教信徒坚持信仰，离开州资助的、以世俗人文主义为指导思想的学校；关注家庭生活的稳固，加强良好关系的培育。

加之，近些年家长对孩子的态度、行为、价值等方面的影响力明显下降，这一情况引发很多家长的担忧。[1] 原因主要是家长和子女的

[1] Mazama, A., Musumunu, G. African Americans and Homeschooling: Motivation, Opportunities, and Challenges [M]. New York: Routledge, 2015: 81-83.

相处时间减少：家长工作时间长；离婚率升高，母亲为维持生活必须参加工作；非婚生子女增加，大量孩子只能随父母一方居住。以上因素使得家长在儿童生活中的教育作用缺失，导致一系列问题的出现：（1）亲子关系弱化；儿童社会化成为一个真空地带。（2）儿童沉溺于电子媒体，处于成长困境。过度使用电子媒体容易引发肥胖症、抑郁症、注意力不集中、认知障碍、睡眠不足和焦虑、暴力倾向等问题。（3）学校的教育功能凸显，家长的教育功能弱化。随着国家教育权的增强，家庭的教育功能损减，而学校、同伴在儿童社会化进程中的影响力增加。为了挽救和稳固家庭关系，一部分家庭特别是重视家庭关系、拥有宗教信仰的家庭选择通过“家庭学校”来教育子女。

宗教人士和宗教组织为“家庭学校”的发展提供了人力资源和组织支持。一方面，保守的新教教徒约占美国总人口的25%，[1]他们重视家庭，具有传统观念，认为妇女的首要任务是养儿育女、照顾家庭；另一方面，保守的新教教徒一般较为富裕，拥有教堂、出版社、宗教学院等教育机构的支持。因此女性充当教育者，丰富的教育资源促使该群体的“家庭学校”快速发展。

美国民法一直认为家庭内部的亲子关系不可侵犯，宗教人士普遍重视这一点。身为教徒的“家庭学校”支持者——雷蒙德·莫尔重视亲子关系，他构建儿童发展理论，指出幼儿的运动技能、视觉、听觉和推理能力有限，在达到“综合成熟水平”（integrated maturity level）之前无法适应正规课堂教学。同时，他认为个体之间达到综合成熟水平的差异很大，因此，早期学校教育是不必要的，儿童在八九岁甚至十岁之前不适宜上学。雷蒙德·莫尔将学校教育移至家庭，将传统的

[1]［美］约翰·F. 威尔逊. 当代美国的宗教［M］. 徐以骅，译. 上海：上海人民出版社，2013：63.

学校教育替换为亲密的家庭教育，将不可靠的教育官员替换为慈爱的家长，为孩子提供安全、亲密的教育环境以及连续、积极的教育关注与反应等。学校无法替代父母与孩子的亲密接触，这一观念对基督徒选择“家庭学校”产生重大影响。

三、母性文化支撑“家庭学校”发展

男女之间的多数差别是社会建构的结果。从生物学上看，男女之间的区别是有限的，但是文化可以相当不同地界定两性。因此，性别植根于社会，并通过家庭、学校等进行的无意识的或有意识的教育在社会中再生产出来。比如女孩的教育以合作和情感为主，男孩的教育以独立和行动为主。“家庭学校”以母亲作为主要的施教者，源于在历史和传统中，母亲是儿童教育的主要实施者；同时，社会主流观念以及限制性的就业机会促使一些女性选择成为一位优秀的母亲。

优秀母亲的文化标准也是一种社会建构。在不同种族、不同阶层中，母亲对儿童、自我、家庭的具体行为和态度存在一些差异。不同群体有不同的规则，如与工人阶级女性、非洲裔女性相比，中产阶级女性、白人女性更支持母乳喂养，更关注子女的教育。

优秀母性（good mothering）的思想影响女性的社会生活选择。社会学家沙朗·海斯（Sharon Hays）研究儿童养育哲学和“劳动密集的母性思想”（ideology of intensive mothering）。他指出，美国文化提出了优秀母性的标准，即母亲是主要的儿童照料者；母亲将孩子视为无价之宝，将孩子的需求置于首位；母亲拥有全面的教养技能。[1]以上三个方面构成美国优秀母性概念的核心。史蒂文斯（Mitchell L.

［1］ Hays, S. The Culture Contradictions of Motherhood［M］. New Haven: Yale University Press, 1996: 12.

Stevens）在研究“家庭学校”现象时，指出了良好母性和家庭教育之间的交互作用。[1]他指出，尽管需要承担大量家务劳动，一些家长特别是母亲依然选择建立“家庭学校”，在家教育子女，这与母亲的观念相关。很多“家庭学校”的实践者为宗教教徒，特别是福音派的新教教徒将他们传统的性别观念和现代“理想女性角色”结合，通过“家庭学校”这一教育形式付诸实践。“家庭学校”将家庭生活翻新，教学任务使得全职母亲身份更加丰富。

20世纪下半叶，女性主义运动出现，呼吁女性在政治、经济等方面独立，实现自由发展。这些变化促使母性文化产生冲突。美国母亲陷入两难之地：一方面是独立与自由，另一方面是为家庭和孩子牺牲自我。在现实中，即使有些母亲不能完全接受劳动密集的母性思想，但这一思想依然在各个群体中影响较大，特别是在中上层阶级和基督徒中。一些中产阶级女性放弃工作，更为彻底地选择“家庭学校”来实践优秀母性的原则。

社会学家艾莉森·格里菲斯（Alison Griffith）和多萝西·史密斯（Dorothy Smith）研究母亲的投入对儿童成长的影响，同时关注制度层面的不成比例的教育结果（disproportionate outcomes at the institutional level)。[2]他们认为中产阶级母亲经济条件相对优越，有更多时间在家中与孩子交往，拥有更多的机会实践“协作教养”模式[3]，帮助孩子成功。这些母亲向孩子传递的文化资本影响着学校教育，当孩子意识到教育期待时，便会形成良好的自我管理技能。此外，中产阶级母亲们

[1] Stevens, M. Kingdom of Children: Culture and Controversy in the Homeschooling Movement [M]. New Jersey: Princeton University Press, 2001: 36.

[2] Griffith, A., Dorothy S. Mothering for Schooling [M]. New York: Routledge Falmer, 2005: 23.

[3] 协作教养主要指家长与孩子在教育过程中形成伙伴关系，家庭、学校、社区多方力量形成教育合力。

建立的志愿者机制，无形中增加了教学时间。因此，母亲投入大量时间和精力是一种重要的教育隐性机制，它使得中产阶级子女的教育进度和教学效果明显优于邻近区域的工人阶级，促使子女的学术成绩提高。国家制定的教育制度和政策很难消除这些差距。

第二节

社会制度提供生存空间

美国的政治权力制衡机制以及公民组织力量强大的现实，有利于“家庭学校”的生存，加之20世纪八九十年代美国的教育市场化改革使得教育官僚体制遭遇批判，“择校”“效率”“质量”等成为教育领域的核心词汇。这一举措为家长教育选择权的实现助了一臂之力，在一定程度上推动了“家庭学校”的发展。

一、适宜生长的社会政治体制

美国人对权力侵犯权利有着深刻的忧虑和高度的警惕。美国政治文化认为，权利高于权力，权力只有以保护权利为目的才有合法性；权力必定会侵犯权利，因而人们想尽各种办法对权力进行监督和制约。[1]

---

[1] 邢悦，詹亦嘉.权力是靠不住的：美国政治文化探析［M］.北京：北京大学出版社，2015：代序第5页.

因此，美国实行联邦制和两党制，统治权力分散同时具有不确定性。同时，在各个制度结构层面上存在无数制衡机制，对于改革的支持者来说难以革故鼎新，而对于改革的反对者来说则易于阻拦改革进程。反对者会利用其权威影响法律的实施方式，影响现有机构的工作方式。改革者的最大优势在于那些在现行法律中没有得到明确规定的空白之处，他们可以有空可钻。

美国政治体系的一个特点是妥协。政治权力的涨落更迭，政治的不确定性使妥协显得尤为重要。权力秩序的分散性使政治成功难以达成，妥协是在互相对立、互不信任的各方之间形成的一些共识。任何一方要确保自己的利益，就必须使协议正式化——将所有细节都写入书面文件，通过立法保障实施。

美国没有一个强有力的中央集权政府。这种政府治理制度是在三个多世纪的美国历史进程中逐步演进而成的。在殖民地时期，有一些殖民地的地方自治传统相当强大，而另一些殖民地则实行较为集权化的控制，这种相当不同和分散的治理形式是美国建国前的主要特点。建国时，有限政府和约束专制权力等理念正处于上升时期，于是美国形成了联邦结构。联邦结构有两个主要原则：（1）将权力运用限制在集中处理当下的挑战；（2）将权力在各部门间划分以限制滥用的可能。[1]于是，美国建立了司法、立法、行政三权分立制度，联邦的权力也得到严格的限制。联邦政府的力量相对较弱，更多的权力归州和地区。这种联邦制度为教育发展提供了一种相对自由的环境。

美国的教育分权管理制度为“家庭学校”提供了一个有利的制度生态环境，奠定了其生存、成长的根基。州和当地政府是教育政策的

[1]［美］约翰·F. 威尔逊. 当代美国的宗教［M］. 徐以骅，译. 上海：上海人民出版社，2013：34-36.

主要决定者，50个州的教育政策、管理力度不一，甚至一州之内、各地之间的规则都不一样，试图改变已有规则的群体可以选择一个法律和管制相对宽松或态度友好的地带，寻求突破，然后逐渐扩展至其他区域。选择“家庭学校”的家长不必担心中央政府威胁“家庭学校”的生存，或“家庭学校”被绞杀在萌芽状态。

美国社会组织发达，市民社会力量强大，这为缓解社会的紧张关系，满足多种需求等提供了有效机制。在美国，公民组成的社会组织具有较强的自我管理、自我协调、自我完善的能力，[1] 人们在遇到问题时更多地通过公民结社自己解决，依赖社会组织实现“自力更生”。“家庭学校”这一个性较强、很难获得政府支持的事物，通过个人或家庭之间的非正式联结建立关系网络，在合作、服务、关爱、参与的组织文化氛围中获得积极发展和坚实保障。

二、遭受诟病的教育管理体制

经济危机引发政治上的合理性危机。自20世纪70年代以来，美国社会经济进入转型期，由工业社会进入后工业社会，原有的经济结构解体，新的市场建立。公共管理部门结构存在诸多缺陷，如没有充分的财政税收维持经济体系的有效运转，而一般的修补无法真正解决问题，必须寻找一种代替方式来强化市场的功能。

由此，社会公众对政治产生认同上的合法性危机，政府官僚体制（政府机构和专家）遭到抨击。人们对公共雇员失去信心，认为他们更多地是凭个人喜好作出决策。他们更关心个人的健康幸福，而不

[1] 邢悦，詹亦嘉.权力是靠不住的：美国政治文化探析［M］.北京：北京大学出版社，2015：代序第7页.

是组织的目标。政府机关及其工作人员作为一个特殊利益群体，他们是公共服务的“垄断者”，目标是自身利益（包括工资、津贴、名誉、权利等）的最大化。于是，公共利益最大化转变为依据自身需要而确定的预算最大化，目标错位导致公务人员成为政府支出的最主要、最直接的受益者。社会公众怀疑政府的能力，认为政府无法提供解决所有问题的有效方式，政府部门效率低下，浪费资源。于是，纳税人不断进行减税抗争，政府支持率下降，一部分民众甚至出现逃离现有政府结构的想法。

随之，政府控制的学校教育也遭到抨击，这主要表现在三个方面：首先，人们批判学校教育的核心制度。官僚制度的刚性妨碍家长参与学校教育的治理和改革。在科层制下，公立学校是公共代理机构，校长是层级管理制度中的科员。公共教育无时无刻不受制于一个严密的由地方、各州和联邦政府确立的各种制度编织起来的网络。校长和教师没有权力为学校设定基本的发展目标，目标更多是外部强加的，与学校的发展没有内在联系，因此无力组织积极合作的团队。[1]民主并不能弥补存在于家长和学生的期望值与公立学校的教育服务之间的不均衡状态，这一体系充满了矛盾和不协调。其次，人们对学校教育的过程和结果也表示不满。太多的个人利益和官僚体制存在于学校教育，学校官僚体制不能产生高质量的教育。同时，现存的学校组织治理机构既不灵活也不稳健，无法满足后工业社会学生的需求，容易产生偏狭的政治文化。再次，社会民众抨击教育专家和学校治理结构。他们认为尊崇教育专家容易产生权威和钳制，尊重、自主将会消

[1] ［美］约翰·E. 丘伯，泰力·M. 默.政治、市场和学校［M］.蒋衡，等译.杜育红，校.北京：教育科学出版社，2003：53-55.

失。消解权威导致社会对制度化教育的抵制，从而将家长的教育作用凸显。不同的利益相关者对学校变革持有不同的意见，但他们一致要求推出重大改革，纠正这一局面。一些人建议利用市场机制代替政府控制，另一些人呼吁采用更稳健的民主治理方式。

因此，现有的学校教育系统面临外部与内部的生态危机。一方面，外部社会环境如经济、政治、科学技术等经历着迅速的变化和发展，这使得教育体制与周围环境之间逐渐失去平衡，教育改革势在必行；另一方面，教育系统内部同样面临困境，如教学制度的僵化、校园环境的安全隐患、无法满足多样化教育需求等。特别是义务教育制度，本来是被人们视为一种实现社会公平的制度安排，但随着其强迫性的不断强化——首先只是一种教育观念，后来成了一项教育政策，到最后成了一个法律条文——如今已成为人们声讨的对象。[1]在这种内忧外困的情境下，人们对学校教育的目标单一、组织僵化、运行机械、质量低下等问题的批评、不满日益增加。“家庭学校”在一定程度上反映了一部分家庭的需求，并满足了一部分儿童的成长需求，这一教育形式可以与传统学校教育一起共同促进教育功能得到更充分的实现。

三、不断发展的教育政策环境

美国在普及公立学校教育之前处于农业社会，私立学校和教会学校是主要的教育机构，还有一些儿童在家学习，通过与父母和其他家庭成员的共同生活劳作，在日常生活中学习必要的知识和技能。此时的教育方式和内容相对自由、松散。自19世纪20年代开始，工业

[1] 康永久.教育制度的生成与变革——新制度教育学论纲［M].北京：教育科学出版社，2003：314.

化进程推动美国掀起了一场席卷北部和中西部的公立学校运动，加速了义务教育的普及。自1852年马萨诸塞州颁布《义务教育法》之后，其他各州也相继制定了《义务教育法》，采用某种闭合的新官僚模式，将工厂模式应用于学校系统，专业教育家事先规定好教育过程，[1]“秩序、服从、规则、精确”等成为学校教育制度的核心概念。由此，美国现代义务教育体系得以确立，美国绝大多数儿童在获得受教育机会的同时，也失去了选择的自由，遵循“划分学区、就近入学”的原则，只有少数上层阶级子弟以及有宗教信仰的学生可以选择私立学校和教会学校，这一情况一直持续到20世纪80年代之前。

伴随着自主个人的崛起、价值观的根本转变、谋生手段的多样化、新的教育利益的出现以及捕捉新的教育利益的技术手段的成熟，教育制度的强制性质开始松动。[2]20世纪六七十年代的替代性教育运动特别是八九十年代以来的择校运动，引入市场和竞争，赋予人们自由选择的权利，激发个人潜能，放宽管制，使得人们能够为自己的道路进行规划和设计[3]，学生学习的自由度得到不断提高。

美国很多学者看到科层制对公共教育的束缚和限制，主张基于新的市场制度建立一种全新的公共教育体系——以学校自主权和家长、学生选择权为中心的体系，[4]很多人为他们的有力证据所折服，在20世纪90年代又一次掀起择校的高潮。由此，“父母赋权、选择、问责、个人自由”等成为教育领域的主流词汇。特许学校、磁石学校、“家

[1] 戴维·B.秦亚克.一种最佳体制：美国城市教育史［M].赵立玮，译.上海：上海人民出版社，2010：41.

[2] 康永久.教育制度的生成与变革——新制度教育学论纲［M].北京：教育科学出版社，2003：318.

[3] ［美］戴安·拉维奇.冯颖译.美国学校体制的生与死：论考试和择校对教育的侵蚀［M].北京：北京大学出版社，2014：137.

[4] ［美］约翰·E.丘伯，泰力·M.默.政治、市场和学校［M].蒋衡，等译.杜育红，校.北京：教育科学出版社，2003：225-238.

庭学校”等开始出现，教育形式日趋多样，教育券、学费税收减免(tuition tax credits)等诸多改革举措应运而生。

上述教育改革为“家庭学校”的发展形成有利的社会政治文化基础。权力下放，间接民主，实现公民和州、教育专家权力的平衡，加强家长赋权。选择，使得家长更有效地参与教育，这意味着学校更关注学生的需求和家长的喜好，而不是官僚机构的需求。福音派新教会或传统基督教意识形态的复兴，自由主义思想得以发展，这些因素都支持家长对教育拥有更多的操控权。

同样，新的经济环境也在不断构建之中。新自由主义的影响扩大，市场引入教育领域。政府和市场形成新的分工：政府掌舵而不是划桨。国家成为教育服务的提供者，公民成为顾客，“家庭学校”即是教育私有化的最充分体现。市场引入公共部门，学校日益私有化，一些产品或服务减少政府提供。私有化促使公共产品向私有财产转变，不仅远离政府和公共所有权，而且远离政府管制，不再限制个人使用资源的权利。私有化是新自由主义政策的一部分，它有助于促进服务的非政治化，将服务带进纯粹的经济世界，克服公共部门的结构缺陷。私有化最主要的目的是减小公共部门的规模，促进经济的整体健康发展，提高效率和灵敏度，促进生产和经济增长，有效利用资源。私有化增加了个人选择的范围，减少了公共部门的权力，提高了成本的有效性，促进了公共服务的选择和责任。从时效性看，私有化是提供高质量产品和服务的最有效方式。但作为一种思想原则，私有化等于“小政府”、低税收，减少政府对公共事务的干预，走向自由民主福利国家的重建。自由主义观念重新评价政府的合适规模，权力下放，自下而上，在个人（家庭、教堂、地区团体、志愿协会等）和政府之间协调关系。

21世纪的第一个十年，美国更加关注保障教育平等，促进教育卓越，加强问责制，旨在促使每一个孩子都能成功。此时，教育效率不仅仅指教育的质量，也包含对资源的合理利用，强调围绕每一个儿童获得教育成功而进行资源高效、合理的配置，体现出教育公平与效率进一步融合的趋向。[1]

以上因素促成了“家庭学校”的进一步发展。父母选择、保守主义、公民控制、倡导竞争、消费者赋权等成为一种现实的情境，而“家庭学校”更适合这样一种环境：消除管制、市场主导、私有化、具有发展空间、流动性。

第三节

信息技术提供发展动力

信息技术不是促使“家庭学校”产生的原因，但对其发展起到了推波助澜的作用。信息技术的进步不断改变着人们的思考和行为方式，打破了地域界限，对家长的教育观念、教育能力、教育方式等方面产生影响。现代技术巩固并强化家长的选择、权利、个人主义等意

[1] 倪小敏，单中惠，勾月.教育公平与教育效率：英美基础教育政策演进研究［M].济南：山东教育出版社，2015：前言第3页.

识，"家庭学校"体现了家长享有高度的教育自由，掌控教育子女的决定。总之，信息技术成为教育发展或改革的重要动力之一。随着信息技术的发展、网络的广泛运用、教育观念的变革，办公方式和学习方式发生了一系列的变化，这些都对"家庭学校"起到重要的推动作用。

一、信息技术冲击社会体制与观念

"信息技术"即信息通信技术（information communication technology, 简称ICT），主要包括手机、电脑和互联网等。互联网将各种科技形式集成在了一起，综合了电报、电话、无线电和计算机技术，为人们创造了一个新的公共文化空间。它打破地域界限，实现即时互动。信息时代的到来，人们的生活更快、更扁平、更透明。信息技术对工作方式产生诸多影响，个人与组织的关系得以改变，知识工人逐渐增多，技术愈加低廉，信息传播速度快，公民倾向于消费主义。

技术对社会制度也产生重大影响。社会制度容易模仿现代技术的特征，先进的微处理系统和纳米技术向小型化、便携性、易联系等方向发展，日益复杂的社会制度可以直接向个人消费者传递服务和产品。

信息技术将不同场域之间原有的关联打破，促使关系的重生。制度化教育将教育在时间上限定在"体制内"，空间上限制在"学校内"[1]，即将教育的概念缩小为学校教育，家庭和社会的教育功能弱化。信息技术打破学校区域封闭的状态，打通教育边界，激活家庭和

[1] 张义兵.逃出束缚：赛博教育的社会学解读［M］.北京师范大学出版社，2003：39，50.

社会的教育功能，促使教育与日常生活融合。

信息技术强化了个性、宽容、协作、创新等价值，对人们的思想和观念产生强大的冲击，以致引发教育思想、教育制度等层面的变革。人类进入终身学习时代，教育的责任正从国家回到家长和个人手中。“家庭学校”正体现了家长试图从国家手中收回对孩子进行教育的责任，他们更加关注学会如何学习和个人选择等现实状况。

二、信息技术改变学习方式

目前，在基础教育阶段，信息技术对学习的主要影响开始发生在学校之外。远程教育在K-12教育阶段的普及显得有限和分散[1]，许多学校对教育信息技术持抵触态度。这主要因为技术的使用成本太高，这些成本不仅仅是金钱方面的直接支出，也包括教师精力的支出与学生受益的不相称，[2]以及根深蒂固的教育观念未能发生改变。此外，还因为教育技术未能很好地整合进学校的学习环境中：学生在一个完全由互联网和计算机建构的全新的学习环境中无法进行社会交往和学习社交规则，而这些活动对孩子的成长是不可或缺的；同时，学生也不能感受到现实课堂所提供的教育规范，如教师的榜样和表率以及由此形成的师生信任关系。鉴于上述原因，信息技术在学校特别是公立学校的应用范围较为局限。

但是，技术已经对人们的学习和受教育方式产生了重大影响。新技术创造了更多的学习机会，它将知识获得的控制权置于学习者手

---

[1]［美］保罗·G.哈伍德，维克多·阿萨尔.数字新一代与网络时代的教育［M］.贾磊，译.济南：山东人民出版社，2010：163.

[2] 康永久.教育制度的生成与变革——新制度教育学论纲［M］.北京：教育科学出版社，2003：150-151.

中，对之前垄断学习机会的传统教育组织构成较大的挑战。在教育发展的历史长河中，普及学校教育的成功使我们将学习和学校教育等同起来。但随着教育技术的进步，学校教育和学习正在逐步走向分离。可以预见，随着技术的发展，学校教育将有可能消解在未来的世界中，有手段、有能力的学生都在公立学校之外求学。[1]如远程教育可以满足更多人的个性化教育需求，降低教育成本，填补学校课程的空白。

现代技术激励参与者或向参与者渗透选择、个人主义和家长主权的意识。在信息时代，技术的加速发展与传播开启了一个专业的教育选择与自主的时代。在媒体和教育技术的冲击之下，教室之墙在消失。在一定程度上，有一定经济实力支撑的“家庭学校”可以充分利用现代信息技术满足孩子的个性化学习需求，这在很大程度上弥补了家长教育能力的不足。美国的全国教育数据中心发布的《“家庭学校”在美国：2003》报告指出，有41%的“家庭学校”学生利用远程教育，[2]布莱恩·雷指出，2002年有83%的孩子使用电脑。[3]互联网技术帮助人们作出重大决定，处理生命中的重要时刻。大量的“家庭学校”学生接受远程教育，通过互联网上课。

三、信息技术提升家庭教育功能

使用现代技术能提高父母教育子女的能力。一个社会的技术越复

---

[1] [美] 阿兰·柯林斯，理查德·哈尔弗森.技术时代重新思考教育：数字革命与美国的学校教育[M].陈家刚，程佳铭，译.上海：华东师范大学出版社，2013：14.

[2] Princiotta, D., and Chapman, C. Homeschooling in the United States: 2003 [R]. National Center for Education Statistics, Institute of Education Sciences, U.S. Department of Education. Washington, D.C., 2006.

[3] Ray, B. D. Worldwide Guide to Homeschooling: Facts and Stats on the Benefits of Home School [M]. Nashville, TN: Broadman & Holman Press, 2002: 34.

杂，其社会成员就越有能力（无论是更好还是更坏）为自己塑造这个世界。[1]现代技术使得“家庭学校”更加容易。虽然大多数父母对社区内的公立、私立学校表示满意，但依然有一些家庭不满学校教育，特别是生活在信息时代，越来越多的家庭需要为未来生活做好准备。许多家庭被替代性的教育形式吸引，选择“家庭学校”的家庭尤其不愿意耐心等待州和学区来调整教育政策，来满足家庭适应日益与全球经济相联系生活的需求。现代计算机和交流技术为家庭提供“家庭学校”的信息，帮助认识并了解这一现象，刺激家长产生在家教育子女的动机，为家庭输送教育资源。

随着网络技术的不断发展，人们使用网络的频率不断增加，网络文化日益丰富，虚拟社会超越了较为松散的网络群聚功能，逐渐形成了一些有较亲密交往、有固定的虚拟地域的网络社区，这些人基于同质性因素如兴趣、目标、信仰甚至相互的期待等连接在一起。[2]选择“家庭学校”的家长依靠网络技术在全国范围内寻找志趣相投的“家庭学校”伙伴，构建社会关系网，形成了一些网络群体或实体组织，生产和传播知识，分享共同的事业感。技术提供了相互认可并对彼此的心理创伤和矛盾进行安慰的渠道，同时也提升了个人的自我价值。

互联网成为“家庭学校”实践者处理日常教学事务的有效工具。家长们利用计算机和媒体技术从公立和私人机构中收集多种信息，寻找或创造专门课程来补充家庭教学内容。“家庭学校”的家长一般倾向于使用个性化、差异性的课程和教学设计，他们经常采用现代媒体和电子技术实现更高水平的教学目标。同时，家长还利用网络进行一

---

［1］［美］约翰·J. 麦休尼斯. 社会学（第14版）［M］. 风笑天，等译. 北京：中国人民大学出版社，2015：73.

［2］张义兵. 逃出束缚：赛博教育的社会学解读［M］. 北京：北京师范大学出版社，2003：20.

系列的管理、行政和教育活动，如注册网上课程，招募家庭教师，保障教学有条不紊地进行，实现“家庭学校”的有效管理。这些家长通过自己的努力和创造性的探索从事严肃而规范的教育，对这一工作的胜任让很多“家庭学校”的家长获得自我认同感。

互联网也成为“家庭学校”推广和游说工作的有效途径。它是一个强大而反应灵敏的工具，用来动员或抗议国会或州政府通过的法案，保护“家庭学校”的利益。同时，互联网也是市场营销和建设“家庭学校”系统的有效工具。很多商家、企业看到“家庭学校”所蕴含的商机，开设网站向“家庭学校”的家长们提供建议，提供技术和情感上的支持，传播成功的“家庭学校”故事，并出售教学材料，由此形成了较为完善的“家庭学校”服务网络。

但是，技术在人口当中并不是平均分布的[1]，技术驱动的学习机会的主要挑战在于可得性问题。技术产品和服务的兴起使得新的不公平和商业化正向教育系统渗透。技术的获得受到个人社会地位或经济能力等条件的限制，如家长的收入会影响到家庭的电脑型号和因特网的使用模式。家庭拥有计算机的不同能力限制了学生获得学习新技术的机会。由于收入的差距不断变大，技术优势进一步扩大了富人的社会和文化优势。选择“家庭学校”的人拥有更强的经济实力购买电脑，他们更频繁地使用网络。如果现代技术价格上升，进入互联网获取信息的渠道日益严格，版权法日益严谨等，“家庭学校”可能不会成为工人阶级和无产阶级的选择。

教育技术也存在诸多弊端。如国家对信息缺乏有效的管制和审

[1] [美] 约翰·J. 麦休尼斯. 社会学（第14版）[M]. 风笑天，等译. 北京：中国人民大学出版社，2015：73.

查，学生从网络上获得的学习内容的可靠性值得怀疑；垃圾信息耗费人们大量时间；电脑屏幕前的空间是私人领地，人与人之间面对面的交流大量减少；孩子的网上学习缺少监督和指导，如同时打开多个网页或打游戏等，教育效果和效率受到质疑；在家学习的孩子长时间使用电子产品，如果活动时间不能保证，身体健康可能受到影响，如近视眼、肥胖症等。此外，市场、企业、政府部门可以使用互联网技术追踪“家庭学校”活动，虽然家庭内的正规教育活动可以得到更有效的监督，但“家庭学校”的自由或许会受到一定的干扰。

第四节

家长实力奠定成长根基

构成主体的人口学特征对组织结构和运行具有重要意义。“家庭学校”主体（主要指家长、学生）的身份、地位等影响或左右着“家庭学校”的发展态势。总的来说，“家庭学校”的主力军是中产阶级（或中上阶层），他们自身所具备的政治资本、经济资本、文化资本等以及由此构成的关系网络形成了一股较强的社会力量，不断影响或利用教育政策去争取有益于“家庭学校”的生存环境。他们是“家庭学校”发展的坚实后盾，推动“家庭学校”数量的不断增长，影响不断扩大。

一、教育市场化凸显家长教育实力

政治资源的分配是不平衡的。在政治上获得优势地位的人并不一定代表了广大公民的真正利益，整个社会体系总是倾向于为某些人的利益服务（尤其是倾向于那些拥有组织的群体而不是松散的个体），[1]如拥有政治权力的人士。

教育政治领域同样存在着利益和权力的争夺。教育是一个斗争和妥协的场所，其中充满着为教育政策、财政、课程、教学和评估的资源、权力和意识形态的争夺。教育政策和实践的方向从来不是单一的，在教育的发展历程中，教师工会逐渐成为该领域的重要力量，成为参与政治斗争、争夺公共权威的利益集团。相比较而言，学生和家长的组织程度较差，在争夺公共权利的斗争中，他们的力量与教师工会等长久以来控制教育的政治团体相比明显处于弱势。但自20世纪六七十年代就开始的教育市场化（或私有化）的讨论和实践，使得美国的教育日益受到市场的影响[2]，实践表明，市场比民主制度更为有效地保证了学生和家长的中心地位和影响力。原因主要是：人们拥有根据自己的利益进行自由选择的权利和机会；同时，市场中的自然淘汰规律促使学校的经营者有很强的内驱力去作出决策，取悦学生和家长。

---

[1] [美] 约翰·E.丘伯，泰力·M.默.政治、市场和学校［M］.蒋衡，等译.杜育红，校.北京：教育科学出版社，2003：34.

[2] 在20世纪50年代，米尔顿·弗里德曼提出教育券的设想，主张最大限度地发挥个人和家庭的自由。里根执政时期倡导择校，主张以市场为导向的解决方案；教育券引发很多争议，遭到否定，公立学校之间的择校兴起。随后，在90年代择校运动再次掀起高潮，特别是特许学校得到很大的发展。奥巴马政府同样坚持高举择校、竞争和市场大旗。虽然上述改革方案遭到很多争论，有些甚至遭遇失败或经历反复，或者很多学者批评择校并没有带来学习成绩的改善或贫困学生地位的改变等，但美国的教育市场化始终在进行中。

择校是美国家长在孩子接受教育的过程中经常遇到的事情。很多家庭依据学校来选择居住的社区；如果对公立学校不满意，就选择私立学校或教会学校，甚至“家庭学校”；还有一部分家长利用社会/政治资本让孩子进入自己中意的公立学校。家长选择学校的出发点各异：学校位置便利，学校拥有特色项目，教师素质高，教学成绩突出，学生和教师的种族和性别比例，学校历史或家庭财产，辅导课程或课外活动的声望等。上述一个或多个因素影响着家长对学校的选择。

择校作为一种运动在美国广泛开展，始自20世纪80年代末，自此市场对教育领域的介入势不可挡，择校运动在积极运行，国家依据民众的需要在积极调整或制定教育政策。任何政策都是矛盾的综合体，赞同和批评之声共存，体现出利益群体之间的博弈和平衡。教育市场化同样存在这一问题，择校对于不同的人具有不同的含义，如很多学者和民众批判教育市场化和择校政策，他们认为基础教育除了满足消费者的个性需求，具有一定经济产品的特性之外，更为重要的任务是满足社会民主发展，形成国家认同的需要。择校会给富人带来更多的利益，加剧经济阶层的分化，因为选择会有一定的成本，如获得一个迅速变化的教育市场的大量信息，保证自己作出明智的决定。

事实也是如此，虽然大多数家长支持择校，渴望增加选择的机会，但择校的真正实现需要具备诸多条件。第一，联邦或州相关的政策和法律决定着家长是否可以选择，如何进行选择。各州的政策有所差异，如一些学区拥有择校的决定权，一些州没有制定择校政策。第二，社区和家庭的经济、政治、文化水平等决定着择校的实现程度。贫困社区和富足社区之间存在着地域界限，它们在教育经费、教育水平等方面存在差异。低收入群体和社区的选择机会较少，学校资源匮乏，缺少高质量的学校和教师，这些家庭缺乏选择的能力和条件；而大多数中产阶级家庭或富裕群体可以利用自身的经济、社会和政治资本进行选择。

二、社会阶层影响家庭教养形式

择校政策的实施、市场引入教育领域，促使家长成为直接的教育责任人，他们的整体实力成为影响其子女受教育形式和资源的重要因素。家庭背景对学校组织、学术资源和学生成就产生强大影响：家庭是否愿意缴税或支付学费会影响学校的财政；家庭是支持还是反对学校的目标会影响学校的组织方式；家庭是否强调学校作业和教育价值会影响学生成就。[1]

社会阶层的归属会影响到家庭生活的组织程度，家庭的资源会影响食物的品质、休闲活动的种类与次数、居住空间的大小和子女所进学校的质量高低。很多研究表明，中产阶级的父母更重视教育，更在意子女的内在态度，强调孩子的行动意图。[2]家长作为社会阶层的一员，通常会努力利用其资源帮助子女获得教育上的成功，将自身所具有的优势传递给子女。劳动阶层和中产阶层的家长都希望帮助自己的子女，然而处于不同社会阶层的家长可以运用的教育资源量与资源种类不同，他们的教育干预（参与）能力、干预行动的广泛性和深度会受到其社会经济地位的限制，因而也大为不同。

---

[1] [美] 约翰·E. 丘伯，泰力·M. 默.政治、市场和学校 [M].蒋衡，等译.杜育红，校.北京：教育科学出版社，2003：78.

[2] Donald Light, Suzanne Keller.社会学（精节本）[M].林义南，译.台北：巨流图书公司印行，1988：247-248.

美国社会学家安妮特·拉鲁（Annette Lareau）认为，家长的社会地位以一种无形却强有力的方式冲击着孩子的人生经历，家庭生活的各个关键要素紧密结合，整合成一种教养孩子的文化逻辑。[1]中产阶级、工人阶级和贫困阶层的家长拥有不同的教养思想，这两种思想影响家长的思考方式以及他们对子女教育的投入。[2]其一是中产阶级（包括中上层）模式，即“协作教养”（concerted cultivation），家长规划孩子的日程表，通过有效的组织课外活动发展孩子的才能，引导孩子说出自己的感受、观点和思想，对成年人提出质疑，并以相对平等的身份和成年人说话。工人阶级家长采取一种与之对立的思想，即注重“自然成长的完成”（accomplishment of natural growth），一方面因为他们没有足够的经济资源去参与大量的课外活动；另一方面他们更重视孩子在自由闲暇时间发展与家庭、社区成员之间的关系。

美国的中产阶级重视孩子的学习和成长，重视与学校的互动配合。他们（尤其是孩子的母亲）不仅关注孩子的家庭教育活动，而且试图影响孩子的在校经历。家长利用自身的社会优势——高社会地位、丰富的受教育背景和较强的社会交往能力——想方设法让教育来适应孩子的具体情况，而不是让孩子去适应教育。在教育孩子的问题上，中产阶级的家长认为他们与学校不是简单的参与，而是协作培养，是伙伴关系，甚至起领导作用，力图控制和主导孩子教育的主动权。[3]

---

[1] [美] 安妮特·拉鲁.不平等的童年 [M].张旭，译.北京：北京大学出版社，2010：2-4.

[2] Lareau, A. Unequal Childhoods: Class, Race, and Family Life [M]. Berkeley: University of California Press, 2003: 6.

[3] [美] 安妮特·拉鲁.家庭优势：社会阶层与家长参与 [M]. 吴重涵，熊苏春，张俊，译.吴重涵，审校.南昌：江西教育出版社，2014：译者序第3页.

三、中产阶级在教育子女上具有优势

中产阶级[1]构成了“家庭学校”的主体。他们的经济实力、教育观念、教养方式等支撑着“家庭学校”的发展。这里就他们的教育优势进行阐述和分析。

不同社会阶层的家庭在教育子女方面存在着明显的差异，这不仅是家庭是否重视教育的问题，更是由家长的教育能力及所拥有的文化资源（家长的受教育程度、职业地位以及工作性质等）决定的。[2]影响因素具体表现在以下方面：

一是家长受教育程度。中产阶级家长一般都接受了较高层次的教育，他们具备检查、评估、辅导甚至控制子女学业情况的能力，以及与老师在共同语境中有效沟通的能力。

二是家长职业。中上层家长一般有着与老师相同甚至更高社会声望的工作，他们能够用自信的眼光审视老师的建议，可以与老师建立非正式的交往关系。

三是家长的工作性质影响家庭与学校的关系性质。中上阶层的家长通常工作时间较长，他们常把工作或与工作相关的活动带回家（或带到工作场所以外的生活中）。因此，工作与家庭生活的界限常常是模糊不清的，这种工作和家庭生活之间相互关联的状态影响着家庭与学校关系的性质：首先，形成了什么是教育的看法，中上层阶级的家长认为教育可以随时发生，家庭与学校作用相互重叠。其次，家长的

---

[1] 这里借助“中产阶级”（包括中上层）这一概念来客观认识这一阶层所具备的经济实力、社会地位、受教育水平等对他们的教育观念、教养方式、教育选择的影响，而不进一步展开分析其中包含的不平等和社会冲突等层面。

[2] [美] 安妮特·拉鲁.家庭优势：社会阶层与家长参与［M］.吴重涵，熊苏春，张俊，译.吴重涵，审校.南昌：江西教育出版社，2014：译者序第3-7页.

时间较具弹性，容易自主安排参加学校活动的时间。再次，家庭生活和工作之间的联系影响家庭的社交网络。中上层阶级家庭的家长在工作中通常会建立更加广泛、高级的社交网络，他们可以从老师以外的同学家长、同事朋友等处获得更多、更具体的学校信息和与教育子女有关的信息，甚至是专业性的建议。

综上所述，中上层阶级在经济实力、社会地位、受教育水平等方面的优势使得他们获得多方面的能力和资源投入到子女教育中，他们推崇的“协作教养”模式也与社会推举的教育方式一致。由此，中产阶级构成了“家庭学校”的主力军，家长和孩子共同精心地协商教育计划，母亲牺牲自我，投入大量精力教养孩子的思想，促进了“家庭学校”的发展。

任何一个事物的产生和发展都有着深刻的社会根源，“家庭学校”也不例外。本章主要从三个层面分析“家庭学校”产生或发展的外在环境。首先，文化滋养、激发了“家庭学校”萌芽与壮大。在反文化运动的刺激下，现代“家庭学校”作为秉持个人主义理念的中产阶级的一种任性选择或超越常规的表达形式得以产生。重视家庭、重视宗教信仰传递的宗教文化中使得“家庭学校”在宗教信徒中得到很大的发展。其次，美国社会制度的分权、制衡等特点为“家庭学校”这一另类事物提供了生存空间。20世纪90年代美国的教育市场化和私有化改革为“家庭学校”的发展创造了空间。在这一改革进程中，家长的经济实力、教育能力等因素得到彰显，中产阶级家庭在教育子女中的优势通过“家庭学校”的形式得到充分体现。最后，信息技术的进步为选择“家庭学校”的家庭带来更多的教育资源和学习途径，促使“家庭学校”得到进一步的扩展。总之，在个人主义和宗教文化的滋养之下，随着教育制度不断演化发展，个人的教育需求不断得到重视，加之外部因素特别是市场的介入、信息技术的推动，“家庭学校”获得了一个较为适宜的环境。家长行使教育选择权，或依据家庭的经济实力、自身的教育能力，或借助外部的教育资源和教育项目，来满足子女的个性化需求。

第三章

美国“家庭学校”的生长历程

在学校普遍建立，义务教育全面实施之前，父母在家教育子女是最常见的教育形式。随着国家掌控教育权，学校教育普及，父母的教育功能减弱，“家庭学校”逐渐退于社会边缘，只是零星地存在于居住偏远、上学不便，或父母工作流动性强，无法固定于某一所学校学习的家庭中。于是，学校教育占据垄断地位，特别是公立学校成为儿童学习的主要场所。但经过多年的运转，稳固的公立学校制度逐渐滋生出管理僵化、效率低下、难以关注儿童个性发展等问题，遭到社会各界的诟病，引发公众的不满。在这种情况下，人们的多种教育选择趋向得以萌生。一部分父母在学校教育制度已经建立，义务教育法普遍执行的社会背景下，经过深思熟虑，将孩子带离体制化的学校教育，将“家庭学校”作为一种替代性的教育选择。本章试图理清“家庭学校”的成长脉络以及各阶段的发展状态。

在美国，很多学者将“家庭学校”看作一场社会运动。社会运动是一群人对现有状况不满，在一种意识形态或哲学思想的指导下采取的行动。[1]在发展之初，它通常是一小群偏激团体强烈反对某一社会现象，随着领导机制与沟通网络的形成，媒体的关注，更多的人被吸引到这场社会运动中来，至终，该运动的理念可能被学校或其他机构采纳，且被制度化，即被接纳成为社会整体的一部分（但也有些社会运动吸引不到追随者，逐渐销声匿迹）。美国的“家庭学校”运动正如上述所描述的那样，经历了从孤立吁求到势力增强，最后逐渐获得社会认可，日益蓬勃发展的过程。本部分将“家庭学校”的发展分为三个阶段：20世纪五六十年代萌芽初生；20世纪七八十年代发展壮大，八九十年代在各州

[1] Jeanne H.Ballantine.教育社会学［M］.黄德祥，林重岑，薛秀宜，译.黄德祥，审校.台北：心理出版社股份有限公司，2007：375-377.

陆续获得合法地位；21世纪以来取得多样化发展，影响深化。

第一节

“家庭学校”萌芽初生

19世纪下半叶，美国大多数州已经普遍实施义务教育法，但也有一些州直到20世纪才开始实施这一法规。尽管有义务教育法，但依然有一些家庭选择离开公立学校，如天主教教徒建立教会学校；一些家长依据孩子的个体需求或自己的观念，将子女送入私立学校或在家教育他们。20世纪五六十年代，在社会运动与教育思想的催化下，“家庭学校”重新得以兴起。这一时期，“家庭学校”的数量还不是很多，处于社会的边缘，是一种未获得合法地位的教育形式，因其与广为接受的法律制度、社会观念、文化期待等社会事实相抵触，遭到社会主流和公众的质疑与批判。

一、主张与表现

20世纪五六十年代，受到反文化运动的影响，一些敢于超越常规、挑战已有规则的父母最先开始倡导并尝试“家庭学校”。他们思想激进，崇尚自由，主张个人主义，坚持个人权利。这些父母参与文化创新和实验，远离社会主流，生活在对理想的追求之中，他们将“家庭学校”作为挑战社会权威的任性选择，期许孩子在自由的学习形式中成才。现代意义上的“家庭学校”开始出现，数量缓慢增长。义务教育法受到的挑战逐渐增多，家庭学校教育实施者为了争取自己的权利而斗争。

同时，“家庭学校”得到一些教育学者的理论支持。约翰·霍尔特、伊利奇等一批美国的教育研究者坚持进步主义思想，主张平等主义价值观，秉承“去学校教育”的理念，展开对学校教育的批判，推动“自由学校运动”。他们指出，学校制度强调竞争、标准、专制、等级，忽视孩子内在的学习潜能，损害孩子的好奇心和个性。在对学校教育改革失去信心之后，上述学者积极到学校之外寻找替代性的教育形式，支持“家庭学校”，他们对学校官僚制度的批判以及尊重儿童的思想主张深入人心，推动了“家庭学校”的发展。

大多数支持“家庭学校”的学者都是分权主义者，他们捍卫个人权利，受到进步主义思想的影响，支持教育中的各种自由改革，坚持个人主义思想。如约翰·霍尔特、伊利奇、比尔·艾亚斯（Bill Ayers）、保罗·古德曼（Paul Goodman）、马歇尔·麦克卢汉（Marshall McLuhan）等，多为左翼激进分子。作为代表人物之一，约翰·霍尔特1969年成立咨询公司——霍尔特协会，20世纪70年代中期开始支持“家庭学校”。1977年，他创办杂志《无学校教育之成长》[1]，成为一个支持“家庭学校”的家庭论坛和资源基地和为家长提供信息的关键窗口，为“家庭学校”的发展奠定基础，为其规模的扩大和多样化发展铺平道路。

作为一种理念和运动，一小部分“家庭学校”实践者是“去学校教育”思想的支持者。“去学校教育”（unschooling）开始于20世纪60年代初，它鼓励现实情境中的儿童主导型学习，逐渐发展成为支持

[1]《无学校教育之成长》持续出版24年，共发行143期，2001年停刊。

“家庭学校”的理念之一。一些“去学校教育”的倡导者也因此成为“家庭学校”的先驱。整体来看，几乎所有“家庭学校”的日常教学中都包含“去学校教育”的某些因素。

“家庭学校”作为一种追求极端自由的教育形式，在当时受到较多批判、争议。它被视为一种离经叛道的行为，面临社会大众的质疑，特别是来自公立学校的教师协会的批判。因此，大多数“家庭学校”处于地下活动状态，家长不敢公开承认自己在家教育子女的行为，他们或者担忧政府干预，正常的教学受到干扰，或者害怕某种形式的制裁或羞辱。

“家庭学校”在大多数州不合法，处于一种遭受敌视的环境。于是家长们组建团体，寻找安全感，同时为自身的合理性和合法性寻求依据。因此，为推动“家庭学校”的发展或保护这一教育形式，学者和家长们建立了一些包容性的组织，接纳、欢迎所有选择“家庭学校”的家庭。

二、产生的原因

反文化运动带来的思想解放和震动以及教育专家对学校官僚制度的批判，引发很多家庭思考教育子女的方式，在义务教育普及发展的大背景下，他们逆主流而行开始了“家庭学校”的实践，这些人多是一些教育思想激进、追求自由的左翼分子。

20世纪五六十年代“家庭学校”在美国产生、萌芽的主要原因归纳起来有以下几点。

（1）反文化运动提高了美国人的敏感性。一部分激进分子拒绝尊重或顺从现有的领导和制度，反对主流社会，抵制公立学校，希望通过一个小规模的替代性社团寻求个人的自我实现。

（2）郊区化。美国中产阶级离开熟悉的、被媒体充斥的城市环境，迁往郊区。这种逃离推动了美国人口中以种族、收入水平、年龄、孩子数量、文化类型等为标准的隔离，助长了美国人的私有化欲望，给予女性一个通过“家庭学校”来教育子女的空间。

（3）美国的儿童崇拜。19世纪末20世纪初的进步主义教育运动将孩子从僵化的公立学校体制中带离出来，成为支持“家庭学校”的主要思想源泉。

（4）20世纪下半叶公立学校教育的变革。随着公立学校发展规模的逐渐扩大，管理体制更加官僚化、非人性化，无法对家长的需求进行及时反馈，不能适应个人和文化变革的需求。

（5）20世纪六七十年代美国开展替代性教育运动。替代性教育来源于人本主义哲学观念，重视对儿童个性的培养，反对束缚人的学校结构、过时的课程或无效的教学方法，主张将教育从学校教育中解放出来，实现社会秩序的非制度化。替代性教育运动很分散，它的每一个亚团体都有自己的独特之处，但都是为满足参与者的需要。到20世纪六七十年代末，数以百计的自由学校得以建立，家长对学校教育不再抱有幻想，决定为自己的子女作出选择，有些家庭开始尝试“家庭学校”。

第二节

“家庭学校”发展壮大

20世纪七八十年代大量基督徒的加入，使得“家庭学校”的数量急剧增加。经过实践者和支持者的抗争和努力，“家庭学校”到20世纪90年代中期获得合法地位，日益得到社会公众的认可。

一、队伍扩大

20世纪70年代末80年代初，“家庭学校”已成为一种具有发展潜力的政治运动，特别是右翼新教教徒参与后，其人数明显增多，进入发展上升期。美国教育部政策分析员莱恩斯（Patricia M. Lines）通过调查得出：20世纪70年代早期，K-12阶段“家庭学校”的学生约为1.5万人；1988年为20万人；1997—1998年为100万人。[1]雷蒙德·莫尔和多萝西·莫尔（Dorothy Moore）夫妇是这一阶段的代表人物，他们依据发展心理学，主张儿童不要在8—10岁之前上学，提倡“家庭学校”，重视传统的家庭权威。他们的思想深刻地影响了一些保守的新教教徒的教育取向。

（一）基督徒的加入

在雷蒙德·莫尔思想的影响下，“家庭学校”这一教育形式在宗教教徒中间传播开来，吸引了一大批人的加入，“家庭学校”的队伍迅速壮大。

1. 雷蒙德·莫尔教育思想的传播

“家庭学校”在保守新教教徒中的兴盛源于雷蒙德·莫尔。1975年，雷蒙德·莫尔发表第一本专著《晚比早好》（*Better Late Than Early*）。他指出，孩子上学的年龄太早，这对孩子的认知发展和个性

[1] Lines, P.M. Homeschoolers: Estimating numbers and Growth［R］. Washington, D.C.U.S. Department of Education, National Institute on Student Achievement, Curriculum, and Assessment, 1999.

成长不利，因为他们到8岁或10岁才能为正规教学做好准备，他还强调同伴和机构对儿童性格的负面影响。雷蒙德·莫尔提出“莫尔定律”（Moore Formula），认为孩子在低年级可以学习，但不要过度；参与手工劳动与学习同等重要，甚至比学习更重要；倡导孩子参与家庭和社区服务。雷蒙德·莫尔建立莫尔基金会推广“莫尔定律”，为选择“家庭学校”的家庭提供服务。

雷蒙德·莫尔是复临派教徒，这使得他在宗教领域拥有合法地位。20世纪80年代早期，雷蒙德·莫尔参加詹姆斯·多布森（James Dobson）主持的“关注家庭”（Focus on Family）广播节目，并接受他的采访，这一事件对社会尤其是基督徒产生较大影响。很多宗教教徒自此开始选择“家庭学校”，因为詹姆斯·多布森在新教教徒中有一定的影响力，是“家庭学校”的忠实拥护者。

2. 社会环境和学校现状的逼迫

20世纪70年代末80年代初，一批基督教家庭因为社会混乱、公立学校的世俗化、私立基督教学校的免税地位丧失等原因开始选择“家庭学校教育”这一形式。[1]许多拥有宗教信仰的家长认为，信仰和精神发展是儿童教育的重要组成部分，公立学校的世俗化不利于儿童成长以及价值观的传承。于是，保守的基督徒着手建立替代性学校。兼顾种族和宗教，一些私立隔离学院（private segregation academies）得以建立，学院可以通过教育券的形式获得政府资助。但私立学校并不能解决所有问题，如一些家庭承担不起高昂的学费；部分家长不满学校提供的宗教教育；一些家庭与校长或教师发生私人冲突；学校不能为有特殊需求的孩子提供适宜的环境；一些家长认为《圣经》赋予

[1] Gaither, M. Homeschool: An American History [M]. New York: Palgrave Macmillan, 2008: 110-111.

家长教育儿童的责任，尤其是一些母亲希望与孩子长时间相处等。同时，由于歧视少数民族，国内收入署（Internal Revenue Service）改变长期的私立学校免税政策，对私立学校设置更为严格的标准。20世纪80年代，该政策使得一部分私立教会学校关闭。于是，一批基督教家庭加入到“家庭学校”的队伍中来，掀起了“家庭学校”发展的第二次高潮。

（二）发展与表现

20世纪70年代末，许多保守的新教教徒住在乡村，住宅面积大，家庭可以轻松地容纳一个“家庭学校”。同时，许多母亲受过良好的教育，并有在家教育子女的意愿。女性是亲家庭运动的中流砥柱，她们是精明的社会活动家，她们大多将孩子作为最大的骄傲，支撑起整个“家庭学校”的运行。

20世纪80年代中期，“家庭学校”在基督徒中流行，同时也存在诸多困难：他们自己的教派（尤其是该教派有自己的学校）怀疑“家庭学校”的教学实践活动是否有效；其他家庭成员认为“家庭学校”是一种不理智的行为，表示无法理解；媒体和公立学校对学生的安全和未来表示担忧；“家庭学校”在一些州还没有获得合法地位，州教育管理部门和家庭之间经常发生冲突等。

二、获得合法化

“家庭学校”在适应环境的同时，也积极抓住一切可以利用的条件去影响环境。在20世纪六七十年代，家长必须送孩子到校上学，否则即被视为违法，受到法律的制裁。在不利的法律制度、政策环境之下，“家庭学校”的实施者和支持者从已有的法律入手，寻找有利于自己的规定（或判例），挑战已有的义务教育制度和公立学校的垄断地位，赢得合法地位，为自身的成长奠定制度基础。

“家庭学校”的支持者进行法律斗争，寻找法律漏洞及判例，以获得合法地位。他们从美国宪法条款、成文法、行政规章政策和普通法中寻找“家庭学校”得以合法的依据。1983年“家庭学校”法律保护协会建立，一些法律学者、记者和教育研究人员仔细研读各州的义务教育法，寻找之前的判例，代表选择“家庭学校”的家长处理家庭与法庭、学校官员、社会福利机构之间的矛盾和纠纷，进行诉讼争辩，赢得了无数的司法和法律诉讼的胜利。

在美国，一些案例的判决让公立学校的替代形式成为可能，即“家庭学校”成为义务教育的一种豁免形式。如1925年，联邦最高法院在皮尔斯诉姐妹协会一案中作出如下判决：“建立在以自由为基本理念之上的联邦各级政府所拥有的一般权力，不包括强制所有儿童只能接受统一的公立学校教育。”[1]根据此项判决，政府有权强制儿童接受教育，以及界定接受教育的合理标准，但是，政府不能强迫所有儿童接受公立学校教育，否则即为干涉家长和监护人教育子女的自由。这项判决为美国公民争取到了自由选择学校和教育子女方式的权利，[2]在一定程度上为“家庭学校”提供了合法化空间。

获得义务教育的豁免主要有三种情况：[3]一是宪法为一些学生预备了义务教育入学的豁免，如宪法保障宗教信仰自由。二是某些

[1] Piece v. Society of Sister, 268 U.S.510(1925). Imber, M., Geel, T.V. Education Law [M]. New York: Routledge, 2010: 19.

[2] [美] 保罗·E.彼得森.平等与自由：学校选择的未来 [M].刘涛，王佳佳，译.曾晓东，校.北京：教育科学出版社，2012：4.

[3] [美] 米基·英伯，泰尔·范·吉尔.美国教育法（第3版）[M].李晓燕，申素平，陈蔚，译.申素平，王俊，校.北京：教育科学出版社，2011：20-24.

州的成文法为某类儿童预备了豁免，如居住地离最近学校超过指定距离的学生、在特殊年龄被雇佣的学生、未成年父母、未成年父母不能提供恰当照料的孩子、某些特定种类的身心障碍儿童。三是州法院有时对未能遵守义务教育法的特殊理由给予认可，如学校环境对儿童的健康和安全构成极大的威胁，父母可以选择为儿童转学或在家教育。每一种豁免仅限于特定范围，满足特定的条件，不具有推广性。如在威斯康星州诉约德案（1972）、上帝教会诉阿马里洛独立学区案（1981）中，虽然判决维护了宗教信仰自由，但对义务教育的基本原则也作出坚定的支持，从中可以看出国家对教育监管的重视。

“家庭学校”这一教育形式让教育管理部门重新思考多数裁决和个人自由之间的法律平衡。大部分州对“家庭学校”施加限制与设置规范要求。受到各州教育发展程度、教育制度与传统、“家庭学校”支持性组织的影响力等多种因素的影响，各州对“家庭学校”的管制程度有所差异。同时，在实践中，各州对这些规定的执行也往往参差不齐。

三、得到公众认可

“家庭学校”的支持者有效利用媒体让公众认识和了解这一种教育形式。为改变公众对“家庭学校”的批判态度，家庭提供素材，媒体进行加工，制作人们感兴趣的故事。媒体通过扩大宣传的覆盖面，传递出这样一个信息：“家庭学校”是合法的，选择“家庭学校”的家长多是普通民众，他们的教育实践很成功。在新闻记者完成一系列的报道之后，人们对“家庭学校”有了一个基本的了解，这种教育形式逐渐得到公众的认可。

让公众了解“家庭学校”的日常实践也是提高其认可度的一个重要方面。在公众的意识中，“家庭学校”实践者大多是嬉皮士或宗教狂热分子。因此向公众告知“家庭学校”实践者的日常表现会逐渐转变人们对该群体的印象。“家庭学校”实践者是一个易于识别的群体，他们经常出现在图书馆、博物馆等公共场所，他们积极与公众接触，以此改变公众对“家庭学校”群体的思维定式，如人们一般认定“家庭学校”的孩子在社会化、学习等方面存在缺陷。同时，“家庭学校”的家长和学生积极参与政治活动，融入社会的各种组织机构中，改变人们以为他们与社会隔绝的观点。同样，“家庭学校”也努力争取社会组织的接纳，获得更多的服务和机会，如国家制定特殊教育项目、改变军队的入伍要求，学院改变助学贷款的标准等。因此，这种互动是双向的。

“家庭学校”的出现和日益发展引起政府的关注，一些教育机构开展对“家庭学校”的调查与研究，为出台相关的监管、服务等制度和政策建立准确的数据参考。是否需要监管以及如何监管，学区是否应该为这类家庭提供服务以及提供哪些类型的服务等问题，不断引起教育政策制定者、行政管理者和社会大众的思考。此外还有“家庭学校”是否可以获得教育资助（如教育券）；作出录取决定时，高等教育机构中的行政人员如何评估“家庭学校”学生的文凭和学习成绩单等问题涉及纳税人的利益。因此，社会大众也对“家庭学校”的政策讨论感兴趣。

“家庭学校”的不断发展是集体力量的结晶：知识分子设计前景，律师和政治家铺平道路，组织促使关系网的形成，企业家和联合大公司满足家庭的课程需求。上述行动为一批人勇于挑战主流学校教育，选择“家庭学校”提供了坚实的后盾。

第三节

“家庭学校”多样化发展

进入21世纪，“家庭学校”不再是嬉皮士等反文化运动者超越常规的任性选择，也不是反对公立学校教育和政府的宗教狂热分子的边缘化运动，它逐渐走入主流社会。随着人数增加，“家庭学校”在20世纪七八十年代的激进情绪被淡化，取而代之的是一种具有深远意义的多样化发展趋势。

一、动机多样

“家庭学校”可以较为灵活地满足儿童的个性化发展需求，或适应家庭的需要，保持学习的连续性。更为重要的是，“家庭学校”可以为儿童提供一个获得更多关注、更为安全的学习环境，家庭成员之间的关系可以得到更好地培养。

家长选择“家庭学校”的具体原因具有多样性（见表3–1）。

表3–1　1999年选择“家庭学校”原因的调查[1]

选择“家庭学校”的原因	学生数量（万人）	所 占 比 例
在家能够给予孩子更好的教育	41.5	48.9%

[1] 受访者可能选择多个原因。家长给出的其他原因包括：“家庭学校”是孩子的选择；允许家长可以更多地掌控孩子的学习内容；灵活性；家长希望全年开展学校教育（year-round schooling）等。资料来源：Bielick, S., Chandler, K., Broughman, S. P. Homeschooling in the United States: 1999 [R]. National Center for Education Statistics, U. S. Department of Education. Washington, D. C. 2001.

（续表）

选择“家庭学校”的原因	学生数量（万人）	所占比例
宗教原因	32.7	38.4%
学校学习环境恶劣	21.8	25.6%
家庭原因	14.3	16.8%
形成良好的个性或道德品质	12.8	15.1%
希望进入私立学校学习，但支付不起学费	1.5	1.7%
父母的职业需要	1.2	1.5%
反对学校的讲授内容	10.3	12.1%
学校无法对儿童形成挑战，满足儿童的需求	9.8	11.6%
学校的其他问题	9.8	11.5%
学生在学校存在行为问题	7.6	9.0%
无法进入满意的学校	1.2	1.5%
儿童的个别需求或残疾	6.9	8.2%
交通/便利	2.3	2.7%
儿童未达到入学年龄	1.5	1.8%
其他原因	18.9	22.2%

2015—2016年，家长选择“家庭学校”的最主要原因是出于对学校环境（包括学校安全、毒品传播或者其他同龄人的负面影响）的担忧，约占80%。另外，约67%的家长表示，“家庭学校”可以给予孩子更好的道德教育，约61%的家长是出于对学校学业教育的不满，51%的家长则是因为要对孩子进行宗教信仰教育才选择“家庭学校”（见表3-2）。

表3-2　2015—2016年美国家长选择“家庭学校”的原因调查[1]

原　　因	选择“重要”选项的家长所占比例	选择“最重要”选项的家长所占比例
提供宗教教育的愿望	51%	16%
提供道德教育的愿望	67%	5%
考虑其他学校环境	80%	34%
不满学校的学术教学	61%	17%
提供非传统式的儿童教育的愿望	39%	6%
儿童有其他特殊需求	20%	6%
儿童身体或心理问题	14%	6%
儿童暂时生病	4%	
其他原因（包括家庭时间、经济、旅行、一个更加灵活的时间表等）	22%	11%

归纳起来，家长选择“家庭学校”主要出于三个动机：一是家长对公立学校不满，如校园安全隐患、性交往混乱、教师的素质低等都引发家长的忧虑；二是宗教教徒向孩子传达宗教信仰；三是满足孩子的特殊需求。

二、群体多样

选择“家庭学校”的群体主要有两种：特殊人群和一般人群。特殊人群更多的是由于自身的特殊性，无法到全日制学校接受教育；一

[1] McQuiggan M., Megra M., Grady S. Family Involvement in Education: Results from National Household Education Surveys Program of 2016 [R]. National Center for Education Statistics, Institute of Education Sciences, U.S. Department of Education. Washington, D.C., 2017.

般人群更多的是主动离开体制化的学校。

表3-3 选择“家庭学校”的群体类型

人群		选择“家庭学校”的原因
特殊群体，包含更多被迫选择的因素	特殊儿童	如残疾、智障、天才儿童等，教育机构难以满足其成长需求；私立学校学费高昂。
	特殊职业	如艺术家、军人、运动员等，日程安排不规律；家庭住所流动性强；安排演出或训练时间。
一般群体，多为主动选择	宗教教徒	公立学校的世俗化教育与信仰抵触，希望传递宗教价值观。
	世俗人士	关注儿童个性需求，不满学校教育（教学、环境等）。

在主动选择“家庭学校”的两类人群中，一类为宗教信徒，他们认为上帝赋予家长教育子女的责任和权利；家庭负有拯救社会和孩子免受世俗化影响的责任；家庭在教育事务中处于首要位置；重视家庭关系。他们较多控制教育内容，要求子女服从父母。另一类人更多关注学校的学习环境而不是意识形态：他们质疑公立学校的教育项目和学习环境，将孩子视为一个独特的个体；他们认为学校存在竞争、同伴压力等不良因素，不利于儿童的社会化；他们坚持“家庭学校”是始自胎儿期的亲子教育的自然持续，家长是孩子的首任教师，也是最重要的引导者。

但随着时间的推移，“家庭学校”的群体日益多样化。技术进步使得“家庭学校”不再仅限于精英和富足家庭，而是逐渐扩大化。一些处于传统边缘化的非白人群体由于不满现行的教育制度，也加入到“家庭学校”的行列中来。还有一群参加课外活动，需要进行严格的、集中训练的孩子也选择“家庭学校”，因为“家庭学校”自由、灵活，可以保证训练时间。

（一）少数族裔特别是非洲裔“家庭学校”引人注目

少数族裔在“家庭学校”群体中日益增多。如弗吉尼亚州和北卡罗来纳州的美国土著居民建立“家庭学校”组织，逃离公立学校的同化，保持本族所特有的文化、历史价值。非洲裔、西班牙裔、亚裔或太平洋岛民以及其他少数族裔选择“家庭学校”的数量不断上升（如图3-1所示）。

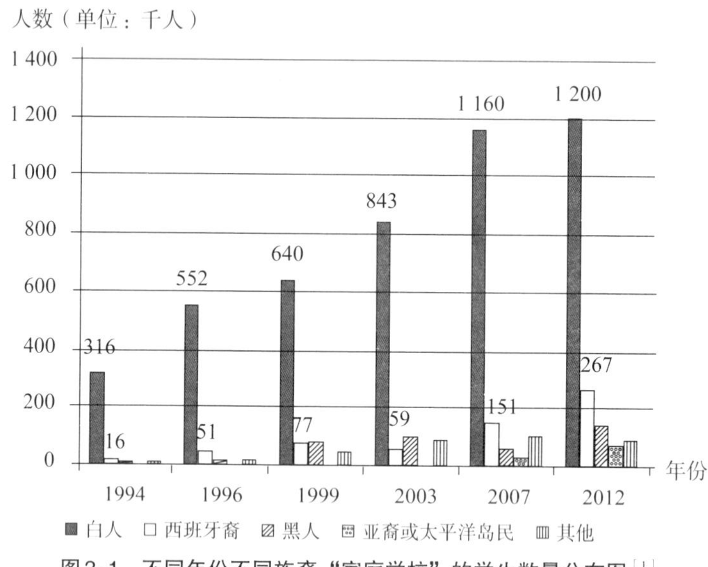

图3-1　不同年份不同族裔“家庭学校”的学生数量分布图[1]

[1] 说明：为避免增加混乱，让上图更为清晰，只给白人、西班牙裔添加数据，其他种族“家庭学校”的数量较少，详细数据可见附录表17：1994—2012年各种族“家庭学校”的学生数量情况。
U.S. Department of Commerce, Bureau of the Census, Current Population Survey, October 1994.
U.S. Department of Education, National Center for Education Statistics, National Household Education Survey of 1996, Parents and Family Involvement in Education and Civic Involvement Component. 1996.
Bielick, S., Chandler, K., and Broughman, S. P. Homeschooling in the United States: 1999(NCES 2001-033). National Center for Education Statistics, U. S. Department of Education. Washington, D.C. 2001.
Princiotta, D., and Chapman, C. Homeschooling in the United States: 2003. National Center for Education Statistics, Institute of Education Sciences, U.S. Department of Education. Washington, D.C. 2006.
Grady, S., Bielick, S. Trends in the use of school choice: 1993-2007. National Center for Education Statistics, Institute of Education Sciences, U.S. Department of Education. Washington, D.C. 2010.
Noel, A., Stark, P. and Redford, J. Parent and Family Involvement in Education, From the National Household Education Survey Program of 2012(NCES 2013-028), National Center for Education Statistics, Institute of Education Sciences, U.S. Department of Education. Washington, D.C. 2013.

非洲裔美国人的“家庭学校”数量迅速增长。自20世纪八九十年代始，一部分非洲裔美国家长为抵抗学校和社会中的种族歧视，保护和发展非洲历史和文化，提升本民族的社会地位，主动逃离学校教育，选择“家庭学校”。1994年，在家接受教育的非洲裔学生为1万人，2012年达到13.9万人。[1]随着选择“家庭学校”的非洲裔家庭数量不断增加，相关的“家庭学校”宣传媒介、组织系统、关系网络等得以建立。唐纳·尼科尔斯·怀特（Donna Nichols White）创办杂志《喝水葫芦》（*The Drinking Gourd*），这是第一份由非洲裔创办的“家庭学校”杂志，它为少数种族提供了一个分享经验的论坛。此外，一些非洲裔家庭建立网上“家庭学校教育”，发行“家庭学校”出版物，交流经验与教训，如2003年，保拉·潘·那布瑞特（Paula Penn-Nabrit）的回忆录《每早必读：“家庭学校”如何将我们的儿子送入常春藤联合会》出版。

20世纪90年代，一些州级“家庭学校”大会专门组织一至两个专题会议，集中讨论少数种族的“家庭学校”问题，越来越多的非洲裔参加这些会议。1996年，非洲裔“家庭学校”实践者关系网络（Network of Black Homeschoolers）建立。2000年，全国非洲裔家庭教育者资源协会（The National Black Home Educators Resource Association）建立。2003年，全国非洲裔“家庭学校”实践者联盟（The National African-American Homeschoolers Alliance）成立，它是目前美国最大的全国性的非洲裔家庭学校组织，到2006年，该联盟拥有6 000个成员。[2]在上述会议和组织的宣传下，非洲裔家庭获得多

[1] Noel, A., Stark, P. and Redford, J. Parent and Family Involvement in Education, From the National Household Education Survey Program of 2012(NCES 2013-028), National Center for Education Statistics, Institute of Education Sciences, U.S. Department of Education［R］. Washington, D.C., 2013.

[2] Mazama, A., Musumunu, G. African Americans and Homeschooling: Motivation, Opportunities, and Challenges［M］. New York: Routledge, 2015: 25.

方支持，如"家庭学校"法律保护协会资助会议与相关研究，并招收非洲裔学生；20世纪90年代建立的儿童奖学金基金中的一部分用于选择"家庭学校"的非洲裔家庭。

上述宣传媒体、组织系统的建立，为选择"家庭学校"的非洲裔家庭提供归属感，减轻心理的焦虑和压力，同时提供各种信息，帮助家庭之间建立联系，促使非洲裔"家庭学校"不仅获得了数量上的发展，也产生了一定的社会影响。

（二）"家庭学校"中信仰多样化

"家庭学校"充满多样性，不断派系化。其中最突出的一点即是意识形态的多样性。有些家庭有宗教信仰，有些则没有。有宗教信仰的家庭特别是新教教徒在"家庭学校"领域占据主导地位。同时，夏威夷土著居民、犹太教徒（特别是正统犹太教徒）、罗马天主教徒、伊斯兰教徒等选择"家庭学校"的人数也在增长。一些新的异教徒、巫术教徒和其他有宗教信仰的人群也选择"家庭学校"。这些宗教信徒认为"家庭学校"可以形成和加强家庭关系；他们对可以就读的公立学校和私立学校表示不满；或无法进入私立宗教学校，或觉得学费太贵；害怕遭受公立学校的宗教迫害等原因。于是他们才选择"家庭学校"。

其中，天主教"家庭学校"的实践者不断增加，他们拥有相对完善的支持性组织系统、充足的特色产品和课程选择。大多数天主教"家庭学校"实践者选择经典的或夏洛特·梅森的教学方式（Charlotte Mason approach）；有些家庭坚持兼收并蓄的态度，教学方式较为灵活多样。其最大的"家庭学校"组织是"罗马天主教家庭的传统"（Traditions of Roman Catholic Homes），其主要任务是为“家庭学校”提供支持。另一个组织是全国天主教家庭和教育者协会（National Association of Catholic Homes and Educators），办有季刊《天主教家庭》（*The Catholic Home*）和年刊《天主教家庭世博会》（*Catholic Family Expo*）。2004年出版季刊《心脏和大脑：天主教“家庭学校”实践者的资源》（*Heart and Mind: A Resource for Catholic Homeschoolers*）。

三、形式多样

家庭整合多方资源，提高教育效果。一些家长在教授某些技能时感到能力有限，比如当教学需要一个团体（如管弦乐队）、昂贵的设备（如生物实验室）、特殊才能（如舞蹈）时等。此时，家长就会寻找外部的支持和帮助，如在锡达县（Cedar County）（艾奥瓦州，位于太平洋西北），家长们通常采取四种方式解决这些教学难题：一是利用公共学校设备满足学生需求，特别是高中生；二是通过付费或交换服务的形式，招募专家教授特殊学科；三是加入“家庭学校”组织，获取资源；四是注册远程“家庭学校”学习项目。[1]第一种形式和交换服务的花费较少。

随着因特网的日益普及，网上课程不断增多，“家庭学校”的教学形式愈加多样，主要有以下两种形式：

（1）个体混合式的“家庭学校”。在发展过程中，那种纯粹依靠母亲在家教育子女的模式发生了很大变化，家庭之间互帮互助，孩子不仅可以将自己的父母、兄弟姊妹作为教师，还可以将别人的父母、专家等

[1] Lois, J. Home Is Where the School Is: The Logic of Homeschooling and the Emotional Labor of Mothering [M]. New York: New York University Press, 2013: 12.

作为教师。同时，家庭还可以根据需要聘用私人辅导教师或机构，注册网络课程，甚至将大学教师聘为教师。美国的一些大学如内华达大学、斯坦福大学都开设了网上高中课程，学生可以从中选择。对一些学业成绩较好的学生来说，他们可以选择更深的课程，加速学习进度。比如，内华达州就有4 000—5 000名学生使用本州的“家庭学校”网络服务。

（2）在家在校混合式的“家庭学校”。一些学区开始把“家庭学校”的孩子的需求考虑进来，为他们开设一些专门的课程，以期得到学区拨付的学生人头经费。如达·芬奇创新学院开发教育项目，为本学区内“家庭学校”的孩子和家长提供服务。2013年秋季，该校区已有270名“家庭学校”的孩子在该学院注册参加不同的教育项目。亚利桑那州的麦萨学校是专门为“家庭学校”学生设立的免费学校，目前大约有600个孩子，开设体育、音乐或科学课程，孩子们只需在一周内到校一天或两天即可。家长可以借阅学校图书馆的教材和资料，一名有教师资格证的教师负责协助家长选择书籍。[1]在专设的家长课程教室，家长可以查阅和借阅任何教材和资料，而且完全免费。随着“家庭学校”变得越来越流行，越来越多的州要求学区为“家庭学校”的孩子提供一些教育服务。这样可以解决家庭资金缺乏、教育能力与设备不足以及孩子社会化不够的问题，为孩子获得适宜的教育提供保障。

综上所述，选择“家庭学校”的家庭通常具有以下特征，即白人、中产阶级、双亲、异性恋、多子女、家长接受良好的教育、收入稳定、多数有宗教信仰。但这一群体并不是一成不变的。从宗教信仰上看，他们可能是无神论者，也可能是基督徒、摩门教教徒。从政治主张看，他们可能是保守主义者，也可能是自由主义者。从家庭收入

---

[1] 本段中的案例来自：陈智勇.美国越来越多人选择在家上学［J].上海教育，2015（11)：20-21.

上看，他们可能来自低收入群体，也可能是中、高收入群体。从种族上看，他们可能是白人，也可能是非洲裔、西班牙裔等。从父母受教育水平看，他们可能是拥有硕士、博士学位的高学历人士，也可能是拥有本科学历的普通大众，还可能是受教育水平较低的人，甚至可能只拥有或甚至没有高中文凭。随着这种教育形式得到更多人的认可，其社会支持体系愈加完善、成熟以及“家庭学校”更多成功经验的推出，这一群体变得更加多样化。

第四节

“家庭学校”的影响深化

与其他教育选择形式（如特许学校、磁石学校等）相比，“家庭学校”的发展速度更快，规模不断扩大，影响范围较大（如“家庭学校”在美国50个州获得合法地位，而其他教育形式不是在每个州都有相关的法律保护）。同时，这一教育形式推动现行学校教育制度进行组织变革，促使新的教育机构和形式的产生以及教育服务市场的新发展，对整个教育产业和教育系统（政策、制度等）产生越来越大的影响。

一、规模不断扩大

“家庭学校”是一个小众选择。从2012年的统计数据看，“家庭学校”的学生数量所占比例不到K-12阶段学生总数的4%。因为“家庭学校”是一项富有挑战性的教育实践，它考验家庭的实力（收入、地位、家长受教育水平等）；同时还需要家长有足够的勇气、力量（如依靠组织和各种资源）去改变（或挑战）已有规则，为子女创造一个更有利的成长环境。拥有宗教信仰、少数族裔更易于选择这一教育形式，因为“家庭学校”可以更好地保护和维持他们的独特性。

表3-4 “家庭学校”的学生数量及其在K-12阶段学生总数中的比例[1]

年份	K-12阶段学生总数（万人）	“家庭学校”学生数（万人）	“家庭学校”学生占K-12阶段学生总数的比例
1994		34.5	0.8%
1996		63.6	1.4%
1999	5 018.8	85.0	1.7%
2003	5 070.7	109.6	2.2%
2007		150.8	2.9%
2012		177.0	3.4%
2016	5 164.4	168.972 6	3.3%

［1］U.S. Department of Education, National Center for Education Statistics, National Household Education Survey of 1996. Parents and Family Involvement in Education and Civic Involvement Component［R］. 1996.
Bielick, S., Chandler, K., Broughman, S.P. Homeschooling in the United States: 1999［R］. National Center for Education Statistics, U.S. Department of Education. Washington, D.C., 2001.
Princiotta, D., Bielick, S., Chapman, C. Homeschooling in the United States: 2003［R］. National Center for Education Statistics, Institute of Education Sciences, U.S. Department of Education. Washington, D.C., 2004.
Grady, S., Bielick, S. Trends in the use of school choice: 1993-2007［R］. National Center for Education Statistics, Institute of Education Sciences, U.S. Department of Education. Washington, D.C., 2010.
Noel, A., Stark, P. and Redford, J. Parent and Family Involvement in Education［R］. From the National Household Education Survey Program of 2012(NCES 2013-028), National Center for Education Statistics, Institute of Education Sciences, U.S. Department of Education. Washington, D.C., 2013.
McQuiggan M., Megra M., Grady S. Family Involvement in Education: Results from National Household Education Surveys Program of 2016［R］. National Center for Education Statistics, Institute of Education Sciences, U.S. Department of Education. Washington, D.C., 2017.

相比于其他教育形式，“家庭学校”的成长速度更快，影响力不断提升。美国教育部、人口统计局、政策机构以及“家庭学校”法律的支持者、研究者、评论家等都指出这一趋势。“家庭学校”已经成为一种可行的教育替代形式，被越来越多的家庭选择。美国全国教育数据中心公布的数据显示，“家庭学校”中的学生数量逐年增加（见表3-4），自1994年的34.5万人增至2012年的177万人；在K-12阶段学生总量中的比例也相应地从0.8%提高至3.4%。2016年略有下降，可能与统计数据的方法有关，也可能是真实下降。

二、助推教育产业

“家庭学校”的蓬勃发展形势带来教育产业的发展，相应的教育服务得以兴起。认知心理学家的相关研究为家庭提供知识支持，帮助家长更好地理解和实践儿童中心或“去学校教育”的学习方式；课程设计者了解父母和孩子的个性化需求并开发相应的课程；学者关注教育政策和市场改革，引导家长有效地利用现行制度，实现教育目标。

随着“家庭学校”的发展和成熟，它逐渐形成自己的制度体系。举办相关会议研讨政策形势和发展路径，会议规模不断扩大；创办学术期刊、简报，展现“家庭学校”的发展现状、取得的成就及存在的问题；制作在线信息公告栏、博客，分享信息，促进交流。上述活动帮助家长清晰地认识家庭学校教育这一教育形式，为他们提供教育资源，并形成团体文化，获得认同感等。

一些企业针对“家庭学校”的需求开发产品，提供多样化的服务。随着“家庭学校”数量的不断增加，许多教育公司或出版社通过制作和销售相关产品（如图书、教具等），操纵“家庭学校”教育市场，获取丰厚利润。会议或图书交易会成为企业与“家庭学校”实践者接触的主要途径，销售商通过各种方式争取“家庭学校”实践者的好感。

许多基督教出版社逐渐在市场中走下坡路。早期基督教出版社由于其雄厚的经济实力、成熟的运行模式、宗教教徒在“家庭学校”占据人口优势等原因，在教育服务市场中占据优势，但随着技术的进步，网络影响了信息传播和接受的方式，使得一小部分人试图操控整个“家庭学校”教育市场的难度增大。一些家长倾向于购买其他“家庭学校”实践者推荐的图书，“家庭学校”实践者希望了解图书内容。同时，网络成为满足“家庭学校”实践者需求的一种重要途径，远程教育、网络资源冲击着图书市场。“家庭学校”实践者越来越精通电脑，地方团体越来越多地利用计算机策划制作网站，组织讨论。

越来越多的富裕家庭聘请私人家庭教师。最大的家庭教师公司——美国专业家庭教师有6 000名教师，[1] 但这一规模依然无法满足家庭的需求。随着全球知识经济时代的到来，这些富裕人群的工作地点变得不固定，他们的孩子的受教育方式也随之发生改变，灵活、个性的教育形式成为他们的需求。同时，为“家庭学校”的学生提供学历服务的机构也在增加。

三、影响教育系统

“家庭学校”吸引了一部分生源，对公立学校产生“撤走效应”和“灯塔效应”。“撤走效应”主要是指公立学校的社会资本减少，家长对公共教育的关心和责任感降低，不愿纳税支持公立学校，公立学

[1] Gaither, M. Homeschool: An American History [M]. New York: Palgrave Macmillan, 2008: 214.

校的财政支持减少。因此，公立学校的政治资本和资金来源都受到影响。“灯塔效应”是指“家庭学校”的一些实践被传统学校采纳，两者之间逐渐建立合作关系：“家庭学校”带来的竞争促使公立学校形成新的制度形式，如建立新学校为家庭提供服务；开展更加灵活多样的项目，保证“家庭学校”的学生可以通过多种渠道完成教育。同时，“家庭学校”对私立学校也会产生影响，如私立学校的生源减少等。

“家庭学校”涵盖整个K-12教育阶段，中学阶段的学生数量逐渐增加。20世纪90年代末21世纪初，“家庭学校”中的学生年龄不断延长，许多孩子在家学习的时间延续到青少年时期，之后或转到公立学校，或一直在家学习。同时，传统的福音派基督徒重视对青少年的价值观教育，担心孩子被世俗化。为了让这些孩子在“家庭学校”学习，诸多学区专门为青少年设计教育创新项目。“家庭学校”中的青少年成为一个高速增长的市场，“家庭学校”中的幼儿数量增长已趋平缓。

“家庭学校”学生数量的增加影响着高等教育入学制度。“家庭学校”中的学生参加高级分班考试的数量明显增长。近年来，一些州禁止“家庭学校”的学生参加高中体育活动和其他课外活动的法规被撤销。申请进入高等教育机构而没有上过普通高中的学生明显增加，这对高校的入学政策、招生程序等产生较大影响。1986年，全国90%的学院和大学没有明确针对“家庭学校”学生的入学政策。1998年，国会修改高等教育法案，指出只要“家庭学校”的学生证明他们按照所在州的相关法律要求完成了学业，即可获得联邦财政补助，这为“家庭学校”的学生顺利过渡到高等教育阶段提供了便利。

美国“家庭学校”运动没有完整的组织结构，也没有明确的领导，它起初更像一场孤立的行动，一批坚持个人主义思想的家长在反文化运动和“去学校化教育”思想的刺激之下，超越常规，选择在家教育子女。后来，更多人了解这一运动，受其理念吸引加入进来，特别是在20世纪七八十年代，许多宗教教徒的加入使得“家庭学校”的数量得到较快发展。20世纪90年代中后期，“家庭学校”普遍获得合法地位，得到社会认可。

在现实中，很多对“家庭学校”好奇、感兴趣的人并没有采取切实行动，选择“家庭学校”，依然让他们的孩子保持在原来的学校，留在教育系统中的原有位置，但毫无疑问，“家庭学校”已经对美国的教育制度产生了影响。“家庭学校”可能促使新的教育机构和形式的产生，给公立学校、学区、督学、校长、教师等带来压力，对学院和大学入学政策产生影响，推动现行学校制度的组织变革。“家庭学校”与国家教育机构和管理部门之间存在一定的合作，但并非出于主动，更多的是为了一定的经济利益或被动选择，因此两者之间更多的是冲突。“家庭学校”就像是一滴水投进大海，荡起圈圈涟漪，引发人们对现行教育政策的思考，引起相关的改革。

随着20世纪八九十年代美国择校运动的发展，市场逻辑成为教育的主导思想，新自由主义提出国家是教育服务的提供者，公民是顾客或消费者。在这样一种情境下，注重选择和个人主义思想的“家庭学校”获得一个对自身成长更为有利的容身之所。“家庭学校”不再被视为一种反社会、反学校教育、对抗国家或州的行为。特别是受到信息时代的影响和科学技术的推动，“家庭学校”逐渐褪去之前的激进和另类色彩，成为越来越多人的一种教育选择。“家庭学校”逐渐成为一种改变公立教育的力量，它与公立学校之间的合作逐渐展开，以后可能更加频繁。

第四章

美国“家庭学校”的组织化历程

“家庭学校”起初被视为一种改变既成的社会规则，挑战已有社会常规的行为，它遭遇已有制度的抵制和批判。在应对外在的反对和质疑之声中，“家庭学校”逐渐发展成为一种具有合作性质的集体工程，在实践者、支持者等的共同努力下，“家庭学校”内部建立了一系列支持性组织，它们为这一教育形式的成长和发展提供精神鼓励和资源支持，构建了一个活跃的另类教育世界。所以说，“家庭学校”的显著增长，不仅在于这种教育方式自身的吸引力，更在于其倡导者高超的组织智慧[1]（如有效的媒体宣传、强辩的游说能力）。这些组织守卫“家庭学校”的顺利发展，保障父母的教育选择与自由，为父母提供交流教育经验的机会，增进家庭之间的合作等。

从“家庭学校”组织的发展历程来看，20世纪七八十年代，支持性组织得以建立，成员团结合作，争取教育自由；80年代中期，家庭学校组织开始分化，被基督教化，即基督徒建立的组织占据优势；21世纪，家庭学校组织逐渐超越教派层面的权力之争，组织的宗教色彩在逐渐减弱，进入平稳发展阶段。

---

[1] Lubienski, Christopher; Puchett, Tiffany; Brewer, T. Jameson. Does Homeschooling “Work” ? A Critique of the Empirical Claims and Agenda of Advocacy Organizations [J]. Peabody Journal of Education, 2013(3): 378-392.

第一节

家庭学校组织的类型、特点及价值

组织是一个社会实体，它具有明确的目标导向、精心设计的结构和有意识协调的活动系统，同时，组织与外部环境保持密切的联系。组织是由人及其相互之间的关系构成的，它是达成最后目标的途径。[1]本研究中的组织主要包括“家庭学校”的支持性团体、协会等，还包括家庭学校组织的一些附属机构，如杂志社、学院等。

由于家庭选择“家庭学校”的原因多样，教育理念和实践多元，“家庭学校”虽然形成了统一、成形的组织，但它们保持着多元的结构，体现了很强的个性化色彩。在“家庭学校”的成长过程中，组织数量和类型不断增加，而且由于信仰差异或意见相左，组织内部出现内讧和不和睦，不同组织之间出现裂痕，逐渐走向分化。新教教徒建立的排斥性家庭学校组织逐渐取得优势地位，而富有开放色彩的包容性组织的影响力逐渐式微。

一、家庭学校组织的类型

在“家庭学校”的发展过程中，特别是自20世纪90年代中期以来，国家、各州、各地区层面都建立了大量支持性组织（见附录表

[1] [美] 理查德·L. 达夫特.组织理论与设计（第11版）[M].王凤彬，张秀萍，石云鸣，刘松博，等译.刘松博，王凤彬，审校.北京：清华大学出版社，2014：12.

2)，数量不断增加。国家、州、地区三个层面的支持性组织自上而下是指导与被指导的关系，国家层面的支持性组织向州层面的组织提供指导和帮助，州层面的组织向地方支持性组织提供指导和帮助。

在“家庭学校”的发展历程中，形成了两种重要的组织类型：一是世俗人士建立的包容性组织；二是宗教教徒建立的排斥性组织（其中新教教徒建立的组织占据数量优势）。两种组织的内部规范结构差异较大，前者大多没有建立明确的规章制度，而后者的目标、规范、人员等都有严格的限定。组织内部的社会结构，即成员之间的互动模式、期望体系等影响着组织的发展态势[1]，也影响着它们在“家庭学校”领域中的地位。

随着“家庭学校”影响的不断扩大，一些少数族裔或宗教信仰的专门组织建立。芝加哥犹太教“家庭学校”协会（Jewish Homeschool Association of Greater Chicago）成立不久，伊利诺伊州天主教家庭教育者关系网（Network of Illinois Catholic Home Educators）于1995年建立。这种专门的家庭学校组织的出现和发展晚于一般的家庭学校组织。

支持性组织一般以协会或团体的形式建立，通常下设杂志社发布简讯等。美国全国家庭学校协会（National Homeschool Association）于1986年成立，支持个人选择和教育自由，为“家庭学校”提供服务，向公众告知家庭教育的信息。该协会举办的《家庭教育杂志》（*Home Education Magazine*）为持有“去学校教育”观念的家庭服务。而美国家庭学校附属的《家庭教学》（*The Teaching Home*）杂志则为有宗教信仰的家庭服务。下表所列是与美国“家庭学校”发展密切相关、影响较大的国家层面的组织。

---

[1] 理查德·H.霍尔.组织：结构、过程及结果（第8版）[M].张友星，刘五一，沈勇，译.上海：上海财经大学出版社，2003：39.

表4-1　美国影响较大的家庭学校组织一览表[1]

组　　织	性　　质
全国家庭学校协会	由《家庭教育杂志》出版商资助，构建“家庭学校”关系网络，提供新闻、信息和资源。
家庭学校法律保护协会	1983年成立，是一个基督徒组织，保护家庭自由，保障家长在家教育子女的权利，担任法庭诉讼的辩护律师，指导联邦法律，帮助家庭与当地教育官员进行沟通。
全国非洲裔家庭学校联盟	2003年成立，非教派组织，为非洲裔家庭提供及时、可信的在线资源，团结非洲裔家庭。
全国家庭教育研究所	1992年成立，非营利性机构，进行家庭教育研究，发布研究成果。

二、家庭学校组织的特点

支持性组织形成合作关系网络。各县、区、州、全国的支持性组织之间开展合作。如落基山教育联络（Rocky Mountain Education Connection）同时服务于怀俄明州和科罗拉多州。很多支持性组织为多个县服务，如南卡罗来纳州的查尔斯顿三县社区家庭学校实践者教育协会（Tri-County Educational Association of Community Homeschoolers in Charleston）、特拉华州的三州基督徒家庭学校关系网（Tri-State Home School Network for Christian）。

每个州都有专门为基督徒服务的“家庭学校”支持性组织，同时也存在一些世俗化或包容性的支持性组织。如威斯康星州基督徒家庭教育者协会（Wisconsin Christian Home Educators Association）、华盛顿基督徒家庭学校关系网（Christian Homeschool Network of

[1] Immell, M. Homeschooling [M]. New York: Greenhaven Press, 2009: 160-164.

Washington)、受《圣经》世界观指导的弗吉尼亚州家庭教育者协会[Home Educators Association of Virginia(Biblical Worldview)]、休斯敦去学校教育者团体(Houston Unschoolers Group)、亚利桑那州开放会员制的实施家庭教育的家庭(基督教董事会)[Arizona Families for Home Education(open membership,Christian board)],等等。

支持性组织的名称显示其倾向性与教育理念。有的组织使用“家庭教育”(home education),有的使用“家庭学校”(homeschooling; homeschool; home school),还有一些组织使用“去学校教育”(unschooling; unschoolers)。有些组织表明自身的世俗性和开放性,有些组织明确表示专为有宗教信仰的家庭服务。

三、家庭学校组织的价值

家庭在选择“家庭学校”初期,一般会经历担忧、紧张、不安的心理过程。因为“家庭学校”会改变原有的家庭内部生态:一方面,家长完全担负起教育孩子的责任,规划教学进度,选择教育内容;同时,他们还要依据所在地区的相关法律规定,接受教育官员的监督,提供申请书、学生成绩报告单、课程内容、学习计划、学习时间等证明;另一方面,家庭的经济生活和成员之间的关系会受到影响,家长的工作状态会改变,如母亲全职在家或兼职,家庭收入因此而减少,夫妻之间的关系与地位会受到影响;亲子关系之外又加入师生关系,使得家庭关系更加复杂。在家庭内部对子女开展正规教育的行为像一枚催化剂,引发家庭生活和成员关系的改变,促使家庭内部作出诸多调整。同时,这些家庭还要面对外界的质疑:家长是否具有教育能力来胜任这一工作;“家庭学校”的孩子能否得到适当的教育,实现健康成长和良好的社会化等。这都是人们持续关注的问题。

组织即集体行动者，它采取行动，利用资源，缔结合约，拥有资产。[1]面对“内忧外患”的情况，家庭学校组织为承受巨大压力的家长提供了坚实的后盾，它就像一个值得信赖的家庭大本营。家长们在完成共同任务的过程中，形成“同命相连”的情感，在组织内部，家长们可以释放压力和负面情绪，分享和交流教育体验，形成紧密的关系网，互帮互助。同时，家庭学校组织还可以为家长提供信息，回击外部的质疑，保护这一群体，给家长信心、力量和勇气，让家长们顺利完成从迟疑、焦虑到积极投入教育工作的心理过渡。

家庭学校组织满足了儿童和家庭在学术、情感、社会和精神等多方面的需求。从学生角度看，这些组织设计一些活动，如夏令营、实地考察等，将“家庭学校”的孩子集合在一起，增加他们的社会化经验，为学习活动提供服务。从家长角度看，这些组织为提高家长的教育能力，提供课程资源、教学指导、评估材料等信息，形成家长之间相互学习、共同进步的氛围。

支持性组织为家庭提供分享和学习的平台，传播“家庭学校”观念。它们定期举办会议、专家讲座、主题研讨、家长教育经验分享，形成一种内部信念和规范，为家庭提供道德、情感和信念支持。支持性组织在“家庭学校”起步阶段提供帮助，并与公立学校协调关系。它们为出版社（报纸、杂志、书籍）提供丰富的信息，委派演说家向公众传播“家庭学校”的信息，进行大众教育。

总之，家庭学校组织为“家庭学校”的发展提供了一把保护伞，为之增添了力量，加速“家庭学校”合法化的进程并使之为社会公众

---

[1]［美］W. 理查德·斯科特.组织理论：理性、自然与开放系统［M].黄洋，李霞，申薇，席侃，译.邱泽奇，译校.北京：华夏出版社，2002：6.

所接受。同时，这些组织在推进“家庭学校”成长的过程中起到关键作用。开展与支持“家庭学校”的家长和学者们并不孤单，他们在建立关系网络、形成支持性组织的过程中，不断提高自身的教育能力和组织能力。

四、家庭学校组织的典型代表

家庭学校法律保护协会（Home School Legal Defense Association, HSLDA）位于弗吉尼亚州的珀塞尔维尔市（Purcellville, Virginia）。它是“家庭学校”的核心组织，其主要任务是争取“家庭学校”的合法地位，为选择“家庭学校”的家庭进行法律辩护。该协会建立了较为完善的内部联络系统，在“家庭学校”发展过程中作用突出。

（一）产生与发展

家庭学校法律保护协会成立于1983年，依靠私人捐赠和收取会员费实现自身运转。该协会采用会员制，协会的律师为家庭提供法律辩护服务。一开始，会费为每年100美元，2004年之后增至每年115美元。协会的会员数不断增加，1983年有200名会员，1985年末有2 000名会员，1987年有3 600名会员，1994年有3.8万名会员和38名全职工作人员，1996年有5.2万名会员和50名全职工作人员，1999年有6万名会员和60名全职工作人员。[1]

家庭学校法律保护协会借助商业运作，聘请专业律师，为家庭提供有偿服务，从而有充足的资金保障。遍及全国的电话网络为协会提供及时、翔实的“家庭学校”信息，协会利用有效的关系网络向所任

---

[1] Gaither, M. Homeschooling: An American History [M]. New York: Palgrave Macmillan, 2008: 162.

命的地区领导传递政治和游说信息，地区领导负责向基层民众传递信息。这种信息传播机制保证协会能够高效地协调全国“家庭学校”实践者和支持者采取统一行动。

家庭学校法律保护协会的成员主要是一些宗教教徒，它的兴起与发展使得“家庭学校”蒙上了一层浓厚的基督教色彩。它不仅为“家庭学校”的发展冲锋陷阵，而且在华盛顿地区内外积极主动地开展协调和游说活动，甚至对其他国家的“家庭学校”也产生很大影响，逐渐在“家庭学校”领域占据领导地位。不过，也有一些宗教信徒不加入家庭学校法律保护协会，认为该协会过于积极地参与政治，其思想意识与一些教徒的思想不符。

该协会下设的其他组织或机构有：“约书亚一代”（Generation Joshua）、“家庭学校”基金会（The Home School Foundation）、帕特里克·亨利学院（Patrick Henry College）、全国家庭教育中心（National Centre for Home Education，简称NCHE）等。1995—1999年该协会设立了一个实习项目，吸引“家庭学校”的毕业生来进行为期12个月的实习，很多人在实习期结束后成为协会的雇员。此外，还有国会行动计划（Congressional Action Program，简称CAP），该计划的目标是在美国所有的国会地区（435个）都派驻代表，为该协会发出“声音”，为“家庭学校”的发展提供保障。

（二）兴起并迅速发展的原因

1. 保守新教教徒[1]的支持

20世纪70年代末80年代初，大量保守新教教徒（conservative

[1] 以《圣经》作为信仰的唯一最高权威，实施“家庭学校”的宗教信徒中，保守的新教徒占有很大比例。

protestant）离开公立学校，选择“家庭学校”在家教育子女。为了谋求自身的合法性，一群“家庭学校”的支持者和律师共同合作建立该协会。

2. 雷蒙德·莫尔的支持

在20世纪七八十年代，雷蒙德·莫尔在“家庭学校”领域是一个举足轻重的人物，具有较强的号召力。许多基督徒选择“家庭学校”即是受到雷蒙德·莫尔夫妇教育理念的影响。雷蒙德·莫尔非常希望并积极支持一个新的机构来为“家庭学校”开辟新的发展道路。因此，1983—1986年，雷蒙德·莫尔夫妇将一些与当地学校官员发生冲突的家长推荐给家庭学校法律保护协会，同时将一些律师推荐给该协会，并在该协会担任过一段时间的专家顾问。

3. 采用一种成功的基金募集策略

在20世纪70年代末80年代初，会员制组织发展态势良好。它们能够维持自身的发展，并不断拓展业务领域。通过这一形式，家庭学校法律保护协会向非营利性组织游说，成功地推销了自己，保证成员效力于这一事业。

4. 社会关系网络发达

家庭学校法律保护协会在全美国、各州、各地区建立了层次分明的领导体系，形成较为系统、完善的沟通网络。同时，它巧妙利用媒体的力量，积极对外宣传，提高知名度，依靠《“家庭学校”法庭报道》向公众传递信息，对律师成功捍卫“家庭学校”权益的案件广为传播。1991年，该协会推出广播节目，传播“家庭学校”理念。该协会内部的很多专业律师及其妻子擅长演说，他们组织大会，公关网络发达，与主流媒体关系密切。

5. 宗教组织之间的沟通协作、互助配合

《家庭教学》[1]、格雷格·哈里斯和基督教生活研讨会（Gregg Harris and Christian Life Workshop）、家庭学校法律保护协会这三个组织拥有共同的愿望，即通过带领宗教教徒选择“家庭学校”，培育子女接受宗教信仰，扩大宗教教徒的队伍，进行社会文化改造。三个组织共同引领“家庭学校”成长，形成广泛的网络，通过会议、工作坊等形式进行内部交流和沟通，促进组织不断进步和壮大。1988年召开的《家庭教学》组织第一次全国基督教家庭教育者领导会议。1990年，年度会议由全国家庭教育中心资助。到2002年，大会发展壮大，成为一个独立的机构，命名为“全国基督教家庭教育领导联盟”（National Alliance of Christian Home Education Leadership）。

6. 金字塔式的等级管理结构

该协会中的一小部分全国领导组织演讲，撰写书籍，出版杂志，规划发展前景，制定议程，他们通过年度大会向地区组织传达信息。州、地区的组织受其领导和安排，并向下设的组织和人员发布信息和命令。这种管理制度被证明非常有效，为宗教信徒的“家庭学校”提供了一个强有力而统一的政治声音。

（三）工作领域不断扩展

随着“家庭学校”合法化的实现，该协会为“家庭学校”实践者争取教育自由和权利的使命基本完成。之后，协会不断扩大工作范围

[1] 《家庭教学》是一份杂志，总部在俄勒冈州的波特兰，是运行“家庭学校”的保守派基督徒们的中心资源之一。

和领域，甚至涉足许多与“家庭学校”不直接相关的问题，这让许多成员感到愤怒，但这一做法在一定程度上保证了该组织的生长和发展空间。

20世纪90年代中期，“家庭学校”已经获得了合法地位，与“家庭学校”相关的法律诉讼急剧减少。家庭学校法律保护协会为解决资金匮乏的问题，努力寻找创收项目，投入政治运动。1994年，家庭学校法律保护协会开展麦迪逊项目（Madison Project），利用《家庭教学》向会员筹集资金，为基督徒候选人提供支持，以达到胜过教育部所有共和党候选人的目的。因此，总体上家庭学校法律保护协会的会员呈现增长趋势。尽管每年会员都会减少18%—20%，但又有新的会员加入进来，弥补了这一损失。一批“家庭学校”的家长随着孩子进入成年期，对“家庭学校”不再感兴趣，主动退出这一领域，而新选择“家庭学校”的宗教信徒在课程提供商、会议发言人和支持性团体领导的说服下加入该协会。因此，“家庭学校”领域的宗教力量得以稳定发展。

家庭学校法律保护协会最有野心、最富争议的政治行动是成立了帕特里克·亨利学院（Patrick Henry College），这是一所针对宗教教徒的学院，接收“家庭学校”的学生，立志将他们培养成为政府服务的人才。2000年秋，该学院招收90名学生。这一事件引发媒体的关注，因为帕特里克·亨利学院在学生与共和党的政要之间牵线并获得成功。2004年，帕特里克·亨利学院再次引起社会轰动，因为该学院的学生在100个白宫席位中占据7个。家长们选择这一学院有两个原因：一是该学院提出提升政治影响和实现世界成功的宏伟愿景，它可以帮助孩子获得成功，改变世界、领导国家、塑造文化；二是该学院能保护孩子远离世俗世界，“加强与上帝的关系”。

第二节

家庭学校组织的发展历程：协作与冲突

为了维护“家庭学校”实践者的权益，促进这一事业的发展，大量支持“家庭学校”的组织逐渐形成。由于选择“家庭学校”的家庭是出于多种缘由，所以家庭学校组织的类型较为多样，组织成员在宗教信仰、教育理念与实践等认知和情感导向上存在差异。所谓“志同道合”，一些志趣或主张相近家庭的合作不断加深；但成员之间也存在“道不同，不相为谋”的心理，由于理念和实践的不同，特别是宗教信仰问题，加之利益冲突，组织内部逐渐产生分歧，并促使组织分化和斗争，家庭学校组织走向分裂。

许多学者在调查和研究中也发现了上述问题，并依据这些组织成员各自的主张和分歧进行了总结和归类。如盖伦将“家庭学校”群体分为两类，即思想派（ideologues）和教学派（pedagogues）；史蒂文斯将其分为两类，即信仰者（believers）和包容者（inclusives）；[1] 盖舍尔也将“家庭学校”群体分为两类，即封闭性团体（closed communion）和开放性团体（open communion）。[2] 总体看来，有无宗教信仰和教育理念的差异是“家庭学校”实践者以及组织内部产生分歧的主要原因。

[1] Stevens, M. Kingdom of Children: Culture and Controversy in the Homeschooling Movement [M]. New Jersey: Princeton University Press, 2001: 19-20.

[2] Gaither, M. Homeschooling: An American History [M]. New York: Palgrave Macmillan, 2008: 143-144.

有一类选择“家庭学校”的家庭主要受到约翰·霍尔特的影响，他们没有宗教信仰，主张“去学校教育”，教育形式相对自由、灵活，他们建立的组织对所有选择“家庭学校”的家庭实行兼容并包政策。还有一类群体主要是保守的新教教徒，他们拥有强烈的宗教信仰，认可家长的权威，进行较为严格和传统的教育。上述两类人群建立了不同的家庭学校组织。按照结构形式，组织可分为机械式组织和有机式组织，前者有标准化的规则、程序和清晰的职权层级；后者比较松散，自由流动性强，适应性强，规则和规章通常没有被书面化。[1]宗教教徒建立的组织一般属于机械性组织，而世俗人士建立的组织一般为有机式组织。

这两类组织都积极地为“家庭学校”提供各种服务、援助和支持，都在努力开创一项长久的“家庭学校”事业。但从组织的发展轨迹来看，由于内部管理制度等诸多原因，宗教信徒组成的家庭学校组织越来越壮大，逐渐掌握了这一领域的话语权。

女性在上述两类组织中的地位和作用也有所差异。在世俗性家庭学校组织中，女性的参与更多，大都坚持性别平等的观念。而具有宗教性质的家庭学校组织为男性留出了更多的领导空间，女性主要在家庭内部进行教学工作、照料子女，遵循“雄性准则”建立严格的等级制，因为它严守传统的性别观念，即男性是理性的，女性是感性的，女性在社会中处于从属地位和次要地位。

一、包容性组织的萌芽

20世纪五六十年代，现代意义上的“家庭学校”处于发展初期，

---

[1] [美] 理查德·L.达夫特.组织理论与设计（第11版）[M].王凤彬，张秀萍，石云鸣，刘松博，等译.刘松博，王凤彬，审校.北京：清华大学出版社，2014：31.

它完全是一场草根运动。几位重要的开创者和领导人如约翰·霍尔特、雷蒙德·莫尔等人的实践与理论、倡导与主张，引发一部分人的赞同和认可，他们踏上了“家庭学校”的实践之路。学者们的倡导和行动坚定了许多迟疑不决者选择“家庭学校”的决心，进而促进家庭学校组织和关系网络的形成。

20世纪七八十年代，在全美范围内，“家庭学校”实践者行动起来，开始建立自己的支持性组织。早期，这些组织兼容并包，接纳所有参与者而无论其宗教信仰或教育理念等方面的差异。导致这种状况的原因可能是：（1）“家庭学校”处于发展初期，没有获得合法地位，实施者身处一种危险的环境：在家教育的行为受到邻居或家人的误解和怀疑，遭遇政府机构的迫害和不信任，他们面临很多的困惑和忧虑，不知道如何去捍卫权利等。这些人需要团结的力量以及相互扶持、共同鼓劲的氛围。（2）“家庭学校”的支持性组织数量较少，发展还不完善，需要大量家长和学者等为“家庭学校”的成长出谋划策。

这一时期的支持性组织是“家庭学校”生存的生命线。特别是对于承担“家庭学校”主要工作的母亲来说，组织的存在尤为重要。支持性组织热心倾听她们的难处，为她们每天繁重的教学活动提供建议，并为家庭提供应对教育官员和法律制度的策略。支持性组织是“家庭学校”不断成长的关键，让实践者保持在正确的轨道上，在他们忧虑、失去信心时给予鼓励，家长们从中获得支持和睿智的主意。

但是，随着“家庭学校”的发展，参与组织的人员成分愈加复杂，特别是有宗教信仰的人与无宗教信仰的人之间、不同宗教信仰的人之间能否相互接纳，成为影响组织协作水平的一个重要问题。同时，这些组织成员在教育理念等方面也存在差异。这些潜在的因素影响着家庭学校组织的成长路径和发展轨道。

上述状况的存在促使家庭学校组织逐渐发生分化。组织分化对于满足不同人群的需求具有积极意义，但如何将分化的各个具体组织进行整合，从而形成一个有实力、有效率的整体，是“家庭学校”领域面临的重要任务。以宗教教徒为主体的排斥性组织的崛起使得这一任务成为严峻考验。

二、排斥性组织的崛起

家庭学校组织之间的断层线开始逐渐显现。保守的新教教徒在20世纪七八十年代大量加入“家庭学校”队伍，逐渐占据数量的优势。莱恩斯指出，20世纪70年代的“家庭学校”群体中，基督徒家庭有1万—1.5万人；80年代中期，该数字达到12万—24万人；90年代，约85%—90%的“家庭学校”实践者为保守的基督徒。[1]家庭学校组织内部逐渐出现一些不满和抱怨，特别是宗教教徒[2]无法忍受世俗者的生活方式和教育理念，开始出现文化冲突，有些基督徒甚至认为不应该与非基督徒共存于一个组织中，必须剔除非基督徒。

20世纪80年代中期，家庭学校组织内部开始分化。各组织出现的反应有所不同：在某些组织内部，所有成员能够求同存异，维持共同合作；某些组织内部，成员之间的同质化较强，没有出现分裂；还有一些组织内部，占据数量优势的一方决定组织的氛围，拥有不同信仰的人感觉压抑，选择离开。在全国范围内，组织内部的痛苦分裂已经开始，一般分裂为两方：一方为保守的新教教徒；另一方为其他人

---

［1］ Lines, P. Estimating the home schooled population［R］. Washington, D.C.: Office of Education Research and Improvement, 1991.

［2］ 特别是某些宗派为了寻求精神完美而建立的宗教团体，其特点为排外，具有坚定的友谊。

（通常数量较少）。他们阅读不同的出版物，听从不同的建议，形成一个相对小而同质的群体。家庭学校组织的分化，影响着这一群体的政治生存环境。

表4-2　家庭学校组织的类型及各自特征与主张总结表

类型	特征与主张					
包容性家庭学校组织	民主	草根赋权	包容	精神自由；社会反叛者	依靠自身的力量和信念	“去学校教育”思想；教育形式和内容自由
排外性家庭学校组织	等级制	权威和控制	排斥非宗教人士	重视家庭，遵从秩序，注重服从意识	从上帝得到力量和信心	教育形式和内容严格；类似于学校秩序

宗教教徒建立的家庭学校组织拥有足够的权力，他们依据世界观、人生目标甚至忠诚度等标准挑选合适的会员。保守的新教教徒建立的家庭学校组织通常建立等级制度，有时需要成员签署一份信仰声明。这种要求令一些人感到不满，但这种声明确实能保证组织拥有一批忠诚和积极的会员。一个共同的信念可以激励会员为组织利益而牺牲个人利益。“家庭学校”是一种小众行为，容易遭遇外在的批判与质疑，需要人们团结一致为之付出努力。这种做法有助于选择一批真正致力于“家庭学校”事业的人，这也是基督教“家庭学校”群体不断发展壮大、占据主导地位重要因素之一。相反，试图包容所有观点的世俗化家庭学校组织，思想纷繁复杂，没有核心人物，通常存在人员不足、资金匮乏、管理混乱等问题，缺乏凝聚力。这些原因使得这类组织发展艰难。

有宗教信仰的“家庭学校”群体内部，人员构成非常复杂，他们的宗教观点和教育理念也存在差异。基督徒、摩门教徒、犹太教徒、天主教徒等的一些教义主张不同，对一些社会问题，如离婚、再婚、摇滚音乐等的认识也有所不同。更为重要的是，这些教派和占优势的保守新教教徒存在分歧。上述原因促使新教教徒之外的其他宗教人士也建立起自己的家庭学校组织。在所有的组织中，新教教徒由于自身实力、数量优势等特点，力量逐渐凸显，其影响力逐渐控制了整个“家庭学校”领域。

三、新教组织占据优势

到20世纪80年代，美国“家庭学校”的早期代表人物约翰·霍尔特、雷蒙德·莫尔与“家庭学校”的后起之秀开始出现步调不合拍的情况，在信仰、教育观念等方面产生代沟和矛盾，他们遭到排挤和打击。霍尔特没有宗教信仰，从未结婚，没有子女，也就谈不上“家庭学校”的实践经验，很多人就这一点批判其理论的说服力，而很多宗教教徒表示无法理解他没有建立家庭这一行为。莫尔属于基督复临教派，许多新教教徒视之为一个异教团体；同时，莫尔关于早期教育的观点与新教的传统认知格格不入，他强调健康、自然、儿童主导型学习，而新教教徒主张严格的教育秩序，子女要听从家长的权威和指导。

1985年，霍尔特因病去世。莫尔当时65岁，在“家庭学校”领域继续发挥作用。但一群更年轻、更富有进取心的“家庭学校”领导人异军突起，他们多为基督徒，以新教为主。这些“家庭学校”的第二代领导人起初利用莫尔的影响获得关注和成长，在他们能够独当一面之后，开始排斥莫尔。1988年，雷蒙德·莫尔夫妇出版《家庭学校的消亡》（*Home School Burnout*）指出，“家庭学校最大的敌人不是公立学校的管理者，也不是社会工作者，而是组织内部出现的合作危机。

急于让孩子学习学术课程，拥护激进的反政府行为，在带有美好愿望的家庭学校实践者之间滋生分离等。”[1]这是第一本莫尔没有赢得“家庭学校”圈内人士支持的书。他作为运动领袖的地位开始下降。这本书出版后，《家庭教学》组织的全国家庭学校大会没有邀请他。1994年，莫尔最终被新教教徒领导的家庭学校组织遗弃。2007年7月莫尔去世，但这件事没有引起家庭学校领域的重视。20世纪90年代初期，基督徒掌控了家庭学校领域，赋予它一种独特的色彩。这一阶段，一些“家庭学校”主要领导的出现影响了整个家庭学校领域的走向。他们主要是一些会议领导和律师。

（一）策划会议，宣传“家庭学校”

格雷格·哈里斯（Gregg Harris）早期是一个嬉皮士，之后受到宗教的影响，到俄亥俄州学习教育课程。1980年，他5岁的儿子进入基督教学校学习，因受到同伴欺侮，孩子对学校产生害怕心理，哈里斯决定在家教育儿子。他与教会学校领导协商，该校建立了一个拓展项目，在基督教学校的“掩护”下，他不必担心“家庭学校”的合法问题。

哈里斯与莫尔的关系较好。1983年，哈里斯到华盛顿为莫尔工作，但只工作3个月，双方关系恶化，合作结束。之后，哈里斯的演说生涯获得较好发展，很快形成一批追随者，投入到“家庭学校”领域。

哈里斯策划举行家庭学校大会，向“家庭学校”实践者或支持性组织发放广告，将宣传单张贴在超市公告栏、当地教堂等显眼的位

[1] Moore, R. Home School Burnout: What It Is, What Causes It, and How To Cure It [M]. Nashville: Wolgemuth and Hyatt, 1988.

置，在家庭学校大会上向与会人员提供相关材料。哈里斯的家庭学校工作坊策划建立州基督徒家庭教育协会，在大城市建立支持性组织。在他的倡导和行动下，35个州级基督教家庭学校协会成立，有些替代之前的包容型组织，有的将之前的组织力量吸纳进来。这些组织每年举办家庭学校工作坊。哈里斯的市场策略成功实施，为其赢得了支持者和不菲的收入。20世纪90年代初，他成为家庭学校领域的领导人物。

“家庭学校”的快速发展需要更多的演说家。许多专门为“家庭学校”服务的企业为了在各种大会上宣传他们的观点，出售产品和服务，招募了很多具备公开演讲能力的人。基督教研讨会的干将比尔·戈瑟德（Bill Gothard）成为其中突出的一员。20世纪60年代末，戈瑟德组织的研讨会在传统的美国人（通常认为社会处于一种无政府状态）中间流传开来。80年代早期，戈瑟德的听众数量达到峰值。1984年，戈瑟德建立高级培训所，开展“家庭学校”函授计划。

（二）提供法律辩护

约翰·韦恩·怀特赫德（John Wayne Whitehead）为“家庭学校”辩护，研究相关法律。他最初是一个左翼激进分子，之后受基督教影响成为一名牧师。1979年，他到东海岸参与法律实践，出资帮助一个“家庭学校”赢得官司，于是在“家庭学校”领域占据一席之地。1982年，在路斯德尼（Rousas J. Rushdoony）的迦克顿基金会（Chalcedon Foundation）和霍华德·阿曼森（Howard Ahmanson）的资助下，怀特赫德建立卢瑟福研究所（Rutherford Institute）。20世纪80年代，卢瑟福研究所免费处理了很多与“家庭学校”有关的案件。许多选择“家庭学校”的家长请求怀特赫德为他们申诉民事自由，因为民事自由团体，如美国民事自由协会等大都对“家庭学校”问题不感兴趣。于是，怀特赫德与其他基督徒接手该类案件，满足了这些家庭的需求。1984年，怀特赫德与他人合作出版《家庭教育与宪法自由》，1993年扩充内容后再次出版，更名为《家庭教育：权利与理由》。这本书系统、严谨地总结了“家庭学校”的相关法律，对“家庭学校”的合法化产生重要影响，为家庭学校法律保护协会的建立奠定了基础。

迈克尔·法里斯（Michael Farris）选择“家庭学校”，并建立了家庭学校法律保护协会。1976年，法里斯从法学院毕业，之后到华盛顿开始了律师生涯。法里斯形象良好，语言表达能力较强，被道德多数派运动（Moral Majority Movement）的杰瑞·佛维尔德（Jerry Falwelld）注意，并将其吸纳进来。1979年，法里斯成为该运动在华盛顿分支机构的行政负责人。1971年法里斯结婚，共育有十个孩子。妻子试图尝试“家庭学校”。1982年，法里斯遇到雷蒙德·莫尔，莫尔说服他选择“家庭学校”。在随后的一系列会议上，莫尔消除了法里斯的疑虑，于是，法里斯决定建立律师关系网络，保护“家庭学校”。1983年，家庭学校法律保护协会成立，但他们并不熟悉“家庭学校”的相关法律，急需助手。

克里斯·科里卡（Chris Klicka）整理美国各州义务教育法，为“家庭学校”辩护奠定基础。由于父母对公立学校的学术成绩不满意，科里卡从小在一个地方基督教学校接受教育，学校的每门课程都从《圣经》的角度来解释，因为该学校认为只有从上帝的角度才能正确地理解数学、科学、历史、政治和政府等。后来科里卡到格罗夫城市学院[1]（Grove City College）学习，接触到政府与“家庭学校”之间的

[1] 美国一所顶尖的私立基督教文理学院，坐落在宾夕法尼亚州。

管制斗争。在实践中，科里卡感受到基督教学校的束缚过多，试图挣脱，他认为必须利用宗教自由的信条来争取独立于基督教学校。怀特赫德是科里卡的老师。1983年，科里卡汇总了美国50个州的义务教育法并进行分析，深入了解教育法律制度，这为以后更好地为“家庭学校”辩护与服务打下了基础。科里卡成为家庭学校法律保护协会的行政负责人。

四、新教组织影响减弱

“家庭学校”在保守的新教教徒中的快速发展让20世纪70年代“家庭学校”的领导者感到吃惊、担忧和愤怒。其中有两件事情让他们忧虑：一是宗教信仰和政治界限使得家庭学校群体多年的合作走向破裂。宗教群体特别是新教教徒在实力发展壮大之后，不再邀请他们参加大会，后者感到遭受排挤。二是一批有宗教信仰的家庭学校专家如律师、课程出版商等的突出地位，改变了运动的民主面貌。包容性组织怀疑宗教右翼的政治抱负，认为他们是神权的极右分子，努力彰显自己的文化，以免被世俗主义者占领，让这样的人来领导“家庭学校”很危险。

起初，被新教徒排斥在外的“家庭学校”支持者对这一状况表现出无奈，怀念家庭学校群体友好相处的日子。因为支持性组织分裂，全国范围内的合作大量减少，家庭学校群体多年的积极活动在新教教徒占据主导地位的组织历史记录中抹去。但到了20世纪90年代，他们开始尝试进行还击。

一些包容性组织的领导试图建立一个组织来抵消或超越新教教徒的家庭学校组织的影响，但非常困难。一是因为新教教徒之外的大多数“家庭学校”实践者都极力保持自己的独立和自治；二是大多数摩门教徒、天主教徒和其他非新教教徒建立了自己的“家庭学校”关系网络，仅限于内部人员使用；三是很多“家庭学校”实践者分属不同的宗教信仰组织，无宗教信仰的“家庭学校”实践者所占比例较小。虽然存在诸多困难，但这些持包容观点的代表依然坚持努力。例如，1989年，德博拉·史蒂文森（Deborah Stevenson）建立了一个地方法律保障服务组织，2003年更名为“全国家庭教育法律保障协会”，目的是确保“家庭学校”是州的事务而非联邦事务，强化当地律师之间的联系，建立网络，熟悉当地“家庭学校”的法律条款，以便采取行动。会员每年定期缴纳20美元会费，到2007年，该协会大约有2 000名会员。

家庭学校法律保护协会的行动引发包容性组织的不满。1994年，初等和中等教育法案要求全职教师必须拥有任教课程的资格证书，该年2月，家庭学校法律保护协会认为这项议案可能影响到“家庭学校”，便带头反对这一议案，组织力量促使通过该项议案的修正案。包容性组织成员不满家庭学校法律保护协会的这一单方行动，认为它没有征求公众的意愿，却打着为所有“家庭学校”实践者辩护的幌子，采取偏执、过激的行为；同时认为这件事与“家庭学校”关系不大，家庭学校法律保护协会的主动行动可能使得“家庭学校”引火上身，受到联邦的关注，进而加强对“家庭学校”的管理等。于是，包容性组织形成了更大的动力去寻找替代家庭学校法律保护协会的组织。

但包容性组织缺乏权威的领导人，进取心不足，导致在与新教教徒建立的家庭学校组织的抗争中始终处于下风。如全国家庭学校实践者协会（National Homeschoolers Association）是一个包容性组织，拥有14家下属机构、200名会员。1994年召开第一次会议，雷蒙德·莫尔参加会议，他试图引导该组织去对抗家庭学校法律保护协会，但遭到拒绝，全国家庭学校实践者协会声称他们只为个人争取权利，而不是将权力集中在几个人手中。该协会最初发展势头较好，但很快成员离开，2000年解散。

新教教徒组织内部的不良发展给自身带来致命的伤害。谢丽尔·琳赛（Cheryl Lindsey）是一名福音派基督徒，1983年开始实施“家庭学校”，1989年出版杂志《温柔的心灵》，强调“家庭学校”是一种生活方式，提出一些关于乡村生活和养育孩子的实践性建议等，逐渐成为“家庭学校”的领导者。但1995年，她作为基督徒“家庭学校”领导的生涯就结束了，这源于她复杂的生存环境，她曾遭受两任丈夫的虐待，经历两次离婚。1994年她在俄亥俄州的一个基督教教育大会上公开宣布要推翻自己之前的言论，即反对信奉基督教的女性要顺从丈夫，照顾家庭。由此，一些基督教“家庭学校”的领导密谋逐出琳赛。以这一事件为导火索，自1998年开始，保守的新教教派或者基督教对“家庭学校”的影响逐渐减弱。

随着20世纪90年代中期“家庭学校”在美国50个州获得合法化地位，这一教育形式逐渐获得公众的认可和接受，“家庭学校”与教育官员等之间的冲突和对抗较少，逐渐走入平稳发展阶段。

此外，网络技术对家庭学校组织发展也产生一定的影响。网络的去中心化使得排斥异己或控制“家庭学校”领域的想法难以实现。“家庭学校”相关信息的激增和民主化使得许多“家庭学校”的基督徒领导人很是担忧和不适应：“家庭学校”将走向何方？他们担心“家庭学校”将失去停泊之处。此外，基督徒建立的家庭学校组织更多地将“家庭学校”作为一个挣钱的工具，他们还想通过这一另类的教育行为获得公众的关注，凸显政治地位。这些强加于教育之上的经济、政治利益使得他们不再集中精力维护“家庭学校”的利益，考虑“家庭学校”的长远发展，因此他们的优势很难在家庭学校领域维持下去。

第三节

伊利诺伊州的家庭学校组织

美国每个州都有家庭学校组织，特别是具有教派性质的家庭学校组织更是遍及每个州。但每个州内部，世俗化的和教派性质的家庭学校组织之间的关系存在差异。在一些州，两类组织之间可以进行友好的合作和交流；但在有些州，两类组织之间较少沟通。这里以伊利诺伊州的家庭学校组织[1]为例，展现两类组织之间的关系以及它们在“家庭学校”发展中的作用。

在伊利诺伊州，世俗化的家庭学校组织首先得到发展，但“家庭学校”实践者之间不同的生活理念逐渐对组织产生一些影响，到20世纪80年代中期，该州形成了两种不同的支持性关系网，即主要针对基督徒的家庭学校组织和包容性的家庭学校组织，它们依据不同的运作

[1] 这一部分关于伊利诺伊州“家庭学校”组织的案例来自：Stevens, M. Kingdom of Children: Culture and Controversy in the Homeschooling Movement [M]. New Jersey: Princeton University Press, 2001: 12-19.

规则。尽管组织之间存在差异，如宗教信仰不同，拥有各自认可的专家等，但两个阵营之间可以自由流动。

一、世俗人士建立的家庭学校组织

该州世俗化的“家庭学校”主要受到另类学校运动和霍尔特思想的影响。随着选择“家庭学校”的家庭之间的交流日益增多，伊利诺伊州逐渐形成一个支持性组织，建立了“以去学校教育经验为主导的家庭”（Home Oriented Unschooling Experience，简称HOUSE）关系网。这一组织主张平等、共识，成员多样。20世纪80年代中期，该组织非常活跃，它资助霍尔特在芝加哥演讲，成立城市和州级以下地区的“家庭学校”实践者关系网。运行规则保持开放性，不管宗教信仰和教育理念如何不同，任何人都可以参加该组织。1985年，该组织资助一个课程展览会，该展览会成为伊利诺伊州家庭学校组织发展历程中的一个转折点。

之后，组织内部成员之间出现一些不和谐，新教教徒在尊重儿童个性、发挥儿童潜力和维护宗教信仰之间寻找平衡。基督徒泰莉莎（Theresa）试图在“以去学校教育经验为主导的家庭”关系网的庇护下建立一个分支机构，专门为基督徒服务。但该关系网坚持自己的非教派特征，包容所有“家庭学校”实践者。于是，一些宗教信仰者离开组织，建立自己的关系网。“以去学校教育经验为主导的家庭”关系网没有正式任命的领导人，直到1992年才有正式的书面规章制度。

二、宗教教徒建立的家庭学校组织

“关注家庭”（Focus on Family）广播节目对基督教家庭影响较大，很多家长是通过收听这一节目才了解到还存在另一种教育选择，即“家庭学校”。这些家长被这一教育理念吸引，在实施“家庭学校”之前着手做以下准备：了解并记录家庭教育的支持性组织；阅读雷蒙德·莫尔夫妇的专著《家庭助力孩子成长》（*Home Grown Kids*）；与有“家庭学校”经验的家长进行交流，加深对这一教育形式的了解；加入支持性组织以获取“家庭学校”的资源和信息。

在20世纪五六十年代，伊利诺伊州还没有建立家庭学校组织，此时家长更多依靠家庭之间的非正式关系网络进行交流。早期召开的家庭学校会议促使基督徒之间的关系网得以建立。该网络几乎囊括了该州所有选择“家庭学校”的基督教家庭。为实现合法化，家长之间保持集体合作的状态，翻阅该州的相关法律条文以及家庭学校文献，并将这些资料给任何对该问题感兴趣的人。伊利诺伊州对“家庭学校”非常友好，1950年，该州最高法院判决将“家庭学校”定义为私立学校，依据该州的教育法律，“家庭学校”只要满足课程与学校一致，用英语对7—16岁儿童授课等条件即可。

伊利诺伊州基督教家庭教育（Illinois Christian Home Education，简称ICHE）是基督徒的家庭学校组织。它经常举办会议，为家庭提供服务。1984年，该组织资助筹备第一次州级家庭学校会议，雷蒙德·莫尔是主要发言人，他与该组织的志愿者开展合作，配合地方行动，为志愿者提供全州“家庭学校”实践者名单，并分享大会的收益。伊利诺伊州基督教家庭教育组织的会议引发资助者迅速增长。到20世纪80年代末，该组织每年召开会议，注册人员迅速增加。后来，伊利诺伊州基督教家庭教育者组织采用准公司结构，获得免税资格，内部任命董事委员会，委员会负责组织年会，它实际上已经成为全州家庭学校支持性组织的核心。它将地方团体联合起来，所有成员都要遵守信仰宣言，忠诚于传统新教。但同时，每个地方团体有高度的自由，可以决定内部运作。

三、组织合作维护“家庭学校”利益

在伊利诺伊州，家庭学校组织之间能够保证基本的合作和交流。不同类型的“家庭学校”实践者可以参加同一个支持性团体、会议和课程展览会，不同宗教信仰的“家庭学校”实践者之间建立友谊和联系。1984年，两个阵营的领导进行合作，在斯普林菲尔德的州议会大厦建立伊利诺伊州家庭教育法律和立法问题专门委员会（Ad Hoc, Committee for Illinois Home Education Legal and Legislative Matters），捍卫“家庭学校”的自由。专门委员会早期的人员主要来自“以去学校教育经验为主导的家庭”关系网、伊利诺伊州基督教家庭教育组织和考拉里学校（Clonlara School，密歇根州的一个非教派函授课程学校），还有来自基督教自由学院（Christian Freedom Academy）的一些代表（这是芝加哥郊区的一个私立学校，有很多函授课程）。

尽管伊利诺伊州“家庭学校”所处的法律环境较为宽松，但仍然遭受外界的质疑。尤其在“家庭学校”发展早期，法律制定者、学校领导和儿童福利工作者等对家长能否给孩子提供适宜的教育，在家学习的孩子如何实现社会化等问题较为敏感。专门委员会的使命是保护“家庭学校”的自由，反驳外在的批判，维护“家庭学校”的良好形象。1987年，专门委员会进行游说，反对该州要求“家庭学校”的学生必须到相关教育部门注册的法律。专门委员会采用共识决策制度，坚持共识原则。专门委员会在20世纪80年代发展兴盛，90年代初减弱。

20世纪90年代以后，随着“家庭学校”生存环境的日益改善，它获得了更多的发展资源，该州的“家庭学校”数量不断增加。从整体来看，家庭学校组织在“家庭学校”成长中的作用依然不可忽视：组织会议，举办活动，为家长提供教学指导与教育资源；为家长提供精神动力，创建交流平台；宣传“家庭学校”的良好形象，为该群体进行辩护；形成一定的凝聚力，维护家长的教育权益等。

总体来看，美国的“家庭学校”拥有较为完备的组织机构。这些组织在“家庭学校”的发展中发挥重要的支持作用。“家庭学校”的支持性组织（如协会）依靠报纸、杂志、简讯、网站、通讯录等方式在支持者和实践者之间构建关系网络，策划专业活动，为家长提供资讯和资源，为“家庭学校”的顺利、健康成长提供支持等。家长依靠家庭学校组织熟悉和了解该领域的标准和规则，包括理解自己的“家庭学校”教育行为，学会如何与“家庭学校”内部人士相处，解释不同思想之间的斗争，保证自己在“家庭学校”领域内畅行。

家庭学校组织经历了曲折的发展历程，起初建立包容性组织，后来排斥性组织占据优势地位，包容性组织的影响力逐渐减弱，再后来排斥性组织的发展也受到挑战。两种不同类型的组织各有千秋，包容性组织具有较大的容纳力量，但较为松散、自由，运行效率较低；排斥性组织形成严密的等级体系，内部建立正式制度，但它对参与者有要求或限制。两种组织工作方式的互补可能更有助于推动“家庭学校”的发展。

第五章

美国“家庭学校”的合法化历程

教育制度是实现教育理念的中介。“家庭学校教育”作为一种满足儿童个性发展，帮助家长指导子女成长的教育理念，对很多家长具有较大的吸引力。但理念要真正转化为行动，还需要相关制度的建立。“家庭学校教育”因与义务教育制度冲突，悖逆社会主流，其成长与发展遭遇很大的制度阻力。本章主要分析已有法律制度对美国“家庭学校”的影响和制约，以及“家庭学校”如何突破制度障碍，或建立新的法律制度，或从已有法律中寻找有利于自身的依据，获得合法地位。

迈耶指出，组织面临两种不同的环境，即技术环境和制度环境，其中制度环境是关键，它是基于组织的合法性而言，主要指组织所处的法制环境、文化期待、社会规范、观念制度等被人们广为接受的社会事实。[1]在迈耶的理论框架中，“合法性”是一个核心概念，合法性一方面是指各种法律制度对组织的约束作用，另一方面则指文化制度、观念制度和社会期待等因素对组织的影响。本章尝试运用制度理论来分析“家庭学校”争取自身合法性的过程，阐释“家庭学校”的家长和支持者们在不断权衡中，在或与社会期望保持一致，或突破已有制度的历程中求得生存和成功。

制度理论[2]认为，外部环境给组织施加了以恰当而正确的方式做事的压力，为增强组织的合法性，确保其生存的前景，组织从取悦于外部者的角度建立了内部的结构，结果导致许多组织的正式结构更多地反映了环境的期望和价值观，呈现出规范化的特征。所谓制度环境，是由各类利益相关者的规范和价值观构成的，组织必须与

[1] 于显洋.组织社会学（第二版）[M].北京：中国人民大学出版社，2009：62.

[2] [美] 理查德·L.达夫特.组织理论与设计（第11版）[M].王凤彬，张秀萍，石云鸣，刘松博，等译.刘松博，王凤彬，审校.北京：清华大学出版社，2014：209.

其利益相关者的认知与情感方面的期望相匹配。这种外界的需要和期望来自由政府、社会团体等设定的文化规范和标准，组织为了获取外界的准允、合法性和持续支持而设计自己的结构。在“家庭学校”获得合法化的过程中，充满了家长和州政府之间的斗争和协商，除了遵守和执行已有教育法律制度之外，也有对已有法律制度的突破和修缮，即改变已有规则体系，创立新的教育制度，允许并尊重个体的教育选择。

第一节

“家庭学校”存在的依据及合法化路径

在家教育子女是父母教育选择权的一种体现，美国保护这一权利，并进行一定的规范和管理，以此维护儿童和国家的利益。“家庭学校”存在一定的社会需求和发展空间，家长和支持者努力从宪法和各州现有教育法律中寻找“家庭学校”的合法化地位。

一、“家庭学校”存在的依据

教育选择是家长的自由和权利，国家应当尊重并予以保障、落实。但自由是有限度的，权利与责任是相辅相成的，因此这一权利需要接受国家的约束和管制，以此保障教育质量。

（一）家长拥有教育选择的自由和权利

现代社会高度重视自由、包容和平等。尽管它们的价值因时间、地点与环境的不同而有所差异，但自由是基础。自由意味着人们免受压迫，实践自己的能力。实现自由的最好方式是让人们依据自己的信念追求利益，只要不影响或限制他人的自由。阿马蒂亚·库马尔·森（Amartya Kumar Sen）指出，"自由在发展中首先具有建构性作用，自由是人们的价值标准与发展目标中自身固有的组成部分，它本身就是价值。……同时，自由也具有手段性作用"。[1]

自由总是要落实为具体的权利，通过在自我与他人的关系中界定自由的空间，即明确哪种行为是被允许或被禁止的，只有这样，自由才能真正得以实现。家长选择放弃正规学校教育而选择"家庭学校"，是家长为子女选择教育方式的一种基本权利，这一权利得到国际社会及多个国家和地区的支持和倡导。1948年，联合国《世界人权宣言》提出，"父母对其子女所应接受的教育种类，有优先选择的权利"。联合国大会关于儿童权利的规定中，第29款第一条指出：教育应该发展儿童的个性、才能，充分发挥其智力和体能；尊重人权和基本自由；尊重父母在文化、语言和价值观等方面的差异；促进不同种族、民族、国家之间的包容、理解等。

政府只应该保障教育经费而不应该强制家庭必须接受由政府提供的公立教育的观念由来已久。这种观念可以追溯到约翰·洛克（John Locke）、亚当·斯密（Adam Smith）、托马斯·潘恩（Thomas Paine）

[1] 阿马蒂亚·森.以自由看待发展［M］.任赜，于真，译.北京：中国人民大学出版社，2002：30-33.

和约翰·斯图亚特·密尔（John S. Mill）等。约翰·洛克在《教育漫话》中极力主张家庭应该对教育儿童负主要责任，他在《政府论》（下篇）中指出，父母有义务教育其子女直至其能够充分并适当地行使其权利。亚当·斯密在《国富论》中建议家长为子女选择学校，政府为家长的选择提供学费。在现代社会，儿童的教育由父母及其监护人与正规的教育体制共同负责。[1] 人们提出很多理由支持父母在子女教育问题上具有合法的决策地位，如父母与孩子之间的血缘关系、亲情纽带使得父母成为最能够保证其子女利益最大化的人；为构建和谐家庭生活，允许父母引导其子女形成他们认同的信仰和特定的生活行为方式等。

（二）家长的教育自由需要接受国家的监督

在美国，由政府提供的公立学校教育直到19世纪中期才出现。到19世纪末，美国大多数州制定《义务教育法》，法律重新界定了政府和家长在儿童教育问题上的权利和责任。国家要求适龄儿童的父母必须将其子女送入教育体制内的学校（公立学校或私立学校），违反义务教育法的父母会受到法律的制裁。国家免费为公民提供基本的教育供给，在促进适龄儿童身心健康发展的同时，更是为培养合格的公民。教育不再仅仅是个人与家庭的私益，更与国家利益相联系。在现代社会，保障每一位儿童受到良好的教育是每个国家的重要任务。《义务教育法》是保障儿童接受适当教育的主要法律，它对捍卫儿童教育权利、培养合格人才、维护国家利益起到重要作用。但它提出的强制入学影响了家长指导儿童成长的权利，限制了家长追求自由选择的权利。

[1]［澳］达格拉斯·霍奇森.受教育人权［M］.申素平，译.北京：教育科学出版社，2012：148.

20世纪60年代，公众对学校失去信心。一些家长认为幼儿在家中可以获得更适宜的教育。“替代性教育”“家庭学校”“自由学校”等教育形式得以出现和发展，《义务教育法》受到挑战。尽管经过“家庭学校”实践者与支持者的努力与推动，“家庭学校”逐步获得了合法地位，但是“家庭学校”的实施需要有一定的理由，且受到不同程度的监管，因为它带领儿童脱离了正规的学校教育，而以家长为主要施教者，整个教育过程和效果会更多（或唯一）受到家长的价值观、教育能力等多种因素的影响。为保障儿童正当的受教育权益，国家培养合格的公民，国家需要对“家庭学校”进行一定程度的管制和规范。

“家庭学校”充分体现了父母在子女教育上的优先权，同时也显现出父母的教育自由、儿童利益和国家监管之间的冲突。父母质疑传统学校的教学、安全等方面的弊端，但同时家庭是一个私人领域，“家庭学校”很难得到有效的监管，国家无法保证儿童能够受到适宜的教育和健康成长。所以，父母教育选择权在实施过程中需要接受国家的管制，以此来规范父母的个人自由，促进民主和公正。

现代社会的“家庭学校”已然成为一个与义务教育不可分割的概念，它只是义务教育的一种豁免情形。豁免，即“家庭学校”中的适龄儿童本应接受义务教育，但因某些合法的原因，这一义务可以被免除。而在何种情况下，在多大程度上，在多大范围内可以免除履行这一义务，皆由法律来规定。《义务教育法》为国家监管“家庭学校”提供法律基础。

二、“家庭学校”合法化路径的探索

尽管“家庭学校”合情合理，有其存在的依据，但因其与《义务教育法》冲突，这一教育形式在发展初期受到社会的质疑和批判，许多家长为了它的合法地位，踏上了一条艰辛的斗争之路。

20世纪六七十年代，许多持“去学校教育”观点的家长努力保持一种低姿态，尽量不惹人注意，一些家庭甚至不到相关教育部门注册。家长用谦卑、认真、积极配合的态度来打动当地学区官员。他们主动提供家庭教育计划，保证教育时间，这使得很多家长成功地与当地学区或公立学校建立了良好的关系，免去了很多不必要的麻烦和危险。80%—90%的父母让孩子在家学习到8—10岁甚至更晚，当地公立学校负责人和教师都表示可以理解。

但到了20世纪80年代，大量的保守基督徒加入“家庭学校”运动。他们认为公立学校是“邪恶的温床”，经常与公立学校针锋相对，与当地教育官员的关系较为紧张，导致学校官员普遍要求加强对“家庭学校”的管制。这种僵化的局面影响到整个家庭学校领域，一些守规矩、默默实施“家庭学校”的世俗家庭也被牵连到。

早期，“家庭学校”面临三大挑战：法律障碍、公众质疑和公立学校的抵制。其中，无法获得合法地位成为制约“家庭学校”成长与发展的关键。在20世纪80年代，“家庭学校”只在3—5个州是合法的，大多数州要么禁止“家庭学校”，要么对这个问题保持沉默。在每个将“家庭学校”认定为违法的州，选择这一教育方式的家庭都可能面临被监禁或被剥夺养育子女权利的危险。在这种背景下，一些家长和组织联合起来，开始了艰难的争取“家庭学校”合法化的斗争。

虽然美国宪法修正案第一条和第十四条规定，父母教育子女是一项基本权利，但“家庭学校”不会自动获得合法地位。20世纪80年代，“家庭学校”群体中，福音派教徒的激增带来了许多法律学者、记者和教育研究人员，他们对这一新鲜、富有争议的问题颇感兴趣。

很多律师认同“家庭学校”的价值，他们仔细研读各州的义务教育法，努力弄清各州教育法律和相关的诉讼案件，为“家庭学校”寻找合法化路径。

学者们主要从两个方向探寻“家庭学校”合法化的路径：一是宪法。在家对子女实施教育是不是由宪法保障的一项权利？诸多学者从第一条和第十四条修正案去寻找依据。二是各州法律。学者们试图寻找现有法律中的漏洞，为“家庭学校”披上“合法外衣”。

（一）从宪法入手，争取教育自由

一些家长或学者试图绕过各州的法律条文和错综复杂的案例，直接从宪法入手，获得最高法庭的裁决，来证明宪法为“家庭学校”提供了明确的保障。于是，一些律师多次在高级法庭上制造关于宪法的争论。家庭学校法律保护协会中的律师在这方面尤为坚定，他们宣称，“家庭学校”不是州授予的权利，而是更高一级法律即美国宪法的第一条和第十四条修正案授予的。

第十四条修正案明确承认、尊重家长权利，最高法院也认可家长的监护权、照顾并养育孩子的权利等。但同时，最高法院也支持各州强迫入学的规定，要求私立学校提供最低的教学时间，雇佣合格而受到严格训练的教师，规定教学的科目等。而且，最高法院也从未明确指出在儿童教育方面，一个州可以管理什么，不可以干涉什么。从第十四条修正案的角度来为家长争取教育子女权利的案例较少，影响也有限。

更多的案例是从第一条修正案的角度来争取教育自由。美国宪法第一条修正案包含两个条款，即确立宗教条款和信教自由条款，指出“国会不会出台支持建立信仰或禁止自由行使宗教的法律”。较为著名的案例是1972年的威斯康星诉尤德案，最高法庭支持阿米什派（Amish）家庭在孩子八年级之后停止接受正规教育，但法庭对义务教育的基本原则也作出坚定的确认，谨慎地对尤德案中的判决作出限制，并声称：可能很少有其他的宗教群体有资格获得类似的豁免。

根据大多数法院的看法，通过“家庭学校”在家对子女实施教育并不是宪法权利；只有在少数案件中，父母成功地使法院相信，在特定的环境下，这一教育形式是一项合宪的权利。[1]

（二）从各州相关法律中寻找依据

20世纪70年代末，约翰·霍尔特在积极倡导家长选择“家庭学校”的同时，也在努力寻找促使“家庭学校”合法的有效策略。他到当地图书馆收集相关资料，阅读早期学校法律，试图为“家庭学校”的合法化提出一些建设性的思路。他认识到美国教育管理权不在联邦，而在各州或学区，因此更加关注地区，力图对各州义务教育法进行解释，为“家庭学校”寻找生存空间。

截止到1918年，美国50个州普遍实行义务教育法，目的是让孩子（特别是移民的孩子）学习英语和美国价值观。在20世纪中期之前，人们对义务教育法的质疑和挑战很少，接受学校教育成为一个毋庸置疑的规范。但到20世纪70年代末，情况发生了一些变化，实施“家庭学校”者逐渐增多，并且形成了一股力量，促使人们注意到义务教育法已经无法适应时代的需求。

美国是一个移民国家，不同的移民带来不同的教育传统，因此，

---

[1] ［美］米基·英伯，泰尔·范·吉尔.美国教育法（第3版）［M］.李晓燕，申素平，陈蔚，译.申素平，王俊，校.北京：教育科学出版社，2011：51，37.

各州的教育发展水平、法律等方面存在很大差异。这也决定了美国各州对待“家庭学校”的方式不同。在“家庭学校”运动初期，14个州没有提及“家庭学校”，但允许适龄儿童到私立学校学习；15个州提及家庭教学；21个州提到家庭可以进行“同等教学”（equivalent teaching）或聘请家庭教师开展教学。[1]一些州授权当地学校委员会来管理“家庭学校”；一些州建立严格的法规，如要求不管在什么场所，儿童的施教者都应该拥有州授予的教师资格证。综上可见，在美国的大多数州，“家庭学校”有着社会需求和成长的空间。

于是，“家庭学校”的实践者和支持者依据各州已有的教育法律，展开了维护“家庭学校”合法地位的行动，形成了不同的策略。

1. 第一种策略：将“家庭学校”视作私立学校

一些州将父母在家庭内对子女开展学校教育（homeschooling）的形式和活动视作一所“家庭学校”（home school），按照《私立学校法》的要求来对待“家庭学校”。但这一教育方式遭到社会质疑，因为1978年之前的大部分案例指出，“家庭学校”无法有效地实现儿童的社会化，是一种不合格的私立学校，这些案例无疑将“家庭学校”置于一种不利处境。

到20世纪80年代，一些州的教育法规又提出将“家庭学校”认定为私立学校，并对它们进行相关的学术标准评估。此时，“家庭学校”依然面临诸多挑战，如一些州要求严格，提出在家施教者必须具备教师资格证书，而且这些家庭要达到和公立学校一样的要求和标准。但也有一些州的要求相对宽松，指出考核的重点是教学质量，对家庭的学习环境和设备等硬性条件不做过多要求。

[1] Gaither, M. Homeschooling: An American History [M]. New York: Palgrave Macmillan, 2008: 179-180.

家长们试图通过将“家庭学校”视作一种私立教育，按照私立学校法来为之谋得合法地位。这一做法能否成功，更多地依赖于教育局或学区教育官员是否对“家庭学校”心存善意。在20世纪80年代中期，很多地方官员、教师、督学对“家庭学校”持反对态度，他们认为松懈的教育无法培养出优秀的学生，“家庭学校”也不利于儿童社会化，而公立学校的纪律和控制更为实用。因此，这一时期社会对“家庭学校”的态度大多是敌视的。

2. 第二种策略：将“家庭学校”当作家庭教育

在一些有明确的（或隐含在其他法律中）家庭教育法的州，“家庭学校”获得较为完善的管理。大多数州都有正规的许可程序，当地学校委员会或督学拥有决定权。大部分州的家庭教育法规定：在征得当地学校委员会的同意之后，父母可以在家教育子女；但家庭必须达到相关要求，如保证学习时间，一天学习多少小时，一年学习多少天；规定学习哪些内容，包含哪些基本课程。各州之间甚至各州内部学区之间的要求存在较大差异。

一些州对家庭教学的规定较为模糊，使得政策执行力较差。如在一些州，某些法律条文暗含着支持家庭教学的意思，指出“家庭需要提供与公立学校或私立学校同等的教学即可”。“同等”的含义模糊，是包括社会交往和学术领域，还是仅仅限于学术领域？如果将“同等”限定在学术领域，各州依然存在如何界定课程、施教者是否需要教师资格文凭等问题。在规定不明确的情况下，一些家长采取模糊策略。在20世纪七八十年代，“家庭学校”的法律斗争大都遭遇惨败。有些家长认为他们开展的“家庭学校”效果很好，无须遵守所在州的法律，但法庭即使承认父母的教育工作做得很好，也不认可“家庭学校”是合法的。

第二节

“家庭学校”的合法化过程及原因分析

20世纪七八十年代，“家庭学校”的家长和支持者们在经历了诸多失败之后，开始重新思考斗争策略。正如维特根斯坦（Ludwig Josef Johann Wittgenstein）的“游戏理论”所说，游戏中的规则永远不足于控制游戏中的所有行为，因为玩家总有机会利用现成规则去改变这些规则，甚至能够找出理由去发明新的规则，从而把自己不合规矩的行为变成合乎规矩的，使得博弈的制度条件变得对自己比较有利。[1] 同样，“家庭学校”的支持者在从宪法和各州教育法律中寻找依据遭遇失败后，试图修改已有法律或制定新的“家庭学校”法律。他们又踏上了新的斗争征程。

这其中，家庭学校法律保护协会作用突出。作为一个法律服务机构，它主要负责处理家庭与法庭、学校官员、社会福利机构之间的矛盾和纠纷。到20世纪90年代中期，家庭学校法律保护协会赢得了无数的司法和法律诉讼的胜利，为“家庭学校”争取到了一个相对有利的法律环境。

一、修改或制定法律

经历的无数失败促使家长和学者们更加准确地去解读和理解相关

[1] 赵汀阳.被自由误导的自由［J].世界哲学，2008（6）：89-97.

教育法规。同时，许多“家庭学校”实践者和学者开始调整思路，他们认为既然不能得到现有法律的许可，那么就去修改法律。在1981—1991年间，37个州制定“家庭学校”法或更新义务教育法中的“家庭教学”用语。[1]法律的重新制定或修订，有时是迫于组织良好、敢于直言的“家庭学校”支持者的压力，有时是对法庭判决的回应，对“家庭学校”进行清晰的界定。

（一）斗争考验实力

每个州有不同的地区特点、文化与教育传统，因此各州“家庭学校”相关法律的制定过程表现出多样性。“家庭学校”法律和政策的出台显示出不同群体在家长教育权和国家教育权问题上的不同立场，体现出各种利益群体之间的博弈，这是“家庭学校”支持者（家长、学者等）与教育官员（包括教师）等之间的一种实力较量。天平大都偏向了家庭这一边。以下以佐治亚州为例。

为有效地处理后续诉讼案件，一些州着手制定明确的家庭教学法令。20世纪70年代末80年代初的两个诉讼案件促使佐治亚州意识到制定相关法律条文的必要。1979年，佐治亚州的单亲母亲布兰肯西普（Blankenship）使用“加速基督教教育课程”（Accelerated Christian Education Curriculum）在家教育两个儿子。在开展“家庭学校教育”3个月后，她受到警察、缓刑监督官和当地公立学校校长的警告，学校命令她立即将孩子送回学校，否则将面临监禁、失去监护权和100美元罚款的惩罚。一位律师为她提供法律服务，起诉佐治亚州，雷蒙德·莫尔为她辩护，提出依据佐治亚州的教育法律，布兰肯西普

[1] Gaither, M. Homeschooling: An American History [M]. New York: Palgrave Macmillan, 2008: 184.

的“家庭学校”是一所合格的私立学校。但由于各方无法达成一致意见，审判终止。

同样在佐治亚州，1983年，因为不满就读学校的教学水平，加之宗教信仰的缘故，特里夫妇让三个孩子从公立学校退学，创办“家庭学校”。9天后，学校官员控告他们无学士学位，没有资格和能力教育子女。夫妇进行上诉。州委员会担忧佐治亚州选择“家庭学校”的家庭日益增多，提出将“家庭学校”作为一种合法的私立学校。于是，委员会给私立学校确定了新概念：至少有15个学生，一年学习180天，至少有一名教师，有一个固定的、以开展教育为目的的场所。1983年2月，这一建议计划在佐治亚州立法机关进行表决，但没有成功。因为在1983年1月，这一建议已经在社会上流传开来，几个“家庭学校”团体组织游说，反对这一建议。70人组成的“争取佐治亚人民的教育自由”组织、“父母教育者全国委员会”共同反对委员会的新定义，佐治亚州的私立学校也表示反对，因为许多私立学校担心新的管理制度对自己不利，特别是其中教师必须来自官方认定的学院的规定，而他们雇佣的教师许多来自未被官方认可的圣经学校。这些群体的努力破坏了委员会的建议。为支持特里夫妇，吸引佐治亚州“家庭学校”群体的注意力，1983年10月，雷蒙德·莫尔和施拉夫利（Schlafly）在亚特兰大主持两天的会议，吸引1 500人参会，其中包括该州有重要影响力的政府部门和媒体人员。当月，佐治亚州最高法院达成4 ∶ 3决议，推翻了对特里夫妇的定罪，宣布该州义务教育法违宪，法律的模糊性侵犯了被告人应有的权利。于是，立法部门决定修改或制定新的教育法。1984年1月，州参议员建议制定一个新的义务教育法，将“家庭学校”明确地排除在私立学校之外。在法律起草和制定过程中，“家庭学校”实践者不断向市长和主要立法人员施加压力，相继出现8个“家庭学校”草案，对这一教育形式的约束越来越宽松。在经过讨论之后，最终形成一个议案送达参议院。该议案规定“家庭学校”实践者需要递交一份意愿书，孩子至少每天学习4.5个小时，一年180天，每3年要向委员会递交一次标准化测试成绩、每月的出勤记录以及基本课程。最后，这一议案要求，如果家长违反上述规定，将被罚款100美元。在参议院，还有一个修正案补充要求家庭施教者要有高中文凭或普通教育文凭（General Education Diploma）。1984年4月，经市长签署，议案生效。

至此，佐治亚州成功通过设立新法赋予“家庭学校”以合法地位。这一过程体现出家长的坚持和努力以及家庭学校组织在调动社会资源等方面的重要作用，展现了“家庭学校”群体的社会影响力和整体实力。

（二）成败影响关系

“家庭学校”合法化的斗争对家长与教育部门的关系产生一定的影响。在某些州或地区，这场斗争使得家长和教育部门之间的关系恶化；而在有些州，斗争使得教育部门愈加关注家庭的教育需求。

在田纳西州，家庭有聘请家庭教师教育子女的传统。在20世纪早期，虽然该州通过了义务教育法，但至少70%的孩子依然在家由父母或家庭教师进行教育。1915年，义务教育法要求孩子必须到公立或私立学校上学。1981年，田纳西州教育部门草拟了一个新政策，指出：“家庭学校教育”与私立教育不同，因此它不是一种合法的教育替代形式。该州大约150个家庭被指控，80个受到审判。一些“家庭学校”的家长在律师带领下，对1 050个学区提起集体诉讼。田纳西州教育协会和州教育委员会试图通过制定新的私立学校法规来解决这一问题。1986年4月，6 000多名公民反对政府干预私立教育，田纳西州教育委员会的法规被州立法机关驳回。1987年1月，在里柏诉阿灵顿一案中，“家庭学校”被明确为私立学校的一种。田纳西教育局（Texas Education Agency）两次上诉，但最终维持原判，自此，“家庭学校”接受宽松的私立学校法规的约束。这一诉讼产生了深远影响：在长期的斗争中，田纳西州教育局遭受重大打击，付出高昂的费用；斗争在公立学校领导和“家庭学校”实践者之间留下严重的创伤，两者之间互不信任。督学和校长认为家庭提供的“家庭学校教育”不合格，“家庭学校”实践者除了使用图书馆之外，不与公立学校进行任何形式的合作。

上述实例说明，在教育实践过程中，家长坚持教育的自由和选择权，教育部门坚守自己的教育管理权，两者之间处于一种冲突、敌对的状态。虽然家长取得了胜利，但与教育管理部门之间的僵化关系不利于“家庭学校”的长远发展。

二、家庭学校组织发挥重要功用

在“家庭学校”获得合法化的过程中，家庭学校组织将家长们团结起来，一致对外，发挥了重要作用。但家庭学校组织中就合法化过程中的某些具体问题存在分歧，影响了组织中的关系。

（一）家庭学校组织功用凸显

各州积极建立或利用已有的家庭学校组织，开展维护“家庭学校”合法化的斗争。1982—1988年，28个州通过了新的“家庭学校”法律。为反对学区的专制态度和行为，1983年，在重建主义者牧师丹尼斯（Dennis）的带领下，俄勒冈州建立“父母教育协会政治行动委员会”（Parents Education Association Political Action Committee）。1985年，“家庭学校”自由法案通过，指出只要学区得到通知，孩子在三、五、八、十年级经由合格的中间人测试，“家庭学校”即为合法。在这一法律面前，俄勒冈州公立学校行政管理人员失去了对“家庭学校”的管理权，1987年，学区教育官员试图废除该法案。父母教育协会政治行动委员会利用与俄勒冈基督徒家庭教育协会网络（Oregon Christian Home Education Association Network）的密切联系，采取积极行动，抵制废除法案的行为。

马里兰州的教育法律要求学生必须到校，但如果“孩子能够得到与公立学校同年级学生同等的、常规而全面的教育”，也可在家学习。截止到1980年，很多父母在家为孩子提供教育。1984年，米勒（Miller）使用“凯尔特课程”在家教育孩子1年后，被当地学校委员会指控为逃学，马里兰家庭教育协会（Maryland Home Education Association）为他提供律师支持。由于该孩子的学习成绩高于同年级学生水平，得到了全面而常规的教育，其“家庭学校”获得法庭的许可。之后，教育委员会和当地学区敌视“家庭学校”实践者对“家庭学校”制定了更为严格的规定。马里兰家庭教育协会和几位学者获得向国会代表介绍教育法律的机会，希望取消对“家庭学校”的限制。于是，教育委员会与“家庭学校”实践者合作起草了一份新法规，提出家长每年须向当地学校督学递交申请书，一年审查3次相关材料。马里兰州的“家庭学校”实践者也可以在州法律许可的范围内注册函授项目。

在宾夕法尼亚州，一些“家庭学校”的家长联合起来建立了哈里斯堡地区家庭学校教育者协会（Harrisburg Area Homeschoolers Association）。在该州，只要得到学区督学的认可，有一个称职的家庭教师，“家庭学校”即为合法。有些督学对“家庭学校”的态度较为友好，有些则充满敌意。在该州的东部，“家庭学校”实践者与当地学区之间的冲突较为紧张，“家庭学校”支持性团体展开协作，起草议案，坚持政府无权干预“家庭学校”。可能是由于20世纪80年代中后期，宾夕法尼亚州发生动乱，政治环境不稳定，宾夕法尼亚州教育部强烈反对“家庭学校”，很多地方督学也坚决反对“家庭学校”，到1988年，新法律还未通过。家庭学校法律保护协会从早期的案例中寻找支持的依据。1988年8月，州立法机关和众议员一致通过169法案，该法规要求“家庭学校”每年向当地学区递交宣誓书，提供一份资料，包括每年官方许可的外部人员评价结果以及三、五、八年级的标准化测试成绩，新的“家庭学校”政策更多地限制家庭的教育自由。

综上所述，家庭学校组织汇聚家长和“家庭学校”支持者的力量，在争取“家庭学校”合法地位的过程中贡献突出。

（二）家庭学校组织内部产生分歧

20世纪80年代早期的法律斗争主要依靠世俗化的家庭学校组织，80年代中期之后，宗教教徒建立的家庭学校组织的影响力渐增。两类组织在“家庭学校”合法化过程中，时而有协作，时而有分歧，甚至关系发生破裂。

在北卡罗来纳州的“家庭学校”合法化斗争中，家庭学校法律保护协会发挥了重要作用。北卡罗来纳州允许家庭教学，地方学区规定家庭学校必须提供等同于公立或私立学校的教学。不同学区的要求存在差异，如有的学区要求家长拥有高中文凭，有的要求家长具有教师资格证。1983年，一个学区官员否定了一个家庭提交的实践“家庭学校教育”的申请，但这一做法被家庭法庭的一个法官推翻。该行为惹恼了全州的学校官员，他们感到威信受到践踏。于是，该州加强了对“家庭学校”的管理。1985年，州教育部为“家庭学校”设计新的法规，要求所有“家庭学校”的家长必须有学士学位，只能使用州授权的教科书，必须到公立学校参加标准化测试。该建议遭到家长拒绝，家长们聘请律师进行诉讼。一位律师推出了一个家庭教育议案，最终获得通过，但附有一个补充要求，即未获得学士学位的家长如果想要实施“家庭学校教育”，需通过教育入学考试（Education Entrance Exam）。家庭学校法律保护协会代表许多成员提出集体抗议，认为教育入学考试不是一个有效考核家长教育能力的测试。在家庭学校法律保护协会的诉讼请求下，1991年12月，南卡罗来纳州最高法院宣布教育入学考试是无效测试。1992年，南卡罗来纳州的“家庭学校”获得合法化地位。

一些州经过努力，排除万难，通过了“家庭学校”法律，但组织之间的合作却走向破裂。兰开斯特县家庭教育协会（Lancaster County Home Education Association）是一个宗教教徒建立的组织，之前与其他家庭学校组织积极合作，争取家庭学校法案获得通过。后来，该协会改名为宾夕法尼亚州基督教家庭学校协会（Christian Homeschool Association of Pennsylvania），排斥非教徒人员。

世俗化组织和教派组织在“家庭学校”的合法化问题上存在冲突。起初，南卡罗来纳州独立家庭学校协会为“家庭学校”提供认证服务，同时要求家长必须成为家庭学校法律保护协会的成员，这引发许多家长的不满。20世纪90年代中期，一些人试图建立一个替代南卡罗来纳州独立家庭学校协会认证的机构。1996年6月涌现出一些新的机构，南卡罗来纳州立法机关授予这些替代机构拥有同样认证“家庭学校”项目的权力。在之后的10年里，新机构的数量激增，提供大量服务，但只收少量的费用。由于信仰不同的缘故，它们与南卡罗来纳州独立家庭学校协会的关系不够和谐。

三、“家庭学校”合法化原因分析

到20世纪80年代末，大多数州都解决了“家庭学校”的合法性问题，几乎在每一个案例中，最终的结果都是为“家庭学校”提供一个明确的法律地位，接受或严格或宽松的管理与规范。但仍有几个州直到20世纪90年代中期才认可“家庭学校”的合法地位。“家庭学校”的支持者和实践者在不断的法律诉讼和斗争中，促使所有州无论是清晰陈述还是默许，都选择允许“家庭学校”的存在，具体原因有以下三点。

第一，美国实行教育管理分权制，这为“家庭学校”提供了有利的制度生态。联邦宪法第十修正案限制联邦管理教育的角色，指出，“宪法未授予合众国，也未禁止各州行使的权力，保留给各州或者人民”。[1] 美国不具有中央集权的教育管理和决策体制，州和地方控制教育，这使得州与州之间，甚至一州之内的各学区之间的教育法规都有所差异。有些州的教育法律较为宽松，有些州则较为严格，“家庭学校”可以从友好的州寻找突破，进而实现合法化的扩张。

第二，家长拥有饱满的教育激情、宗教热情以及对孩子的爱。他们通过支持性组织、邮寄名单、期刊、会议等巨大关系网使资源流动起来，对教育部门形成一种压力，在实力较量中处于优势。

第三，媒体的宣传正面、有效、覆盖面广。“家庭学校”支持者充分利用媒体宣传，积极、正面的媒体形象使得“家庭学校”实践者

[1]［美］米基·英伯，泰尔·范·吉尔.美国教育法（第3版）[M].李晓燕，申素平，陈蔚，译.申素平，王俊，校.北京：教育科学出版社，2011：2.

从反文化的叛逆者走向社会公众认可，让公众对“家庭学校”不再陌生。媒体甚至将“家庭学校”比喻为救星，是公立学校体制的一种不可替代的形式。

美国“家庭学校”通过诸多学者和家长的努力，改变了即行的社会规则，突破法律障碍、公众质疑、机构抵制（主要是公立学校及教师组织等）等困境，融入社会。到20世纪90年代中期，“家庭学校”陆续在全美实现合法化。

第三节

“家庭学校”的规范及其问题

“家庭学校”获得合法地位的过程充分体现了家长对子女成长的指导权与州确保所有儿童受教育权益之间的平衡。各州对“家庭学校”的管理与规范存在一些差异，但大多对课程、教学标准有所要求，对这一教育形式施加限制和规范。

一、具体规范与要求

美国“家庭学校”获得合法地位，家长的教育选择权得到了尊重和满足，同时，“家庭学校”也需要接受教育管理部门的监督和规范，以此保障儿童的受教育权益和国家的教育利益。

到20世纪90年代中期，美国50个州的法律都明确允许“家庭学校”存在，有关起诉“家庭学校”的父母违反义务教育法的案件逐渐变得极其稀少。受到各州教育传统、教育水平、制度、“家庭学校”组织实力等因素的影响，美国每个州对“家庭学校”的要求与管理程度不同，大体可分为无管制、低管制、中等管制、高管制四种类型（见表5-1）。

表5-1　美国各州“家庭学校”规范要求的类型

管制水平	具体要求及州数量	州
无管制	家长无须告知、提交报告（11）	爱达荷（ID）、阿拉斯加（AK）、得克萨斯（TX）、俄克拉马荷（OK）、密苏里（MO）、伊利诺伊（IL）、印第安纳（IN）、密歇根（MI）、新泽西（NJ）、康涅狄格（CT）、爱荷华（IA）
低管制	要求父母告知（15）	加利福尼亚（CA）、内华达（NV）、亚利桑那（AZ）、犹他（UT）、新墨西哥（NM）、怀俄明（WY）、蒙大拿（MT）、内布拉斯加（NE）、堪萨斯（KS）、威斯康星（WI）、肯塔基（KY）、密西西比（MS）、阿拉巴马（AL）、特拉华（DE）、佐治亚（GA）
中等管制	要求父母告知，提交考试成绩和学生学业进步程度的专业评估（19）	华盛顿（WA）、俄勒冈（OR）、夏威夷（HI）、科罗拉多（CO）、南达科他（SD）、北达科他（ND）、明尼苏达（MN）、阿肯色（AR）、路易斯安那（LA）、田纳西（TN）、佛罗里达（FL）、南卡罗来纳（SC）、北卡罗来纳（NC）、弗吉尼亚（VA）、俄亥俄（OH）、新罕布什尔（NH）、缅因（ME）、马里兰（MD）、哥伦比亚特区（DC）
高管制	除了中等管制的一些要求外，还有其他要求，如课程设置须经州批准，家长具备教师资格，州官员亲临家庭检察（5）	宾夕法尼亚（PA）、纽约（NY）、佛蒙特（VT）、罗德岛（RI）、马萨诸塞（MA）

在许多州，公立学校管理者要承担执行部分或者全部“家庭学校”的法定限制的责任。一些州的举证责任是要求“家庭学校”的家长证明他们符合州的法律要求，但在其他州，州承担举证责任，证明“家庭学校”不能满足法律要求。[1]

值得注意的是，第一类“无管制”，并不是说“家庭学校”不受任何限制，只是教育部门对其要求较为宽松。以伊利诺伊州为例，[2]伊利诺伊州的学校法规定，7—17岁的儿童必须到公立学校学习，但一个例外是，“任何在私立学校或教会学校学习的孩子，如果接受与公立学校相应年龄、年级的儿童一致的教育，并且教学语言是英语”，也被认定为是合法的。1950年，伊利诺伊州最高法院通过一个判定，法院指出，如果教师（家长或家庭教师）是称职的，必要的课程也进行了教授，即学生获得一种至少相当于公立学校的教育时，“家庭学校”可以被视为一种私立教育。自此，“家庭学校”在该州作为私立教育的一种，只要达到上述标准即为合法。

在伊利诺伊州，“家庭学校”不需要注册，家长可以选择告知所在学区的督学或教育委员会在家教育子女的意愿。选择“家庭学校”的家长有义务和责任达到该州义务教育法（伊利诺伊州学校法第26-1部分）中规定的最低要求。家长有义务教孩子“与公立学校中相应年龄和年级的孩子一样的教育内容”，家长同样需要为孩子提供以英语为讲授语言的核心课程内容，教育内容包括语言艺术、数学、生物和物理科学、社会科学、美术、体育与健康发展。

---

[1]［美］米基·英伯，泰尔·范·吉尔.美国教育法（第3版）[M].李晓燕，申素平，陈蔚，译.申素平，王俊，校.北京：教育科学出版社，2011：38.

[2] http://www.isbe.state.il.us/%5C/HomeSchool/default.htm，2015年6月10日浏览网站。

依据学校法第26-1部分的标准，正如上述案件所解释的，允许孩子在“家庭学校”接受教育的父母有一定的自由决定教学方式和教学时间，同时也可以自主选择学习资料，以最好地满足孩子的学习需求。家长可以自主地选择最适合孩子的课程类型，决定使用哪种学习材料，布置多少作业，家庭作业如何评价，保留哪些学业成绩记录等。

在伊利诺伊州，法律给予选择“家庭学校”的家长较多自由，比如设计或选择最适合孩子需求的家庭教育项目等。但自由与责任是对等的，家长需要对在家学习的孩子承担几乎所有的教育责任。1974年，联邦地区法院通过一项决议：根据伊利诺伊州的法律，家长向孩子开展的家庭教学计划要符合州的要求。

在伊利诺伊州，“家庭学校”中的学生不需要进行测试。如果家长希望对孩子进行学业成绩评估，可以使用私人测试资源。家长可以选择在家教育孩子直到高中阶段，如果孩子达到私立学校的毕业要求，可以获得高中文凭。

学生所在县的学区督学负有第一责任，检查不符合义务教育法（伊利诺伊州学校法律第26款规定）的情况。在履行这一法律责任时，督学期望“家庭学校”的家长至少要达到公立学校制定的教学标准。如果有证据表明“家庭学校”的教学不能达到伊利诺伊州的法律要求，督学可以要求地区或学区训导主任去该家庭进行实地调查，查看父母实施的教育是否遵守义务教育法。训导主任有权进行调查，并强化义务教育法的实施，一旦发现不符合义务教育法的情况，可向法院移交该事件。如果家长让孩子在家学习，但并不符合学校法第26-1部分的标准，也即让孩子逃学，被发现后可判处C类的轻罪。

上述实例表明，即使在管制较为宽松的州，“家庭学校”依然得到较为完善的规范和处置，这体现出州政府对儿童受教育权益的重视，也说明“家庭学校”的自由是有一定限度的。

二、引发不断的质疑

各州如何规范“家庭学校”才能既保障家长的教育自由，又能维护儿童的教育权益，实现培养合格社会公民的目的，这一问题引发诸多学者的争论。如何达成一种平衡状态，也是始终困扰教育管理部门与家长的难题。

（一）家长教育自由与责任能否有效落实

各州可以要求私立学校必须教授一定的科目甚至主题，但是各州不能禁止其引入一些额外的科目，即使是为了保证更多的时间被投入到州教育部门所要求的法定科目之中。[1]这一规定同样适用于“家庭学校”。家长可以依据所在州的相关规定，自由地选择教材、教学形式等，开展个性化教育。

没有接受过教育培训或对自己教育能力没有自信的家长可以购买现成而系统的课程包，包括教育材料和详细的教学计划，这些课程包基本上是按照州的课程指导原则制定的，是课程开发商专门针对“家庭学校”编写的。此外，家长还可以自己设计课程，制定教学计划，选择教育材料，同时借助网络和计算机实现“家长教+网上学”的模式。

自由与责任是一个不可分割的组合。这是一个问责的时代，家长需要对孩子和国家负责，保证教育质量，只有做到这一点，他们的教

[1] ［美］米基·英伯，泰尔·范·吉尔.美国教育法（第3版）［M］.李晓燕，申素平，陈蔚，译.申素平，王俊，校.北京：教育科学出版社，2011：37.

育自由才能够得到保护。否则，在家学习即会变为“在家辍学”，对孩子、家庭、国家都会带来不利影响。

（二）父母教育权与国家教育权之间的博弈

政府制定公共政策的出发点是维护儿童的教育权益，培养合格的社会公民，强调教育质量。家长拥有教育子女的自由，但他们没有权利去创造自己的标准。因此家长在进行“家庭学校”的教育实践时，必须充分了解该州或学区的相关法律规定。很多州政府会对“家庭学校”提出必须提供与公立学校“等同”的教育，这意味着家庭必须接受州界定的初等、中等教育的基本课程或内容。有一些州的政策相对灵活，授予地方教育部门制定课程标准的权力，但必须以州的相关规定为基本参考框架。总的来说，各州一般要求“家庭学校”满足最低教学标准即可。

监管“家庭学校”并进行质量评估的难度较大。首先，家庭的指导、教育活动隐蔽而复杂，如果父母疏忽教育工作，教育质量低劣，只有家长和孩子最清楚，外人一般很难了解，因而各州教育部门无法及时地确定儿童的健康和受教育权是否得到适当的保护。其次，一些州制定的标准模糊，管理资源和人力有限，无法执行这些标准。再次，虽然大多数州对“家庭学校”提出相当详尽的要求以保证儿童接受充分的教育，但这些规则的强制执行常常是不稳定的。[1]所以，尽管各州拥有合法权利来监督“家庭学校”，但保证“家庭学校”的学生获得合适的教育是一件难度很大的事情。基于上述情况，一些州认

[1]［美］米基·英伯，泰尔·范·吉尔.美国教育法（第3版）［M］.李晓燕，申素平，陈蔚，译.申素平，王俊，校.北京：教育科学出版社，2011：51.

为必须制定严格的要求和条件，如施教者拥有教育资格证书，规范课程内容与教学计划，提供测试成绩等，只有这样才能更好地保证家长能够胜任教学工作，孩子得到适宜的教育。

但许多“家庭学校”的家长认为，赋予当地学校行政管理人员监管“家庭学校”的权力好比任命狐狸做鸡舍的守卫者。[1]这些工作人员对“家庭学校”的行为和理念充满敌视，无法有效地监管与帮助“家庭学校”。

（三）宗教自由与教育监管

“家庭学校”的法律渊源包括以下四个方面：义务教育中的不同于学校教育的“其他教育形式”的相关法律；基于“父母教育选择权”的相关法律；基于儿童权益的相关法律；基于宗教权益的相关法律。[2]在美国，由于宗教信仰而选择“家庭学校”的家庭占很高比例，这成为各州管理“家庭学校”时面临的最主要的挑战，即对宗教自由的保护。同时，各州的法律也让这些家长陷入一种尴尬：在遵守政府制度和服从上帝之间如何选择？如果家长是忠诚的宗教信徒，是否宗教课程可以是唯一的学习资源（教科书）呢？一些州给出的回答是，“家庭学校”的基本课程要遵守州的规定，但课程内容的呈现方式不受约束。

家庭的宗教信仰引发了人们对“家庭学校”的质疑和担忧。首先，“家庭学校”实践者中有一些宗教狂热分子或邪恶分子，这些家长可能将自己的偏激思想和行为传递给孩子，这样的教育行为会危

---

［1］ Osborne, A.G., Russo, C.J., Cattaro, G.M. Alternative Schooling and School Choice: Debating Issues in American Education［M］. California: SAGE Publication, 2012: 116.

［2］ 张瑞芳.我国“在家上学”合法化路径选择探析［J］.教育理论与实践，2016（1）：29-31.

及社会的安全。其次，一些学者认为，即使这些家长没有偏激的思想，但排斥其他思想的教育行为会导致孩子思想狭隘，这不利于建设多元、包容的社会，因此国家尤其应加强对宗教信徒开展的“家庭学校”的监督、管理力度，严格限制其“家庭学校”的数量。[1]但美国是一个宗教信仰自由的国家，宪法也保障家长对孩子的信仰教育权利，因此，这引发了“家庭学校”的监管难题。

（四）管理宽松趋势可能导致家庭教学漏洞

越晚承认“家庭学校”合法地位的州，对“家庭学校”的要求越宽松。20世纪90年代初期，艾奥瓦州最终通过家庭学校法，不要求家长必须具有教师资格证。1996年，在密歇根州，“家庭学校”成为私立教育的一种合法形式，该州对“家庭学校”取消所有注意事项和报告要求，成为几个最为放任“家庭学校”的州之一。

“家庭学校”的相关法律规范在发展历程中存在某些调整和变化，一些州出现了管理宽松的趋势。2012年10月之前，宾夕法尼亚州规定，凡是选择“家庭学校”的家庭，每学期初必须到学区登记，递交（或说明）学习计划，证明施教者没有犯罪记录；每学期末，家长请私人评估者对孩子的学业进行专业评估，并上交孩子的全套作业；同时，家长还需要将全套作业和评估者报告提交给学区教育局局长批准，并提交三、五、八年级英语、数学标准化考试成绩。但自2014年10月起，宾夕法尼亚州推出了有关“家庭学校”的新规定：取消上交孩子全套作业以及标准化考试成绩的规定；家长不再需要外部证明，

[1] Michael, F. Tolerance and Liberty: Answering the Academic Left’s Challenge to Homeschooling Freedom [J]. Peabody Journal of Education, 2013(3): 393–406.

只要自行证明孩子已经达到高中毕业的要求，即可发放毕业证。虽然不需要官员签字，但家庭必须聘请拥有教师资格（或具备学校咨询、心理学等相关资格）的教育专业人士来检查学生的全套作业并签字。2014年，犹他州也通过议案，取消了对“家庭学校”的学科要求。之后，艾奥瓦州、新罕布什尔州和明尼苏达州也都放宽了要求。现在，全美有11个州不要求“家庭学校”在任何地方（学区、州机构）登记，14个州不规定在家必须教授的科目，只有9个州要求家长必须至少有高中毕业文凭或相当于高中毕业的证书。在约一半的州，“家庭学校”中的孩子不需要参加标准化考试，或接受任何正式的外部评估。

一些人认为，州政府放松对“家庭学校”的监管不利于孩子的发展。他们中的一些人组成了“负责任的家庭教育联盟”，拉切尔·科曼（Larcher Korman）担任该组织的执行主任。她本人从幼儿园到高中一直在“家庭学校”学习，她指出，在家学习的经历很好，但一定的监督是必要的，因为这可以避免家长们的教学漏洞，确保儿童受教育的权利与家长对子女成长指导权的平衡。[1]

三、合法后的波折

“家庭学校”获得合法地位后，也会受到法庭判决的影响，在成长的道路上再起波澜。这里以加利福尼亚州的一个案例[2]为例来说明这一情况，同时阐释“家庭学校”已经形成了强有力的组织网络，支持者们所拥有的游说能力和政治资源有力地支撑、维护了“家庭学

---

［1］ 本段中的案例来自：陈智勇.美国越来越多人选择在家上学［J].上海教育，2015（11）：20-21.
［2］ Dunn, J., Derthick, M. Homeschoolers Strike back［J]. Education Next, 2008：11.

校”的合法地位。

2008年2月，加利福尼亚州的一个“家庭学校”遭到审判，原因是，该家庭的子女在接受调查时指出，父母提供的教育很糟糕，但少年法庭作出裁决：父母拥有宪法赋予的教育子女的权利。随后，法庭为两个孩子任命律师，在律师的请求下，上诉法院推翻少年法庭的判决，作出进一步的裁定：“家庭学校”的家长必须拥有州颁布的教师资格证书。这一裁决将该州大量的“家庭学校”家长置于违法的境地。

在加利福尼亚州，教育法认可四种“家庭学校”形式：（1）家庭达到私立学校的教学标准；（2）施教者拥有教师资格证；（3）在私立学校的卫星项目中（satellite programs）注册；（4）在公立学校的独立学习项目（independent learning program）中注册。该家庭属于第三种教育形式，孩子在一所基督教学校的卫星项目中注册。

上诉法院指出，只有两种情况才可得到义务教育法的豁免：在私立学校注册；聘用拥有教师资格证的私人教师在家庭中开展教学。州教育法和20世纪五六十年代有关“家庭学校”的判例都支持上述规定。但当今的社会情况与之前已相去甚远，“家庭学校”中的学生数量逐年增长，它已经获得合法地位和公众的认可。

“家庭学校”群体的反应和热情超出法庭的想象。在短短数天内，家庭学校法律保护协会与加利福尼亚州的1.4万名家长收集了超过25万名民众的签名，呼吁加利福尼亚州最高法庭收回上诉法庭的裁决。面对反对之声日益高涨，支持“家庭学校”的决议很快形成：州公共教育督学杰克·奥·康奈尔（Jack O’Connell）宣布，期望加利福尼亚州的原有教育政策不要改变。州长阿诺德·施瓦辛格（Arnold Schwarzenegger）认为这一裁决是违反常规的，宣布上诉法院必须改变判决，如果法庭不保护家长教育子女的权利，政府愿意进行保护。

于是，在判决之后不到一个月的时间内，上诉法院作出让步，在加利福尼亚州4个家庭学校协会和家庭学校法律保护协会的支持下，该家庭申请法院再次受理这一案件。2008年7月，法庭进行第二次审理，大量律师为“家庭学校”辩护，司法部部长、州学校督学、家庭学校协会宗教自由组织呼吁法庭保护家长教育子女的权利。在这一背景之下，司法部部长杰里·布朗（Jerry Brown）明确指出州，法律已经赋予“家庭学校”合法定位，这项权利不得受到干涉。

从中可以看出，“家庭学校”在实践中依然会遭到社会的质疑，或者经受法律上的审判，但这一教育形式在美国已经有了一个良好的发展，形成稳定的组织制度，影响力不断扩大，这种相对稳固的地位很难撼动。同时，关于“家庭学校”的争论始终不断，家长的教育自由是相对的，在自由背后，更多的是责任（儿童的利益）。

随着义务教育制度的全面实施，学校教育制度的普遍建立，“教育乃是国家的公共事务”成为一种基本的教育理念。国家对教育的管理与指导带来教育的控制和强制，有利于社会公民的培养和共同价值观的传递，但它同时会对个体的个性发展带来消极影响。[1]如此一来，教育的自主性以及个体的个性充分发展在国家对教育的控制下如何才能得以保障，成为一个重要的问题。“家庭学校”的出现和发展体现了国家与家庭在教育权上的冲突和张力。

从理论上讲，家长拥有教育子女的权利和自由。儿童的成长需求

[1] 周兴国.教育与强制——教育自由的界限［M］.福州：福建教育出版社，2012：4.

是多元的，在民主社会中，学习及成长的方式也应该是多元的，学校教育机构只是其中之一的选择，只是一种大多数人选择的教育场所。“家庭学校”存在一定的需求空间，自身也具有合法的依据。美国“家庭学校”合法化的真正实现包含着多方人士的努力，它是家长和支持者在政治、经济、文化等方面实力的一种展现。在这一情况下，国家为父母的教育选择权提供通道，帮助他们实现这一权利。

在实践中，家长的教育自由具有一定的有限性。因为人不仅是一个个体，还是一个社会人，所以国家对教育的管理具有一定的正当性和不可剥夺性。教育自由具有相对合理性，需要受到法律的约束。此外，教育自由（或个性发展）在实施过程中还会受到家长的经济实力、教育能力等现实条件的制约，因此，将“家庭学校教育”这一理念转化为实际的行动，需要很多潜在条件的保证。

在运行过程中，“家庭学校”的健康发展需要国家的规范和保障。法律明确家长的权利和责任，规范和引领“家庭学校”发展。为保证教育质量，保护儿童的教育权益，实现国家培养人才的目标，家庭需要遵守各州的相关法律，接受监督和管理，独立承担并完成教育责任。美国各州的法律或宽松或严格；或依据已有法律（如私立学校法、教会学校法等）进行管制，或出台专门的家庭学校法律，或依据州宪法修正案以及判例。总之，每个州都制定了较为详细的规定，为保障“家庭学校”的健康发展保驾护航。

第六章

美国“家庭学校”的内部运行

“家庭学校”作为家长的一种超越常规的行为，自产生起就饱受社会争议，直到20世纪八九十年代，其合法化问题才逐渐得到解决。但随之而来的是其发展与成长问题，因为美国大多数州并不为“家庭学校”提供教育经费，家长要完全承担教育成败的责任和教育支出的费用。因此，经济实力和教育能力成为“家庭学校”群体的一个重要考验。是主要借助家庭（或家庭互助）的力量，还是积极吸纳更多的教育资源（如与公立学校合作）来实现自身的发展？围绕这一问题，“家庭学校”群体内部主要有两种观点：一种努力捍卫“家庭学校”的纯粹性，坚持以家长为主要施教者；另一种认为，家长可以利用公立学校等多方资源来弥补教育能力、资源等的不足。“家庭学校”出现了两条发展路径：一是依靠家庭（或家庭之间的互助）中父母的力量；二是借助一部分社会资源，实现形式多样化的发展。从目前的统计数据看，前者是“家庭学校”发展的主要形式。

众所周知，教育孩子是一个集体工程，需要家长、学校教师、儿童专家、保姆、邻居等多方面的参与和配合，陪伴孩子从幼年到成年。在现代社会，学校是教育儿童的核心机构，它几乎占据了人们现代生活的中心位置，比如许多父母为了让孩子能够接受优质教育，依据学校教育质量来选择自己的居住地，日常的生活节奏被学校时刻表控制。

但有一部分人基于各种原因逃离上述主流选择，摆脱学校教育的约束，开展“家庭学校教育”。那么，是什么样的人群选择了“家庭学校”？他们拥有哪些共同特征？“家庭学校”如何成为这些家长的选择？这一选择带给家庭怎样的影响？家庭是如何完成这一教育任务的？本章主要回答这些问题。

第一节

“家庭学校”主体的特征分析

从选择“家庭学校”的群体的主导思想来看，持进步主义教育观点的家长/学者和保守的新教教徒是两大主力：他们或激进，提倡个性与自由；或保守，注重传统家庭观念。这些人都希望通过逃离强调标准、统一的学校教育，选择自己在家开展教育，期许孩子在自由的学习形式下成才。

作出“家庭学校”的选择会使家庭生活状态发生诸多显著变化：家长的身份/角色在扩展，他们不仅是父母，而且成为施教者，完全承担教育成败的责任；经济上可能由双份收入变成单一收入（父母其中一方在家开展教育）；父母还需要具备教育能力（规划、设计教学活动，选择教材等），或积极寻找社会资源，为孩子提供一个滋养型的学习、成长环境。因此，“家庭学校”是对一个家庭实力的综合考量，它考验着家庭的经济实力和教育能力。什么样的家庭能够承受这些挑战，愿意选择这一独特的教育形式呢？以下依据美国教育部下属的全国教育数据中心历年的报告数据展开分析。

表6-1　本节所依据的“家庭学校”报告一览表

年份	项　目	报　告	作　者	执行部门/机构
1994	当前人口调查项目		Rosalind Bruno; Timothy Marshall; Ronald Tucker	商务部人口统计局

（续表）

年份	项　目	报　告	作　者	执行部门/机构
1996	全国家庭教育调查项目	《家长和家庭在教育》	Dan Kaspryzk; Tom Snyder; Bruce Taylor; Beth Aronstamm Young	全国教育数据中心
2001	全国家庭教育调查项目	《“家庭学校教育”在美国：1999》	Stacey Bielick; Kathryn Chandler; Stephen P. Broughman	全国教育数据中心
2004	全国家庭教育调查项目	《“家庭学校教育”在美国：2003》	Daniel Princiotta;Stacey Bielick; Christopher Chapman.	全国教育数据中心
2006	全国家庭教育调查项目	《运用择校的趋势：1993—2003》	Peter Tice; Daniel Princiotta; Stacey Boelick	全国教育数据中心
2010	全国家庭教育调查项目	《运用择校的趋势：2003—2007》	Sarah Grady; Stacey Bielick; Susan Aud	全国教育数据中心
2016	全国家庭教育调查项目2012	《家长和家庭参与教育：来自2012年全国家庭教育调查项目》	Amber Noel; Patrick Stark; Jeremy Redford; Andrew Zukerberg	全国教育数据中心
2016	全国家庭教育调查项目	《“家庭学校”在美国：2012》	Jeremy Redford; Danielle Battle; Stacey Bielick; Sarah Grady	全国教育数据中心
2017	全国家庭教育调查项目	《家庭参与教育：来自2016年全国家庭教育调查项目的结果》	Meghan McQuiggan; Mahi Megra; Sarah Grady	全国教育数据中心

历年的报告在统计标准、内容设计等方面存在不一致现象，这给本研究的有效分析与比较造成了一定的困难。在上面提及的报告中，2001

年、2004年、2016年发表《“家庭学校教育”在美国：1999》《“家庭学校教育”在美国：2003》《“家庭学校教育”在美国：2012》为专题报告，内容较为详细、完整。而在其他年份的报告中，从报告名称可以看出，“家庭学校”只是其中的统计内容之一，因此关于“家庭学校”的每一项内容的调查不具有持续性。同时，这些报告的统计标准也存在不一致性，如家庭收入、父母受教育情况等，这说明家庭收入水平、大众受教育层次在不断提升，但这对于作者列表、统计制图等造成一定难度。此外，本研究还需参考美国人口普查局、教育部等的相关报告，才能够准确定位家庭收入水平、家长学历在整个国家当年的地位（水平）。由于历次报告的调查者、撰写人不一，写作风格、访谈提纲与问卷的编写、调研过程的开展等都会受到影响。在进行历年“家庭学校”统计数据分析的过程中，对于缺项的一些内容，笔者加入了自己的推断和计算（特别是2007年的“家庭学校”情况）。

但总的来说，美国全国教育数据中心具备人力和资源的优势，调查范围较广，调查方法和实施也较为严谨，数据的信度和效度较高，其中的结论和数据得到广泛的引用。通过对这些数据的整理，大致可以从家庭结构、家长受教育水平、家庭收入、学生的性别与学段分布、种族与地区分布等方面呈现“家庭学校”的家庭特征。

一、双亲多子女家庭

通常情况下，选择“家庭学校”的家庭多为完整家庭，即双亲俱全，并且拥有多个子女（2—3个甚至更多）。

（一）婚姻状况

总体上看，选择“家庭学校”的家庭通常拥有稳定的婚姻关系，多为双亲家庭，夫妻、亲子关系融洽。如图6-1所示，选择“家庭学校”的家庭中，双亲家庭的比例始终占据数量优势（80%左右），其数量和所占比例逐年攀升。

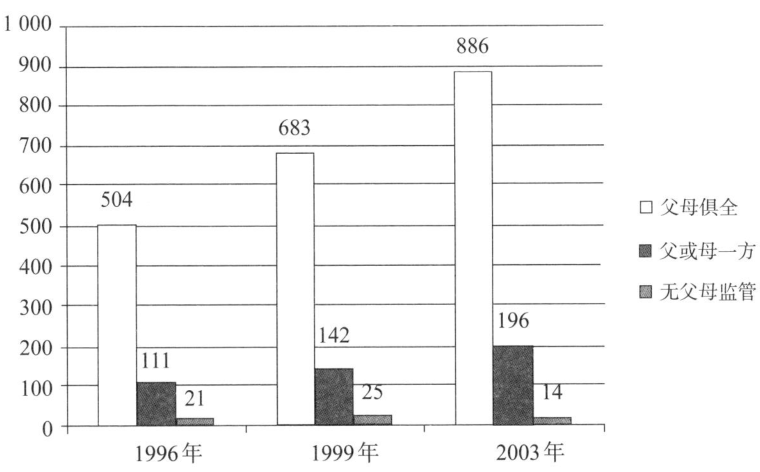

图6-1　三种婚姻状况的“家庭学校”学生数量分布图（单位：千人）

此外，还有一部分家庭如单身母亲也选择“家庭学校”，但单身父亲在家教育子女的数量则少得多。[1] 由此说明，家庭这一组织单位是“家庭学校”开展的一个重要保障，同时，母亲在教育子女中占据重要地位。

无父母监管的情况下，“家庭学校”如何对孩子进行正规教育，成为笔者心中的一个疑惑。这种教育由谁（如祖父母）来开展？他们何以具备教学的能力？通过哪些途径，利用哪些资源进行教学？即使教学得以开展，教育质量如何保障？这些孩子实质上是否已经处于辍学状态？法律如何允许此类“家庭学校”存在？为何不对之

［1］具体数量详见附录表10：选择“家庭学校”的家长数量统计表。

进行监管和取缔？这些问题需要在后续的研究中获得更为翔实的资料来解答。

（二）家庭子女数量

无论家庭内部子女数量有多少，选择“家庭学校”的数量逐年都有所增长。独生子女家庭从1996年的9.8万个增至2003年的11万个；2个孩子的家庭从1996年的15.7万个增至2003年的30.6万个；多子女家庭（3个孩子及以上）自1996年的38.1万个增至2003年的67.9万个。整体来看，选择“家庭学校”的家庭一般为多子女家庭，通常拥有2—3个甚至更多的孩子。

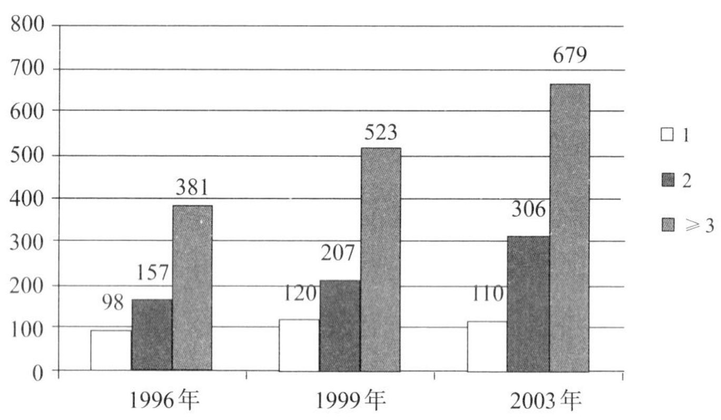

图6-2　一孩、二孩、三孩以上“家庭学校”的学生数量分布图（单位：千人）

多子女家庭在“家庭学校”学生总数中的比例较大。独生子女家庭在“家庭学校”学生总量中的比例自1996年的15.4%下降到2003年的10%；二孩家庭在“家庭学校”学生总量中的比例自1996年的24.7%上升到2003年的27.9%。3个以上孩子的家庭占“家庭学校”学生总数的60%左右。图6-3可以很清楚地显示不同孩子数量的“家庭学校”所占比例的概况。

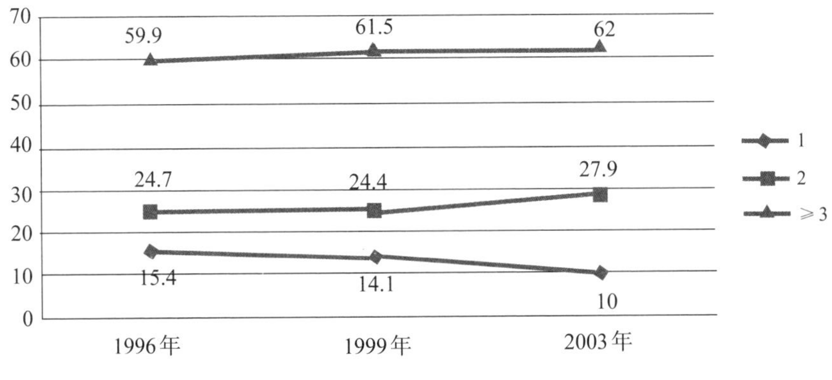

图6-3　一孩、二孩、三孩以上“家庭学校”的学生比例分布图

多子女家庭在“家庭学校”中保持着这么高的比例，可能的原因是：子女之间可以形成多方交往关系，家长不必担心孩子的社会化问题；家庭中的教育资源可以得到重复利用，节约教育成本；年长的孩子（兄姊）可以辅导或教育年幼的孩子（弟妹），既锻炼、巩固前者的知识，也增加了孩子之间的交流和沟通；家长在教育年长的孩子的时候，年幼的孩子在耳濡目染中进行模仿、学习，教育效率无形中得到提高。

二、父母受教育水平良好

2016年调查数据显示，选择“家庭学校”的家长中，获得本科及以上学历的达45.2%。“家庭学校”的家长大都受过良好的教育，多数具备高中以上文化水平，比例达到60%—70%；拥有学士学位及以上的家长占到35%—50%（如图6-4所示）。可见，家长的受教育水平会深刻地影响着家长对子女的教育形式的选择，这可能是因为：受教育水平会影响他们的教育观念，使得他们更关注孩子的个性化需求；受教育水平也与职业甚至社会阶层、地位等密切相关，进而影响他们选择“家庭学校”的经济实力。

图6-4显示，拥有学士以上学位的家长比例稳定地保持在34%以

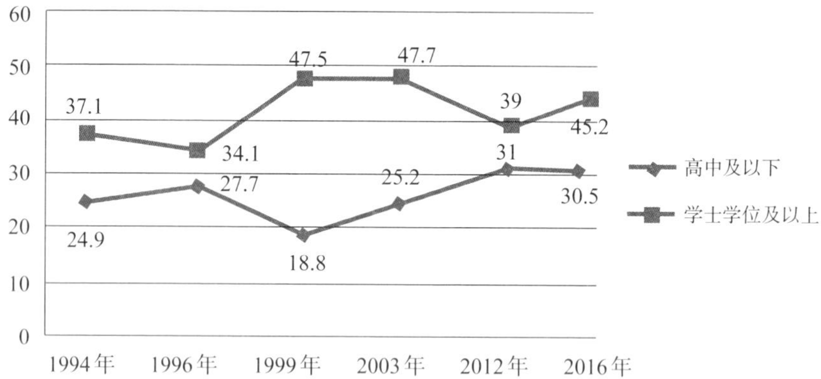

图6-4　不同学历的家长影响“家庭学校”学生的比例分布图

上，高中及以下学历的家长则在31%以下。但后一类家长的数量自1999年开始呈现上升趋势，这可能与美国“家庭学校”获得合法地位、社会支持体系日益完善等相关。

同时可以发现，并非家长学历越高，选择“家庭学校”的可能性就越大。比如美国的很多学者提出，女性学历越高，越不可能离开劳动力市场，回归家庭教育孩子。[1] 图6-5和图6-6中展现了不同学历的

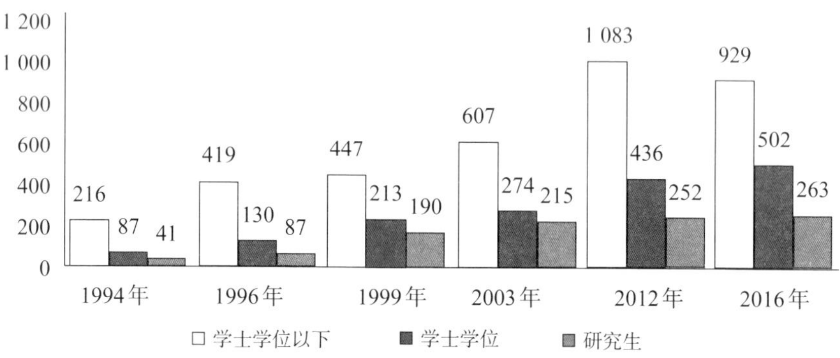

图6-5　不同学历的家长影响的“家庭学校”的学生数量分布图（单位：千人）

[1] Murphy, J. Homeschooling in America: Capturing and Assessing the Movement [M]. California: Corwin, 2012: 127.

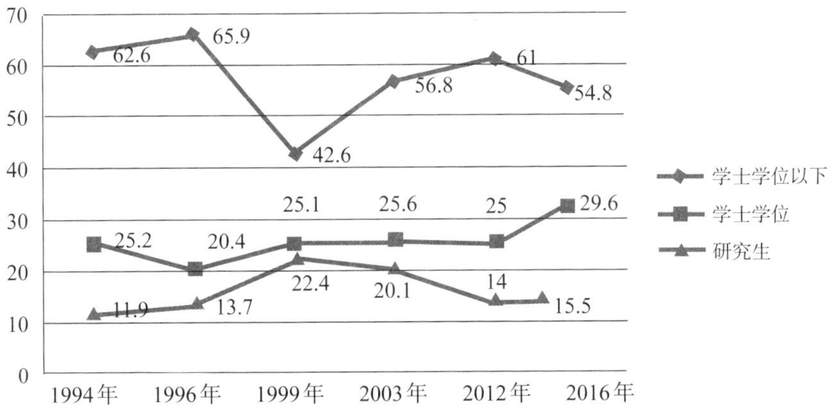

图6–6　不同学历家长影响的“家庭学校”的学生比例分布图

家长所教育的学生数量以及所占比例，拥有研究生学位的家长没有占据学生的数量优势即可说明这一问题。[1]

图6–6显示，父母学历为学士学位以下的在家学习的学生占到43%—66%，显示逐渐增长趋势；学士学位的家庭的学生占到20%—30%，所占比例变化不大；研究生学位的家庭的学生占到12%—22%，升中有落，降后又升，在动态中发展。由此我们可以发现家长的受教育水平会影响“家庭学校”的选择，但两者并不是正相关关系。

三、家庭收入稳定

选择“家庭学校”的家庭，其收入通常居于中等或以上水平，2012年调查数据显示，“家庭学校”的学生在经济状况上的分化很大，80%来自非贫困家庭。[2]这些家庭的一般工作模式是：母亲在家养育

[1] 因为历年的统计标准不一，作者只是按照几个维度展现不同学历水平的家长选择“家庭学校”的基本情况，具体数量请详见附录表9：“家庭学校”中家长的受教育水平统计表。

[2] 信息来源：美国华盛顿邮报教育版：https://www.washingtonpost.com/news/education/wp/2016/11/01/number-of-home-schooled-students-has-doubled-since-1999-new-data-show/。

子女，父亲外出挣钱养家。但通过数据分析发现，“家庭学校”中收入较高的家庭所占比例在逐年降低，一些家庭收入一般或处于贫困状态的家庭也开始选择“家庭学校”，可能的原因是社会对这一教育形式的服务体系逐渐完善，一些州（如加利福尼亚州）为这些家庭提供经济补助；或者有些家庭出于一些被动的原因，如孩子在某些方面存在残疾，不得不在家学习。

（一）家庭收入

以下分析主要依据附录中表11、表12的数据展开。数据比对显示，1994—1996年、1999—2003年，处于中等水平以上的家庭收入应该不少于3.5万美元。

如果以家庭收入3.5万美元为分水岭的话，1994年之下和之上的“家庭学校”的学生比例分布为48.4%和51.9%；1996年则为54.8%和45.3%。综合两年的数据分析，两种收入水平的家庭开展“家庭学校”的学生所占比例差距不大，1996年家庭收入高的“家庭学校”学生所占比例反而出现下降，图6-8中1999年家庭收入在5万元之上的“家

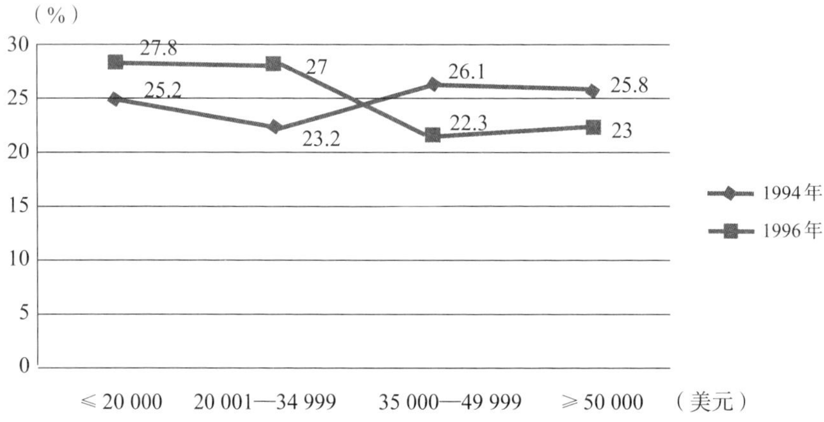

图6–7　1994年和1996年不同家庭收入的“家庭学校”学生比例分布图

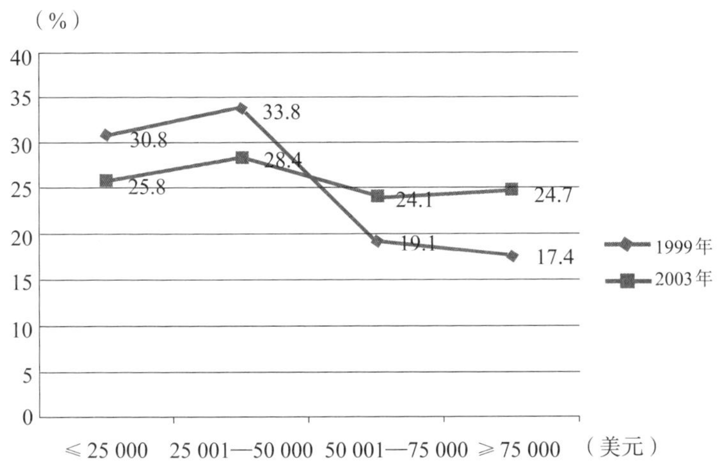

图6-8　1999年和2003年不同家庭收入的“家庭学校”学生比例分布图

庭学校”的学生比例更是下降到36.5%。这说明两个问题：一是一方在家教育孩子的行为限制了整个家庭的收入；二是并非收入越高的人越倾向于选择家庭学校，当收入达到一定值时，一些家长会选择昂贵的私立学校，这些学校的社会知名度较高，孩子可以接受最好（或上层人士追求）的教育，同时可以构建个人的人际网络，形成人生发展的重要资本，以此进入中上层圈子。

1999—2003年家庭收入以5万美元为分水岭，1999年之下和之上的“家庭学校”的学生比例分布为64.6%和36.5%；2003年则为54.2%和48.8%。两年的数据对比显示出高收入群体的“家庭学校”学生数量有了明显增加。

综合上述四个报告的数据，中等收入水平家庭的“家庭学校”学生占36%—52%。同时，1994年、1996年、1999年、2003年这四年家庭收入低于2万美元和2.5万美元的家庭的“家庭学校”学生比例通常低于30%。这说明“家庭学校”的开展是需要一定的经济基础作为保障的。选择“家庭学校”的家庭收入多数情况下处于中等水平且较为稳定。这样的收入可以承担一个人在家教育孩子的成本，保障“家庭学校”的正常运转。没有充足的社会经济资本、文化资本和技术资源，除非由于特殊原因，如智障儿童、残疾儿童等无法适应学校生活，父母一般不会选择这样一种教育形式。

同时，国家应该对30%以下的低收入群体开展的“家庭学校”进行及时的救助以及密切的监督，以保障这些家庭的孩子受到良好的教育。

（二）父母就业情况

在“家庭学校”中，通常情况为母亲放弃工作和收入，全职在家承担教育工作，家庭的主要收入来源于父亲，这种情况超过50%。在现实中，也有一些家庭是母亲在外工作挣钱，父亲在家教育子女，或者是单亲家庭等。“家庭学校”适应任何家庭结构，但由于“家庭学校”需要大量时间和精力的投入儿童照料与教育，“男主外，女主内”的分工更为普遍。父母双方都参加工作的占到25%左右；单亲家庭低于15%。

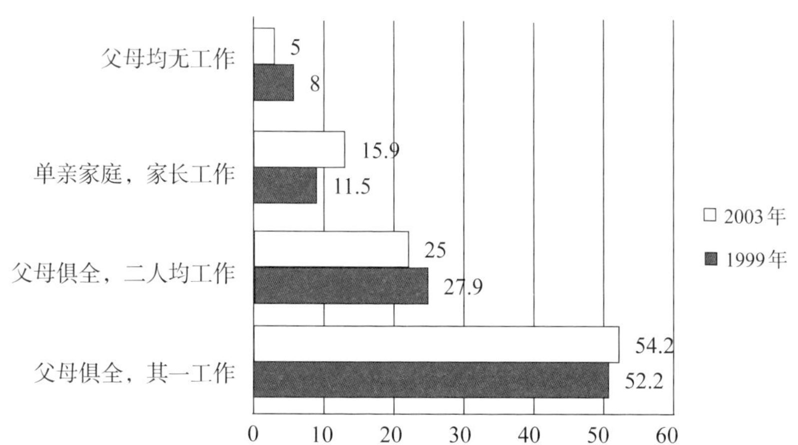

图6-9　1999年和2003年不同家长就业情况的“家庭学校”的学生比例分布图（单位:%）

从图6-10看，父母之一（多为父亲）在外挣钱的双亲家庭选择“家庭学校”的数量呈现优势。虽然数量较少，但父母双方均无工作的“家庭学校”也确实存在（2003年与1999年相比数量有所下降），这可能是一种无奈之举，或者孩子实际上处于辍学的状态之中。政府应对这一类家庭进行严格的监管，对这些孩子进行救助，帮助他们获得适宜的教育。

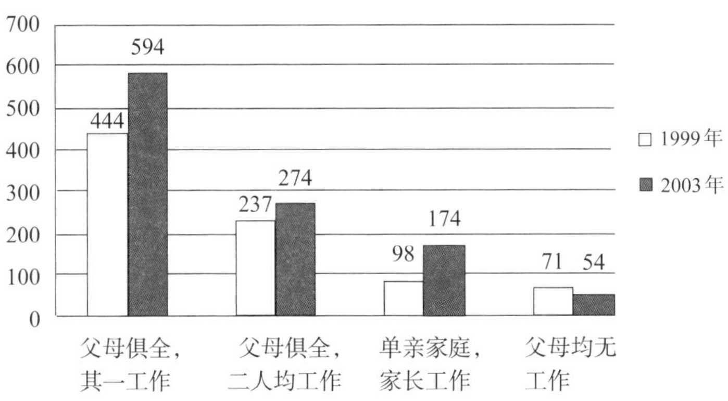

图6-10　1999年和2003年不同家长就业情况的“家庭学校”的学生数量分布图（单位：千人）

四、学生性别和学段分布均衡

2012年的调查数据显示，“家庭学校”中，男女学生所占比例相差不大，分别为49%和51%。不同年级的差异不大。[1]总体来看，“家庭学校”的学生在各个年龄阶段和学段分布较为平均，性别数量也无太大差异。

（一）年级分布

美国幼儿园阶段一般为3—5岁，义务教育是6—17岁。一年

[1] 信息来源：美国华盛顿邮报教育版：https：//www.washingtonpost.com/news/education/wp/2016/11/01/number-of-home-schooled-students-has-doubled-since-1999-new-data-show/。

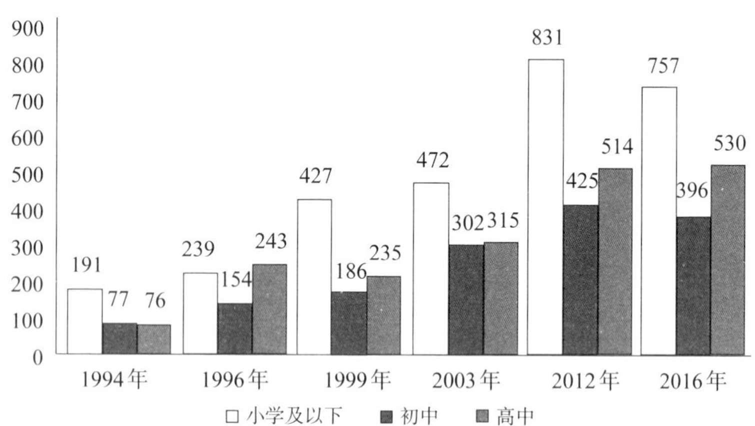

图6-11 “家庭学校”各学段学生数量分布图（单位：千人）

级至五年级属于小学阶段，六年级至八年级、九年级至十二年级则分别属于中等教育中的初中和高中阶段。本研究按照上述三个学段，整理数据，绘制下图。从数量上看，起初“家庭学校”中的学生更多处于低年级的小学阶段，但初中、高中阶段的学生逐渐显示出逐年增长的趋势。1999年、2003年、2012年、2016年的小学及以下包含幼儿园学生的数量，[1]使得图6-12显示小学及以下的“家庭学校”的学生数量一直在“家庭学校”学生总数中占据优势，如果剔除幼儿园学生数的话，“家庭学校”中的学生在义务教育的各个学段的分布应该逐渐呈现均匀化态势（可详见附录表15）。

图6-12较为直观地显示了1994—2016年“家庭学校”学生在每个学段所占比例的涨落情况。总体上看，小学及以下占据比例优势，但有下降趋势；初中、高中阶段的“家庭学校”学生所占比例在逐渐上升。

[1] 1994年、1996年的小学及以下只包含小学阶段一至六年级的学生数量，2012年的统计标准使得该年的数据无法将幼儿园学生剔除，否则不容易统一标准画图，数据详见附录表15：“家庭学校”的学生在不同学段的分布情况统计表。

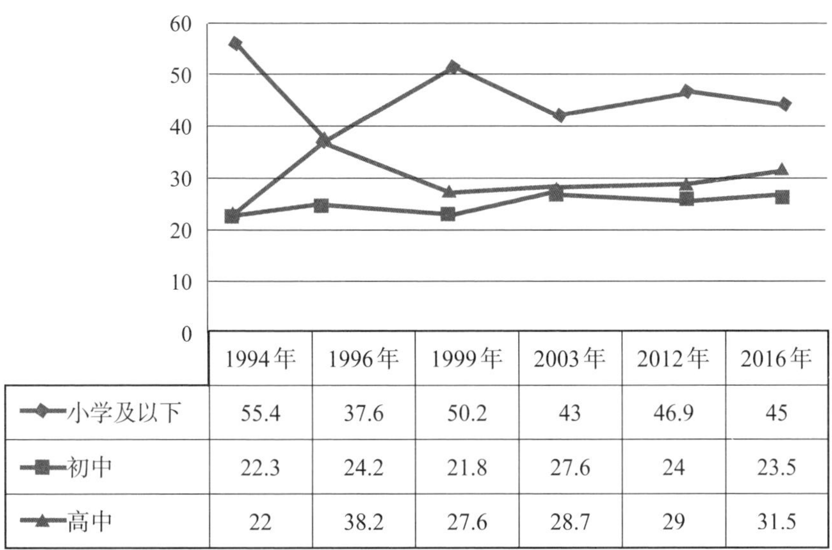

	1994年	1996年	1999年	2003年	2012年	2016年
小学及以下	55.4	37.6	50.2	43	46.9	45
初中	22.3	24.2	21.8	27.6	24	23.5
高中	22	38.2	27.6	28.7	29	31.5

图6-12　不同年份“家庭学校”各学段学生比例分布图

（二）性别分布

从图6-13中可以看出，1994—2016年，“家庭学校”中的男生和女生的绝对数量均呈现出逐年增长的趋势，男女比例基本持平，女生数量略多于男生。只有2003年男生超出女生。

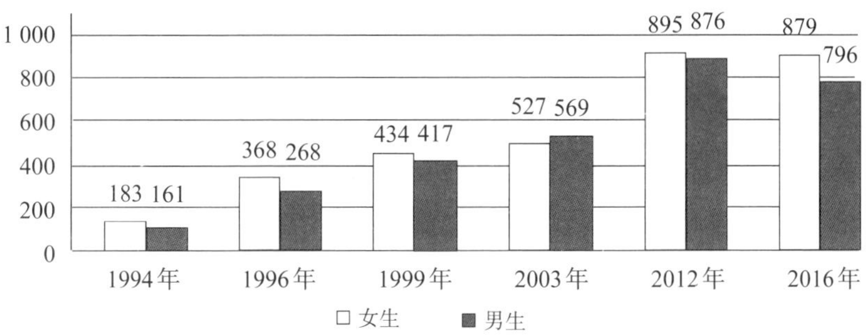

图6-13　“家庭学校”中男、女学生数量分布图（单位：千人）

五、种族归属

从数量上看，选择“家庭学校”的多为白人。有关研究指出，美国“家庭学校”主要存在于一个同质的亚群体之中，即白人、中产阶级、基督教家庭。图6-14显示，白人在“家庭学校”中占据绝对数量优势。这也充分体现了白人在美国社会阶层、职业、文化资源、社交网络等方面占据有利地位。少数族裔在上述方面的弱势地位，一定程度上影响了家庭对教育形式的选择。

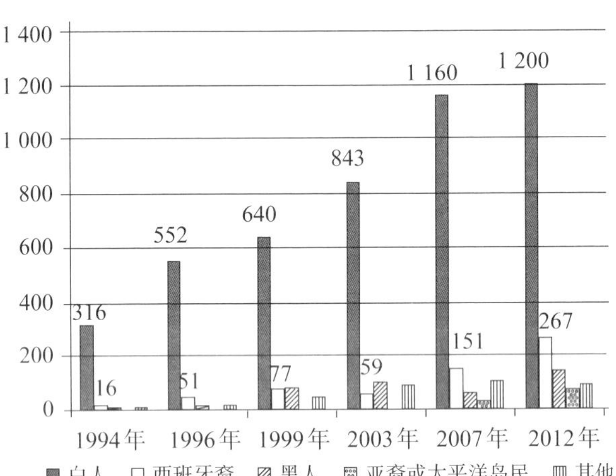

图6-14　1994—2012年各种族“家庭学校”学生数量图（单位：千人）

（注：为使图示清楚，图中只显示白人、西班牙裔数据，其他种族“家庭学校”的详细数据可见附录表17“各种族‘家庭学校’的学生数量统计表”）

少数族裔“家庭学校”学生在总量中的比例显现扩大化趋势，即其他种族不断加入“家庭学校”的队伍，种族类型日益增多。比如，“家庭学校”中的非洲裔学生的绝对数量不断增长。自20世纪八九十年代起，一些非洲裔家庭开始尝试“家庭学校”，中间虽有波折，但数量整体体现增长趋势，1994年为1万人，2012年达到13.9

万人。

图6-15可以充分地体现白人在“家庭学校”学生总量中比例下降的趋势。其他少数族裔的“家庭学校”呈现增长趋势，但所占比例依然在0—20%之间徘徊。

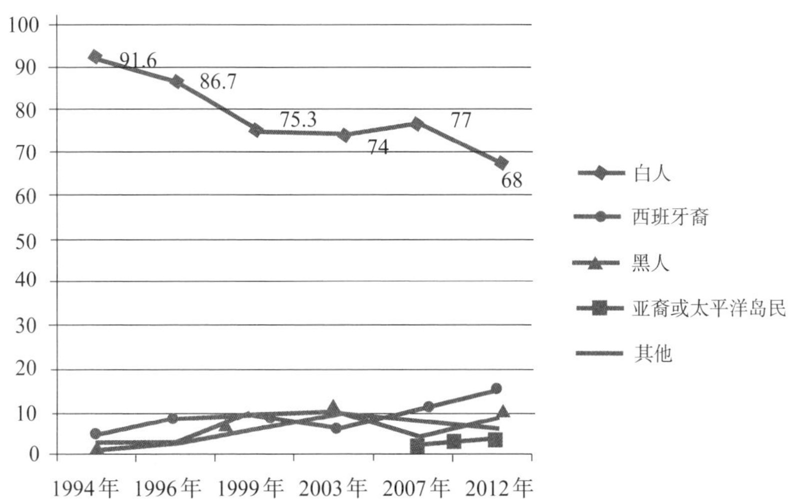

图6-15　1994—2012年各种族学生在“家庭学校”学生总数中的比例图

（注：为使图示清楚，图中只显示白人数据，其他种族“家庭学校”的学生详细数据可见附录表17“各种族‘家庭学校’的学生数量统计表”）

六、区域分布

综合来看，“家庭学校”主要集中在美国西南部，从城市向乡村发展。

（一）地区分布情况

从所占比例上看，“家庭学校”学生的地区分布与公立学校学生的分布差异不大。在美国，东北部选择“家庭学校”的家庭数量较少，相对来说“家庭学校”更多集中在西部、南部等地区（特别是美国的阳光

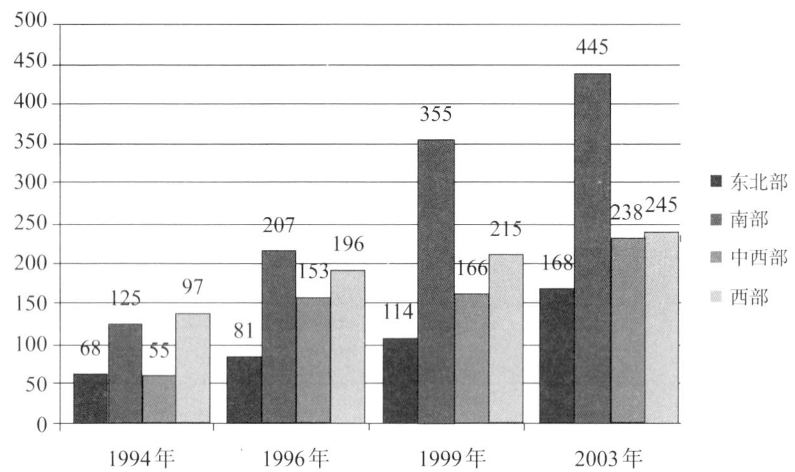

图6-16 不同年份“家庭学校”的学生数量在不同地区的分布情况图(单位：千人)

地带)。

“家庭学校”的数量可能与不同地区的教育传统相关。从美国教育发展史看，在18世纪的殖民地时期，孕育出三种独具特点的关于教育职责的观念和实践[1]：一是义务教育观，即政府主张出于宗教和世俗的双重目的，重视建立公共学校。这种思想在新英格兰地区占主导地位，典型代表是马萨诸塞殖民地。二是教区学校观。以信奉新教的宾夕法尼亚殖民地和信奉天主教的马里兰殖民地为代表，主张由教会来管理教育，反对政府干预教育。三是英国国教关于教育的观念，主张教育具有阶级性，中上层子女主要通过私立学校或教会学校接受教育，或者聘请家庭教师到家中教学；少数的贫儿和孤儿通过教会和政府的资助来学习一些有用的知识。上述传统教育观念影响美国各州的教育政策，影响各州对

[1] 埃尔伍德·帕特森·克伯莱.美国公共教育：关于美国教育史的研究和阐释［M].陈露茜，译.崔高鹏，张斌贤，校.合肥：安徽教育出版社，2012：11-17.

教育乃至对“家庭学校”的态度，进而影响州政府或学区对“家庭学校”的管理力度。

不同地区的“家庭学校”的数量也可能与美国各州教育发展水平、教育管理制度等有一定的关系。从美国教育发展历史看，美国北部、东部教育相对发达，教育发展较早，如早在南北战争之前，马萨诸塞州、纽约州等就已经实施教育法规，承担公共教育责任[1]，他们建立了良好的公立教育系统，教育的既有利益者实力强大，根深蒂固，新的教育形式很难实现突破。因此地区对“家庭学校”管理和规范程度较为严格，这使得很多家长无法达到法律规定的条件。相比较而言，南部、西部的教育起步较晚，因此“家庭学校”法律相对宽松，对“家庭学校”的要求较低，这很大程度上减少了家长的压力，他们更易于选择这一教育形式。

比如，锡达县（Cedar County）一个准乡村地区（艾奥瓦州，位于太平洋西北），“家庭学校”法律较为灵活，认可家长的教育选择权。[2] 拥有对家长相对友好的法律，父母可以直接在家教育子女，官员很少干预，因此这一地区的“家庭学校”存在率较高。为达到“家庭学校”的合格条件，父母需要做到：（1）父母至少要完成一年的学院学习，修满15个小时的“家庭学校”课程；孩子和父母要每周与拥有州授予资格证的教师会面1个小时。（2）父母向学区递交一份正式申请，宣布自己开展“家庭学校”的意愿。（3）授课内容包括11门学科：阅读、写作、拼写、语言、数学、科学、社会研究、

[1] 倪小敏，单中惠，勾月.教育公平与效率：英美基础教育政策演进研究［M].济南：山东教育出版社，2015：155.

[2] Lois, J. Home is Where the School Is: The Logic of Homeschooling and the Emotional Labor of Mothering［M]. New York: New York University Press, 2013: 11-12. 2001年作者开始调查，一直持续到2008—2009年。

历史、健康、职业教育、艺术和音乐鉴赏。（4）儿童每年要接受评估，或由州授予资格的教师检查他们的工作；或参加标准化考试。（5）父母要做好教学记录，并将每年的评估存档，但不要求他们将结果提交给任何人。而其他一些州有更为严格的规定，如州需要授权他们的课程；父母必须拥有教学文凭；或者州官员进行例行的家访等。

（二）城乡分布情况

美国“家庭学校”逐渐从城市向乡村和郊区转移。从绝对数量和所占比例上看，1999年和2003年，城市和市镇的“家庭学校”数量占到70%左右，乡村和郊区占30%左右；到2012年，城市和市镇的“家庭学校”的学生所占比例下降到35%，而乡村和郊区则上升到74%。这体现出“家庭学校”逐渐向乡村和郊区发展，而且集中在乡村富裕的村庄和别墅中。不过到了2016年，城市和市镇有所上升，而乡村和郊区有所下降，后者在比例上仍然占据优势。

出现这一情况的原因可能是：（1）从历史发展来看，城市拥有更多的教育资源和教育机会，教育较为发达，因此，早期选择“家庭学

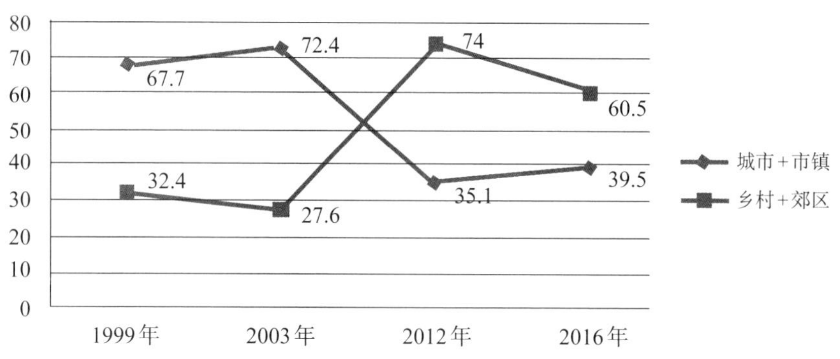

图6-17　1999—2016年“家庭学校”学生的城乡分布比例图（单位：%）

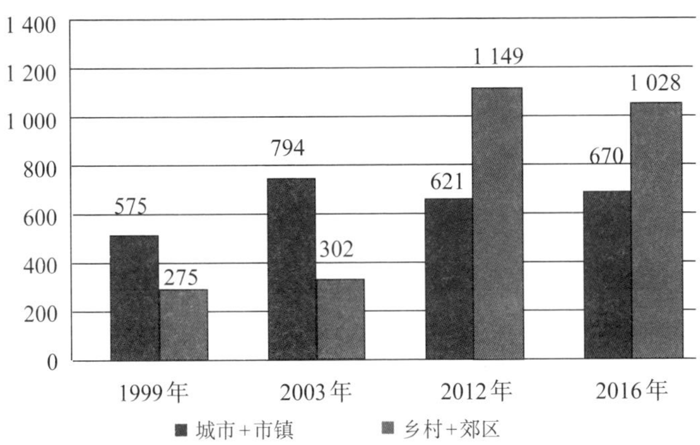

图6-18　不同年份“家庭学校”中的学生数量城乡分布图（单位：千人）

（注：为了更清楚地展现城乡“家庭学校”数量发展情况，笔者将这4年的统计标准的数据进行一定的合并，各年的具体数据和统计标准详情请见附录表19“‘家庭学校’的城乡分布情况统计表”）

校”的家庭更多是在城市；而现在随着教育技术的发达，乡村的基础教育设施、文化机构等也得到一定的发展，在一定程度上可以满足“家庭学校”的文化需求。（2）更为重要的是，相比于城市，乡村环境适宜，生活舒适，日益吸引更多的中产阶级（或中上层人士）迁往乡村或郊区，这为“家庭学校”的发展提供了家庭根基。（3）由于乡村和郊区处于一个问题相对较少的同质性的环境中，其教育管理制度更为宽松、自由[1]，教育治理方式更为分权化，结构松散、责任扩散，这为“家庭学校”提供了更为适宜的制度环境。（4）还有一种可能是，乡村或郊区的学校数量较少（合并），家庭与学校之间的距离较远，孩子不得不在家学习。

---

[1]［美］约翰·E. 丘伯，泰力·M.默.政治、市场和学校［M］.蒋衡，等译.杜育红，校.北京：教育科学出版社，2003：67-69. 约翰·E.丘伯，泰力·M. 默主张处于异质性、问题重重的环境中的学校更易于采用科层制，同质化、问题较少的学校科层化程度低。因为城市是高度异质性的、问题重重的地方，所以它的学校更多采用科层制；而城郊的公立学校是幸运儿，其结构相对宽松、自由。

第二节

家长对“家庭学校”的谨慎选择

选择“家庭学校”的家庭特别重视子女教育，担心在未来不确定的经济世界中子女的流动问题，因此对教育寄予厚望。他们希望建立一个宽松、自由的学习环境，培养学术能力强、富有创造力的孩子。

从上一节的分析可以看出，选择“家庭学校”的家庭在经济收入方面处于中等及以上水平，中产阶级构成了“家庭学校”的主要力量。中产阶级的父母在探索教育中的市场机制和累积他们的社会、经济和文化资本等方面显得相当熟练。他们拥有知识、技能和关系以分析和应付日益复杂的选择与招募制度。管理越宽松，就越有可能使用非正式的程序，中产阶级就越有能力让他们的孩子进出系统。[1]

在现实生活中，经济和社会资本能够通过多种途径转化为文化资本，中产阶级的父母在这种文化积累中处于有利地位。[2]他们拥有非正式的知识和技能（布迪厄称之为“惯习”），能够分析和利用市场化结构来为自己的利益服务，他们有能力作出经济选择，对市场化的结

[1] Ball, S., Bowe, R., Gewirtz., S. Maket Power and Parents' Choice［M］. London: IPPR/Rivers Oran Press, 1994: 19.

[2] 迈克尔·W.阿普尔.教育的“正确”之路——市场、标准、上帝和平等（第二版）[M].黄忠敬，吴晋婷，译.袁振国，审校.上海：华东师范大学出版社，2008：69.

构进行讨价还价，并通过一系列非正式文化规则来操纵系统。[1]越富裕的父母通常越有灵活的时间考察多样化的学校，为孩子提供像野营生活和课外活动项目这样潜在的文化资源。中产阶级家长储存的社会和文化资本虽然看不见，却是强有力的资源库。

但即使具备了上述经济实力、文化资本、教育能力，“家庭学校”依然是一个艰难的选择，它并非轻而易举就可以实行。家长通常在选择和作出决定的过程中花费很多的心思去考察这一教育形式，之后的教学实践同样是一个“艰辛并收获”的过程。

一、突破障碍，作出决定

选择“家庭学校”是一个深思熟虑的结果。如果说“家庭学校”最初是一些思想激进人士为挑战社会权威而作出的一个任性选择的话，那么在今天，选择“家庭学校”更多的是出于父母对家庭条件、教育能力的一种综合而慎重的考虑。作出“家庭学校”的决定一般经过以下五个阶段。

1. 倾向于学校教育之外的选择

父母从儿童的智力发展、个性成长、社会化等多方面考虑，认为传统学校教育都不适合孩子，坚持家庭是孩子生命中的一个自然而处于核心位置的机构。

2. 相信“家庭学校”的可行性

“家庭学校”的理念、信息等吸引父母，“家庭学校”的支持性组织和关系网等为家庭提供支持。起初，一些父母感觉缺乏教育子女的

[1] [美] 乔纳森·H. 特纳. 社会学理论的结构（第7版）[M]. 邱泽奇，张茂元，等译. 北京：华夏出版社，2006：272.

师资力量，同时自己缺乏教育培训，担心无法获得足够的支持或资源等。上述关系网络和资源帮助家长克服被社会孤立的感觉，解决信息不畅的障碍，减轻家长的顾虑。

3. 慎重考虑“家庭学校”是否适合自己家庭

选择“家庭学校”意味着家长会面临很多困难，如信息、关系网、制度、教育、心理等。父母需要熟悉所在州或地区的相关教育法律，向已经实施“家庭学校教育”的家长咨询，深入了解这一教育形式，收集多方面的资料，培育个人关系网。家长不断提高自我效能，准备充足的情感和智力资本，依靠技术如网络、电子邮件、网上论坛等，或进入实体书店，与选择“家庭学校”的父母面对面聊天，以此降低进入“家庭学校”领域的障碍。

4. 作出最终决定

真正选择“家庭学校”之后，父母会获得一种新的身份，面临一个完全不同的环境，如父母放弃工作或改变工作形式，减少工作量，更多的时间用于在家教育孩子，或许要面对家庭其他成员或邻居等的质疑等。此外，家庭会因为选择“家庭学校”而作出很多牺牲，如父亲为了更多的工资，离开原有单位；父亲做两份工作；家庭减少家具或其他生活设施的更新；放弃家庭假期等。

5. 对“家庭学校”的认识逐渐深化

一开始，父母只是将“家庭学校”作为解决传统学校教育问题或进行信仰教育的一种方式，但随着教学实践的深入，他们逐渐从个人自由与国家利益平衡的角度更深刻地认识“家庭学校教育”，坚持为孩子开展一种个性化教育。

经过了最初的犹豫不决，家长综合考量“家庭学校”对孩子、家庭的适宜性，最终决定是否踏上这一条依靠自己的力量来教育子女的道路。

二、母亲承担教育重任

大多数情况下，女性放弃工作，以全职母亲的身份承担“家庭学校”的教学任务，父亲在外挣钱养家。只有少数情况下，为了能够保证在家教育子女并补充家庭收入，母亲上夜班或选择在家可以完成的工作；或祖父母帮忙教育子女；也有些家庭是父亲在家教育子女，如父亲持有教师资格证，更胜任教育工作。教师、母亲、家务操持者等角色使得“家庭学校”中的女性与众不同，其中全职在家教育子女成为她们生活计划中的头等大事。

“家庭学校”带来家庭教育功能的复兴和母亲身份的多样——全职母亲的生活因为教学任务变得更加丰富。拥有宗教信仰的女性尤其乐意承担“家庭学校”的责任，她们认为在经过重建的私人空间（指家庭）中，生活变得有意义，带来满足感，个人的身份也得到认可和支持。

妇女的道德观、热情和哺育能力与母性的特征联结，同时伴随着强烈的政治使命感，母亲成为“家庭学校”的中流砥柱。“家庭学校”赋予女性在家教育责任的同时，一部分由此引发的公共活动也朝向了家庭之外。因为在许多情况下，“家庭学校”是一项集体的工程，需要家庭之间开展合作性的教育活动（如支持小组、出游、戏剧小组等），家长参与支持性组织的会议或活动，保持“家庭学校”组织的常规运转。这为女性提供了很多机会，如她们成为“家庭学校”活动推广者和创业者，开发及推广最流行的课程材料、组织管理指南等。上述活动为“家庭学校”的母亲提供了一个广阔的成长平台，为她们寻求社会认同提供了条件。

“家庭学校”中，母亲成为主要施教者的原因如下。

（一）女性在家教育的传统

早期家庭教育形成了女性在家教育子女的传统，促使“家庭学校”的基础工作主要由母亲来完成。人类社会基于生理差异而出现劳动分工的规范，在教育责权方面，女性由于生理上的劣势（如体力差、不善于奔跑等）和优势（如能繁衍后代、哺乳），成为教育子女的最佳人选。[1]在18世纪美国殖民地时期，家庭是社会组织的基本单位，是传播文化的决定性机构，承担教会和学校的功能。女性为实现对个人的拯救，学会阅读、书写和计算，同时，她们在家庭内部承担教授阅读的职责，有些还在女先生学校（只有女性教师的学校）中充当社区教师以及在新英格兰学区夏季学校充任教师。[2]社会普遍认为，女性是幼儿最好的教师，原因主要是：（1）她们具有抚养、教育儿童的天赋。她们天生具有母性的冲动，在拥有孩子之后，冲动变成责任，责任的完成转化为成就感和快乐。（2）女性的社会期望较低，工作范围较为狭窄。（3）女性具有更为纯洁的道德。

（二）教育理念的传播

瑞士教育学家约翰·裴斯泰洛齐（Johann Heinrich Pestalozzi）宣称，“家庭是教育的起点，……母亲是教育的第一要义”，[3]他把女性看作是母亲和教师的理想形象，其教育理论赋予母亲和家长拯救社会

---

[1] 康永久.教育制度的生成与变革——新制度教育学论纲［M].北京：教育科学出版社，2003：165，179-180.

[2] ［美］乔尔·斯普林.美国学校：教育传统与变革［M].史静寰，姚运标，张宏，郑崧，赵萍，王毅，译.北京：人民教育出版社，2010：53-54.

[3] 约翰·裴斯泰洛齐.裴斯泰洛齐教育论著选［M].夏之莲，译.北京：人民教育出版社，2001：346.

的基本职责。在《林哈德和葛笃德》一书中，他提出母性化教学模式，主张将教学和家务劳动整合在一起。裴斯泰洛齐强调感官教育、实物教学以及通过爱的潜移默化的影响施展教育，而感官或心灵的事务是母亲的事务。另外，他把理性和父亲联系在一起。

专家建议和社会文化会影响女性的选择。依据儿童发展专家的提议，要成为一个合格的母亲，需要时刻关注孩子的爱好，促进儿童身体和认知的发展，持续满足孩子的需要。受上述思想的影响，很多女性选择了母亲的身份，投身“家庭学校”，母亲的支持和付出使得“家庭学校”成为一种可行的教育形式。尤其是很多基督徒受到基督教文化的影响，认为养育孩子是父母的重要责任，而全心陪伴是养育孩子的最好方式，它超过收入、职业等带来的金钱和荣誉的满足。她们认为这是在投资孩子的未来。在“家庭学校”中，孩子看电视的时间大量减少，更多的时间用于家庭生活（学习、家务劳动）。在多子女家庭中，年长者可以对年幼者进行课程辅导，以此增加家庭成员之间的交往，进而加深相互之间的感情。

（三）社会性别分工的结果

角色是指拥有特定社会地位的个人所期望的行为，地位属性与角色会因文化的不同而不同。整体来看，社会对男女性别存在不同的要求和期待。在殖民地时期，个人拯救和为家庭的其他成员服务是这一时期美国女性教育的目的。美国革命把女性的家庭责任和更加广泛的公共目的联系在一起，促使女性受教育机会增加。整个19世纪，学校女性教师成为公立学校的主力军，但整体上看，她们被施以消极的公民准则，参加政治和社会活动的机会受到严格的限制。直到20世纪中期，女性教师联盟开展的活动才使得她们主动参与到政治和社会工作中。

“家庭学校”也受到了社会劳动分工的影响，具体表现在：(1)社会对女性的社会期望低。女性的工作机会有限，或受到一些限制。在19世纪中期西方中产阶级的文化里，理想的家庭主妇是专职为家庭提供情感与精神支持；理想的丈夫则是“经济人”的化身，工作于公共领域，是理性和效率的代表。[1](2)社会普遍认为，不同性别在思维方式、性格等方面存在差异。女性感性，具有情感丰富和善于育儿的特质；男性理性，处于管理地位。文化赋予女性更多养育孩子、照顾家庭的责任。男性部分时间进行教育上的指导与监督。(3)在美国，两性从事的工作有很大差别。美国劳动部2010年报告称，妇女主要集中于两类工作，即行政辅助性工作和服务工作，相对于男性来说，收入较低，财富较少，权力较少，受教育程度较低。[2](4)新教教徒职业观的影响。对于一些有基督教信仰的女性来说，任何正当的职业在上帝面前都具有绝对同等的价值，母亲被赋予爱孩子和爱家庭的职能，履行作为主妇的义务被认为是一项道德实践。

(四)母性文化的影响

“家庭学校”中大多数施教者为母亲，这一情况表明她们将孩子的需求置于自我需求之上，她们愿意为孩子的成长以及家庭付出更多的时间。家长选择“家庭学校”的动机很复杂，可能有很多个，还可能随情况而发生改变，但这一选择与信仰密切相关，更与母亲的个性

[1] 李荣荣.美国的社会与个人：加州悠然城社会生活的民族志［M].北京：北京大学出版社，2012：112.
[2] ［美］约翰·J. 麦休尼斯.社会学（第14版）［M].风笑天，等译.北京：中国人民大学出版社，2015：337-341.

有关。母亲对孩子的强烈情感促使她们留在家中，实施正规教育成为母亲与孩子相处的一种途径。母亲在作出“家庭学校”的决定时主要受到两种驱动力的影响。

一是强调母性情感，“家庭学校”是随之产生的一种自然结果。女性在结婚生育之后，对孩子产生强烈的母性情感，不愿与孩子分开。于是，她们放弃工作，转而在家陪伴孩子，自然过渡到在家教育孩子。其中一些女性基督徒的这种意识更为强烈，她们认为是上帝召唤自己在家教育子女。基督教中的性别观念是促使家庭选择“家庭学校”的重要原因，但不是唯一原因，上帝意志加上经济条件许可，方才使得“家庭学校”成为现实。

二是女性全职在家是预先规定好的，个人无从选择。传统的理想妻子和母亲的观念以及家庭背后的社会阶层和文化意义影响着女性的情感。社会学家玛丽·布莱尔·罗伊（Mary Blair-Loy）指出：在中上层社会中，家庭的教育功能无可替代，家庭投入模式成为美国文化中一种被社会广泛接受的观念，这成为许多女性生活的默认规范。[1] 这些母亲预知自己至少要陪伴孩子至学龄阶段，甚至过渡到正规教育阶段。有利的经济支持为“家庭学校”提供了坚强的后盾，他们在“家庭学校”的实践中不断摸索，提高教育能力。

三、女性的矛盾与摇摆

真正实践在家教育子女的过程中，一些女性受到女权主义的影响或在遭遇教育困境时，会出现信念动摇的矛盾心态。

[1] Lois, J. Home Is Where the School Is: The Logic of Homeschooling and the Emotional Labor of Mothering [M]. New York: New York University Press, 2013: 55.

女性的角色冲突。女性生活在一个规则不断变化的世界，主流文化期待她们独立，因此她们身上兼有传统观念和自由女性主义的印记。在美国，家务劳动一直呈现出一种文化上的矛盾：它对于家庭必不可少，但做家务的人几乎得不到任何报酬。特别是20世纪60年代的女权主义浪潮对女性的思想产生重大影响。女权运动提倡理想女性生活模式，即独立、平等、自主，在这种文化背景下，大量女性加入劳动大军，献身“家庭学校”似乎成为不可能的事。受到自由女性主义文化的影响，女性会产生有偿工作和照料子女之间的矛盾和冲突。母亲在传统女性思想和女权主义思想之间进行艰难的心理斗争，因为家庭的责任严重限制了她们的公共角色。这些“家庭学校”的母亲面临着复杂的家庭工作，为了更好地应对家务劳动、家庭教学等，她们需要投入大量的时间和心思掌握多种技能。她们不仅是母亲，也是教师、行政管理人员、家庭规划者，这些角色给了女性一个更丰满的母亲身份，而这些角色都是家庭赋予的。

被迫选择在家教育子女的母亲会更多地感受到，“家庭学校”的选择是一种心灵上的煎熬。孩子进入学龄期后，家长通常会选择让孩子就读于公立学校，然后母亲回归工作，但由于诸多原因，有的儿童特别是特殊儿童（如阿斯伯格综合征患者、学习障碍者、学术天才等）无法适应传统学校的教育。于是为了孩子能够得到适宜的教育，满足孩子的个体需要，在衡量家庭条件之后，这些家庭选择“家庭学校教育”。母亲没有把它作为爱孩子的一种自然逻辑，也没有把它作为彰显母性的一种途径。她们选择“家庭学校”的原因主要是孩子无法适应传统学校，而其他教育选择方式又无法达成；同时，丈夫倾向于子女在家接受教育。这一选择更充分地体现了母亲的情感冲突。

相比之下，一次选择者（first-choicers）主动选择“家庭学校”，心甘情愿在家教育子女，心理上的冲突较少；被动选择者经常会寻找其他教育形式，不安心于在家实施教育。上述两者的区别会影响母亲在教育子女过程中的体验和感受。但是，让孩子接受最适宜的教育以及内化的好母亲思想，促使这些母亲最终安心于“家庭学校教育”。

第三节

“家庭学校”运行中家长的全方位努力

家庭承担起正规教育的任务，家长需要实现教师角色的转换，适应并胜任教学任务。在教学实践中，家长不断克服来自家庭内部和社会外界的批评和压力，充分利用家庭的教育资源或借助家庭之间的互助来保证教育效果。

一、适应教师角色

角色冲突，是指两个或两个以上的地位所衍生出的角色之间的矛盾。家庭开展正规教育使得家长要扮演多种角色，如母亲/父亲、教师、家务操持者，他们承受了更多的角色压力，因此，过度劳累是许多“家庭学校”家长的普遍体验，尤其是教师这一角色的加入，施教任务为已经足够忙碌的家庭生活增加了大量额外的工作。

2012年的调查结果显示，为了更好地提升教育能力，约四分之一的家长为家庭教育参加了专门的课程培训。其中，约11%参与了面对面的培训课程，10%参加了网上课程，4%两者均参与了。

表6-2　家长为准备家庭教育而参与专门培训课程的比例表[1]

	课 程 类 型	所 占 比 例
参与专门课程培训	面对面培训课程	11%
	网上课程	10%
	面对面培训+网上课程	4%
没有参与专门课程培训		75%

一般情况下，家长要经历四个阶段来适应教师这一角色。

（一）角色模糊：新鲜而焦虑的感受与结构化课程

对于“家庭学校”这一决定，家长起初略带兴奋或无奈，一方面是因为他们感觉找到了适合孩子的教育形式；另一方面，家长成为主要的施教者，其教育能力成为考验“家庭学校”能否顺利开展的关键因素。对于教师这一新角色，大多数家长没有一个清晰的教育规划，不知道如何对子女实施正规教育，他们害怕失败，毁掉孩子的前途；即使一些家长接受过正规培训，但仍对教育子女的能力没有信心，对教育前景充满不确定性。此外，教师—学生、家长—子女这种双重关系使得家长在开展教学过程中容易受到情感的影响。

为了减少角色的模糊性，一开始，大多数家长尽可能地明确课程

[1] 资料来源：https://www.washingtonpost.com/news/education/wp/2016/11/01/number-of-home-schooled-students-has-doubled-since-1999-new-data-show/。

内容和规划教学进度。他们或到学区的相关教育部门寻求课程建议，或向拥有经验的“家庭学校”实践者咨询。大多数“过来人”向新手们热心地介绍自己的经验，并提出建议：家长要放松，不要担忧自己的教育能力；教学方式和课程应该灵活一些；依据孩子的兴趣和需要开展教育；让学习过程变得有趣一些，孩子才能全身心地投入学习。有经验者试图稳定新手们的情绪，让他们更好地适应由“家庭学校”引发的家庭生活状态的改变，并顺利过渡到教师这一角色上来。

一部分家庭采纳了上述建议，并在教学实践中贯彻执行。但大多数家长起初对这一建议感到焦虑，因为他们不相信孩子可以在非结构化的教育方式下自由灵活地开展学习。于是，大多数“家庭学校”在教学起步阶段较为拘谨，为了让自己的孩子不落后于接受正规学校教育的同龄孩子，父母制定相对严格的教学进度，类似于在家庭中建立一所小型学校，专门预留教育空间，并购置简易的教学设备，如黑板、课桌、教材等。家长依据预先制订好的教学进度和课程内容对子女进行教育。在这一时期，许多家长会度过一段新鲜、紧张、充实的教育生活，在不断调适中适应教师角色。

（二）角色失败：调节亲子情感并强化教学

在逐渐适应在家教育子女的状态之后，接下来家长会面临两个挑战：一是孩子的学习动机弱；二是孩子的进步程度低于家长的期望。这些困境让家长们怀疑自己的教育能力。由此，“家庭学校”进入第二个阶段，即如何较好地发挥教师的职能，激发孩子的学习热情。为应对角色失败的感受，母亲试图改变孩子的消极情绪，通过强化课程结构来提高学习成绩。

家长建立一定的规则，维护教育秩序。在新鲜感之后，“家庭学校”会出现诸多问题，如孩子意识到作业很无趣，对作业持有恶劣的态度。意识到这些问题后，家长试图向孩子灌输一些有助于他们日后成功的价值观，如纪律、延迟满足等。因为如果允许孩子只做自己喜欢的事情，而不具备毅力、忍耐等品质，他们会形成不良的工作道德。于是，很多家长建立专门的教室和学习环境，以影响孩子的学习态度，让孩子明白学习是一件认真、严肃的事情，学习时间和游戏时间是有区别的。难以获得孩子的合作与互动是“家庭学校”最令人产生挫败感的地方，家长意识到控制他人的情绪是一件困难的事情，试图改变孩子对某一学科的态度注定是一场持久战，行为不当或许会完全浇灭孩子对学习的热情。

推进孩子学术发展的家长也在与“家庭学校”的一些基本观念或思想做斗争。如起初，他们觉得“家庭学校”理念（如为孩子提供个性化的教育等）很有吸引力，但在教育实践中很难实行。专家解释孩子缺乏学习动机是因为没有做好具体学习技能的准备，而强制教育会日益弱化学习动机。即使使用非结构化方式进行教学的家长也会发现，很难按照专家的建议，长时间放弃某一课程的学习，去耐心地等待，直到孩子做好准备。于是，家长们在孩子薄弱的学科上布置更多的作业，强化结构化教学，这一行为导致孩子的学习动机变弱，成绩更差。当成绩和学习动机下降，母亲再次强化结构化教学。由此，教学与孩子的发展陷入恶性循环。当孩子的某一学科成绩较低时，母亲的个人成就感也随之降低，母亲会感到焦虑，甚至失眠。父母承受很大的精神压力，达到“情绪边界”。

（三）角色冲突与负担过重

第三个阶段是家长对“家庭学校”的情感适应。教育目标与家长角色产生冲突，加上大量的家务劳动，使家长们在体力和心理上承受巨大的压力。每一种角色有不同的情感需求，作为对角色冲突的一种自然反应，家长们划分了照料时间和教学时间。在承担角色赋予的责任的过程中，家长们不断运用自己的聪明才智，逐渐让复杂、忙乱的教育工作、家务劳作等有条不紊地进行。

很多家庭依靠宗教信仰应对“过度劳累”时期。他们主动接受传统家庭性别分工的观念，坚持认为“家庭学校”是上帝的计划。因此，他们能够转变认识，抑制不良情绪，以积极的心态承担“家庭学校”的任务，以此减轻焦虑，释放压力。

（四）角色和谐：制定优先顺序，激发学生兴趣

随着“家庭学校”实践的不断深入，家长逐渐摆正心态，更为有效地处理日常事务。一些家长将家庭教学比喻为“保龄球运动”，尽管每次不一定能击倒所有的目标物，但每一次击打都有意义。心态摆正之后，“家庭学校”的教育活动逐渐步入正轨。很多家庭依据重要程度，将照料、教育孩子置于优先位置，而将家务劳动置于次要位置，并降低家务劳动标准，从而有更多的时间用于教育工作。这样的一种心态和安排有助于家长有效地分配精力和时间。同时，很多母亲积极争取丈夫的帮助，丈夫参与料理家务、照料与教育孩子等工作，与妻子共同承担家庭责任，减少了母亲的工作量。在教育子女的过程中，夫妻双方形成合力。

家长不断回味过来人的经验和建议，降低课程的结构化，依据孩子的兴趣和技能决定课程内容，教育形式变得更加灵活、自由。家长更加相信孩子的学习能力，只是将自己作为教育的促进者和推动者，为子女的学习提供帮助。家长用于规划课程和教学进度的时间减少，

工作量下降。孩子独立学习课程，宽松的环境激发了孩子内在的学习动机。家长与孩子的步调趋于一致，多种角色更加和谐。

在家教育子女的家长特别是母亲经历了情感冲突与角色压力，逐渐适应教师角色。她们寻找各种方法处理焦虑不安等情绪，其中主要有两种途径：一是依靠宗教信仰，以牺牲的精神，完成妻子和母亲的责任，忍辱负重。二是积极获得丈夫的帮助和支持，放弃家务劳动，重构课程，减少教学规划时间，这是一种更为积极的策略。随着“家庭学校”的开展，家长的教育技能越加灵活自如，从依赖课本到灵活地加入孩子的户外活动，再到成为合格的教育促进者，有效地掌控孩子的学习。当然，也有一些家长在遭遇困境后，感觉难以承担这样的重担，退出了“家庭学校”领域。

二、开展教学实践

选择“家庭学校”的理由多样，因此，各个家庭的教育实践丰富多彩，具体教学内容和形式多样化。有些家庭采用相对松散的、非结构化的教学，有些家庭采用严格依据教材或课程、以父母为主导的教学形式。

（一）教育理念和形式多样化

从教育理念看，一些家庭坚持以儿童为中心的教学。家长相信儿童的学习能力和潜能，让孩子自主学习，不过多地参与孩子的学习，父母和孩子拥有各自不同的生活节奏。相比之下，基督教家庭强调类似于学校的教育秩序和家长的教育权威，强调宗教信仰的传递；注重成绩单、年级等。这些有助于孩子的学习结果获得社会认可。

“家庭学校”的教学形式主要有三种：传统的师生教学，严格而规范；教师作为引导者，学生独立学习；教学在儿童参与现实世界的活动中伴随进行。教学形式的选择与父母选择“家庭学校”的动机紧密联系。比如：（1）拥有宗教信仰的家庭希望孩子学习的内容和宗教教义有关，这类家庭倾向于以教师为中心的教学，因为他们认为孩子并非天生就渴望学习，而是懒惰的，因此需要一种机制引发、刺激他们的学习动机；他们多依循一定的课程体系，强调道德、宗教、精神的价值，依赖教科书，强调课本内容的诵读，教育理念与教学方法更趋于保守。（2）教育理念型的家庭以人本哲学为理念，反对教育科层化或教育专业化，认为学校并不是唯一的学习渠道，他们尊重孩子的自学精神，不强迫孩子依循一定的教学进度或课程模式，认为只要提供丰富的环境，孩子自然能够学习。[1]这类家庭的家长参与教学设计，通常是父母主导下的教学，一般采取儿童为中心的学习和自学。

各个家庭的教学方法也存在差异，其自由度大小与宗教信仰、孩子之前是否接受过公立学校的教育、种族、父母的教育经历、时间等因素相关。同时，许多“家庭学校”没有严格、明确的课程表或教学内容安排，因此精确的计算教学时间不太容易。总的来看，“家庭学校”的学习时间比正规学校要少，主要是一对一教学。

（二）“家庭学校”的类型

“家庭学校”的施教者主要是父母或其中一方，或聘请家庭教师；教育对象是自己的孩子。随着家庭教学实践的开展，“家庭学校”的类型也发生了些许变化，主要是在一定程度上加入了家庭之间的合作。总结起来，“家庭学校”主要有两种类型。

（1）家庭独立实施的“家庭学校”，又称母亲学校，即母亲是主

[1] 张碧如.教与学的另类可能：在家教育自主学习之个案研究［M］.台北：五南图书出版股份有限公司，2006：10-11.

要的教育实施者。家庭可以依据自己的实际情况，自由地选择教育时间、地点、内容、形式。母亲在教育自己的孩子时，为提高教育效果，也可邀请其他家庭的孩子加入进来，组成团体活动。

（2）多个家庭联合、互助的“家庭学校”。家庭之间的合作可以有效地增进家庭之间的相互了解，分享在家教育的经验或体验，同时也为儿童提供一个社会化的场所。通常情况下，家庭之间合作开发、设计课程，组织活动。这些课程或活动都是家长所擅长的，每一位家长负责自己擅长的学科，对孩子们进行课堂教学，因此授课内容会有一些限制性，如外语、足球，还有一些拓展性的学习项目如科学营等。学习的地点可以是某一个家庭中，也可以是教堂或其他场所。有时也会聘请某学科的专家来讲授一些高级课程，如微积分、外语、物理等。从外在形式看，它与正规的学校教育无异，即一位成年教师向一群学生授课。

以上类型都保留“家庭学校”的核心特征：学生的主要学习场所是家庭，主要施教者是父母，他们享有更多的教育选择自由。上述两种类型都属于纯粹的“家庭学校”，它们拥有相对较大的自由度，在课程选择、时间安排等方面都可以自己决定。

三、自担教育费用

国际、国家甚至地区大都支持个人和团体拥有设立和管理私立学校的自由。1960年联合国教科文组织颁布的《取缔教育歧视公约》指出，两类教育机构的设立和开办不会构成歧视：第一，因为宗教或语言的原因设立或维持分开的教育机构，只要其入学是由个人随意选择的，而且所提供的教育又符合主管当局所设立的最低标准。第二，如果这些学校的目的不在于排斥任何一群人，而在公共当局提供的教育设施之外另再提供其他教育设施，并且所提供的教育又符合最低标准。[1]但当代国际法没有要求国家对私立教育提供任何资助或创设条件如税收优惠，以使私立学校更容易开办。因为自由的本质在于国家的消极放任、不予干预[2]，所以国家在资助私立学校的问题上一般较为谨慎，有时保持沉默，很多国家更是通过限制财政资助这一消极做法来对私立学校的数量进行一定的抑制。

在美国，作为一种私立教育，“家庭学校”鲜能获得政府的经费资助，大多数家庭自己承担教育费用。虽然20世纪八九十年代美国各州教育部门逐渐认可“家庭学校”的合法地位，但由此引发了家长教育选择权、儿童的受教育自由和国家教育权之间激烈的冲突和博弈，一些州的“家庭学校”甚至和教育部门之间长期处于僵局之中。加之家庭属于私人领域，国家对“家庭学校”的监管难度很大，其教育适宜性、有效性难以评估。还有一些学者指出，“家庭学校”所蕴含的私有化意识有可能加剧社会不平等，恶化社会冲突，甚至无法实现培养合格公民的愿景。[3]所以国家虽然承认“家庭学校”的合法地位，但并没有主动为其提供支持和财政补助。[4]教育券（education vouchers）和学费税收减免（tuition tax credits）是政府资助非公立学校的两种主要途径，“家庭学校”能否获得这些补贴政府目前也未出台明确的政策。

在上述政策背景下，家长无法依赖公共税收资源为家庭提供补助，他们为此展开积极呼吁。布莱恩·雷的调查指出，“家庭学校”的家长纳税达240亿美金，但由于他们的孩子不到公立学校上学，这部分公共经费他们的子女无法享用。[5]这些家长在尽到纳税人义务的

[1]［澳］达格拉斯·霍奇森.受教育人权［M］.申素平，译.北京：教育科学出版社，2012：155.

[2] 王国柱.学习自由与参与平等：受教育权的理论和实践［M］.北京：中国民主法制出版社，2009：62.

[3] 迈克尔·W.阿普尔.教育的“正确”之路——市场、标准、上帝和不平等（第二版）［M］.黄忠敬，吴晋婷，译.袁振国，审校.上海：华东师范大学出版社，2008：212-228.

[4] 较少的州对“家庭学校”制定财政补助政策，如加利福尼亚州。

[5] Ray, B.D. Research Facts on Homeschooling［R］. National Home Education Research Institute, 2015(6): 36-42.

同时，依然还要对子女教育再付出一部分支出，因此，一些“家庭学校”的家长认为自己纳税却无法使用教育经费，这是不公平的。于是，这些家长一直在积极争取政府的教育补助，抑或呼吁政府降低他们的教育税收。但由于“家庭学校”以家庭为教育中心的特点使得多数国家对这种教育形式的公共性关注较少，所以这种诉求一直得不到回应。不过，在20世纪90年代随着美国教育私有化和市场化的推进，一些州或学区开始关注并考虑“家庭学校”的需求，为这类学生设计了一些教育项目，给这些家庭带来了一些教育资源，这在一定程度上可以算作教育部门对这类家庭的一种经费补助。

第四节

伊利诺伊州“家庭学校”实例分析

以下两个案例都来自伊利诺伊州。一个是美国学者史蒂文斯在伊利诺伊州的访谈个案，另一个是中国研究者在伊利诺伊州的访学感受。

一、案例一：“家庭学校”的学习计划及活动开展[1]

母亲帕梅拉·易卡德（Pamela Eckard）曾经是一名学校教师，后

[1] Stevens, M. Kingdom of Children: Culture and Controversy in the Homeschooling Movement [M]. New Jersey: Princeton University Press, 2001: 72-75.

来全职在家教育孩子，承担家庭中的教学工作。丈夫是一个家具修理工。家中三个男孩，麦卡（Micah）8岁，赛斯（Seth）6岁，布兰登（Brandon）3.5岁。

一天的基本时间安排如下：

表6-3 “家庭学校”一日时间安排表

<table>
<tr><th>时 间</th><th>工作事项</th><th colspan="2">备 注</th></tr>
<tr><td>6 : 15</td><td>母亲起床准备早餐</td><td rowspan="2">早餐前，孩子们起床，穿衣，完成整理床铺、洗漱等</td><td rowspan="5">每天日常生活中，孩子需要参与家务劳动（洗衣、做饭、打扫卫生，检查作业），同时附有轮流工作时间表</td></tr>
<tr><td>7 : 15</td><td>早饭</td></tr>
<tr><td>8 : 45—11 : 30</td><td>上午学习</td><td></td></tr>
<tr><td>17 : 30</td><td>晚饭</td><td></td></tr>
<tr><td>18 : 30</td><td>卧室睡觉</td><td>一个睡前故事</td></tr>
</table>

母亲全程陪伴、指导孩子的学习。正规教育时间每天少于3小时。上午8 : 45—11 : 30的学习活动内容和时间分配如下：

表6-4 “家庭学校”上午学习活动内容和时间分配表

<table>
<tr><th>事 项</th><th colspan="2">备 注</th></tr>
<tr><td>虔诚崇拜时间</td><td>学《圣经》，复习、背诵在星期日学校学习的《圣经》章节</td><td rowspan="5">这一家庭使用寇诺思（KONOS）课程，以单元学习为主要教学形式，其中贯穿《圣经》教义，同时又补充看字读音和数学课程。母亲将自己准备的学习材料补充进整个学习计划，每天坚持为孩子准备练习册等</td></tr>
<tr><td>阅读时间</td><td>孩子自主选择故事，阅读30—45分钟，通常是小说，已经阅读完“大草原上的整个房子系列”（The Whole House on the Prairie Series）丛书</td></tr>
<tr><td>在地下室（2个小时）</td><td>在这里存放着大量的学校教育资料，孩子可以自主选择学习资料，数学、阅读活动是必须完成的，之外他们可以自由学习</td></tr>
<tr><td>书写时间（15分钟/天）</td><td>进展不太好（母亲让孩子们给祖父母写信，练习书写，但孩子没有写），听写，记下自己编写的故事</td></tr>
<tr><td>15分钟默读</td><td></td></tr>
</table>

这个家庭是图书馆的常客，所用的书籍多数都是从当地的图书馆借来的。

除了正规的教学活动之外，母亲还安排了较为丰富的户外活动：参加地区支持“家庭学校”的活动；与另外一个家庭每周聚会一次，进行学术探讨和户外游戏、运动等，促进家长、孩子之间的交流和互动；隔周去探望一次祖父母。

在这个“家庭学校”中，父亲也提供一些帮助。下班后，他到图书馆借书；开展一些即兴的活动，如夏天驱车带孩子到姨妈家看星星，与孩子谈论星座的问题。父亲一开始忧虑“家庭学校”的质量（害怕耽误孩子的前途），同时担心教学给妻子带来超负荷的工作量，不支持“家庭学校”。之后，他收听了“关注家庭”的广播节目之后，逐渐转变了自己的态度，同意在家教育子女，并慢慢感受到“家庭学校”带给孩子、家庭的变化，开始支持并喜欢这一教育形式。

二、案例二："家庭学校"的教学、效果及问题[1]

这个家庭位于伊利诺伊州的德卡尔布（Dekalb），白人，有三个孩子：夏洛特（Charlotte，12岁）、迈克尔（Michael）和梅根（Megan）。母亲坎迪（Candy）是北伊利诺伊大学的西班牙语教师。父亲是一名卡车司机，周末还兼职另一份工作。从居住条件看，这一家庭的经济条件不是太好，他们与另一个家庭共用一栋房子、一个车库。母亲承担教育孩子的所有工作，较为强势，父亲很少插手教育工作。

---

[1] 可详见博客http://blog.sina.com.cn/s/blog_4ad64a910102vek2.html。

（一）选择“家庭学校”的原因

主要原因有三个：学习效率、经济、宗教。

三个孩子中，只有夏洛特进过学校。母亲坎迪认为孩子在公立学校花费大量的时间，学到很少的内容；老师或者不管孩子们是否在学习，或者要用时间等待落后生。母亲认为公立学校在浪费孩子们的时间，而私立学校的学费太高，家庭无法负担。此外，家长重视宗教信仰的传递，母亲认为公立学校无法满足自己对于宗教教义的学习要求。

“家庭学校”的底线是要为孩子们提供比公立学校更好的教育。母亲坎迪每天上午要去学校上课，工作结束之后回家和孩子们一起做午饭，辅导孩子们学习。坎迪为孩子提供了较好的教育，她一方面购买针对“家庭学校”的孩子的课程，以此作为参考；另一方面依据孩子的兴趣开展教育。同时该家庭还参与了松散的“家庭学校”组织，获得一些其他“家庭学校”用过的二手书，价格低廉而且实用，相对减轻了家庭的经济负担。坎迪认为既然放弃学校教育而选择“家庭学校”，就一定要给孩子提供比学校教育更好的教育，否则“家庭学校”就失去了存在的意义。孩子的未来很重要，作为母亲坎迪对孩子有所期望，因此对孩子们负有较强的责任感。

（二）学习内容和方式

坎迪为孩子们安排了丰富的学习内容。依据个人兴趣，每个孩子的学习内容有所差异。迈克尔一天的学习安排是：阅读、科学、书法、《圣经》、历史文化、吉他、单词学习。迈克尔每周要学习其他两种语言（其中之一是韩语）的单词，每种10个。夏洛特正在学习拉丁语，练习钢琴。坎迪每天都为孩子们提前做好学习计划，如《圣经》的学习，每天从第几页到第几页是需要记忆的，而另外一些是需要阅读的；历史的学习也很细致，迈克尔在学习东亚国家的历史。

“家庭学校”的学习方式是：母亲提供学习计划；以孩子们的自学为主，母亲辅导、帮助为辅；大量利用网络与书籍。母亲广泛收集学习资料（“家庭学校”的组织、APP等），给孩子们制定计划，每天打印一页学习内容的详单，孩子们尽量独立完成每一项任务，母亲例行检查。孩子们要阅读书籍（选择范围广泛，美国孩子的教材、其他书籍、小说等）。充分发挥网络的强大功能，夏洛特通过网络学习拉丁语，利用视频完成相关的家庭作业。孩子们学习中文歌曲。迈克尔每周外语的单词积累也是通过网络搜索来完成的。使用的书籍多是二手书。

学习的标准化、规范化随着孩子年龄的增长有所增加。因为在美国进入大学需要一系列的成绩证明，因此夏洛特开始逐渐学习标准化的课程，为获得高等学校的认可做准备。

（三）学习效果良好

这一家庭的教学效果较好。一方面表现在孩子的行为上，他们得体、独立、大方、有礼貌。三个孩子的生活自理能力很强。坎迪作为语言学院的教师虽然没有科研工作，但是她的教学任务很重，每天都有课。她每天早上离开家到学校上课，中午12点多才结束授课回家。早饭是由孩子们自己做的，12岁的夏洛特已经可以做较为复杂的食物，迈克尔也可以做简单饭菜。孩子们的学习任务很重，同时，他们还要做一定的量的家务，如收拾自己的房间，照顾他们的小狗。

另一方面是学习效果。一是高效，孩子们通常可以用一年的时间完成公立学校两年的授课内容。二是兴趣广泛，学习内容丰富而有深度。三个孩子对韩语很感兴趣，于是他们在网络上找歌曲、查资料、了解地理与民俗等。同时，他们对中国文化很感兴趣，对中国的了解也很多，阅读相关书籍，利用网络获取相关知识，参加中文夏令营。夏洛特学习了舞棒、顶盘子、玩扇子、转手绢；迈克尔会抖空竹，梅根坚持每天收听北京音乐台的广播，听中文歌。三个孩子展现出来的兴趣以及不断探究的好奇心是他们学习的原初动力。窗台上摆着孩子们用来做植物养殖实验的瓶瓶罐罐；书架上满是孩子们的书籍；计算机前，孩子们展示了他们丰富的学习资源以及娴熟的搜索技巧与能力。“家庭学校”让整个家庭成为一个学习的场域，充满探索、研究的气氛。

（四）存在的问题

伊利诺伊州并不要求“家庭学校”的孩子参加相关测试，他们只要获得相应的学分或学业认可，即可顺利进入大学。坎迪目前的想法是，夏洛特可以通过修读相应的课程，几年后上社区大学。

这一家庭体现出来的“家庭学校”可能存在的问题有两个。

一是社交问题。坎迪每周都带孩子们去参加当地针对北伊利诺伊大学国际留学生、访问学者的聚会。聚会中当地人也不少，但多数是志愿者，儿童并不多。平时，孩子交往的朋友主要是邻居、亲戚的孩子、夏令营中认识的朋友。从整体上看，孩子们缺乏能建立日常朋友的环境。

二是网络的频繁使用以及过多的阅读对眼睛的正常发育造成影响。在美国中学，戴近视眼镜的孩子相对来说很少，但是在这个家庭，连年龄较小的梅根都戴上了眼镜。在坎迪给孩子的日程安排中，没有体育锻炼。而美国大学普遍重视体育，这可能给孩子适应大学生活带来一定的障碍。

上述两个家庭都属于有宗教信仰的家庭，其“家庭学校”运行平稳，整个家庭的学习氛围浓厚，关系融洽，基本上为孩子提供了较好的教育。“家庭学校”使得母亲的工作量（家务、教学）显著增加，因此孩子们在学习之余大量参与家务劳动（做饭、整理房间、洗衣等），这锻炼了孩子的生活自理能力，也增进了亲子、兄弟姊妹之间的关系。“家庭学校”突出了孩子的自主性，发展他们的兴趣和特长，孩子们可以自由地选择学习资料，阅读占据很大分量。

通常情况下，家长在理性地衡量家庭经济实力和教育能力，以及考量孩子成长需求的基础上选择“家庭学校”。在教育的实践过程中，大多数母亲承担了施教者的角色。她们面临角色冲突、时间不足、外在质疑等困境，但也享受着“家庭学校”带来的成就感和充实感。家长凭借自身的教育力量，逐步从焦虑、忙乱的教学状态过渡到较为熟练、较具规划性的教学状态，家长的教育能力得到锻炼，教育心态得以平和。

虽然“家庭学校”经常被看作是自成一体的教育单位，但邻里、社区、教会也会一同参与到儿童的教育之中[1]，比如不同家庭之间的自愿互助就是“家庭学校”在实践过程中的一种重要形式，它为父母交流经验、排解焦虑等提供了一个平台；给家长留出了个人时间和空间；为孩子社会化提供了一个场所；同时，家长可以发挥各自的特长，组成一个微型课堂，扩大教育效果。

---

[1] 李荣荣.美国的社会与个人：加州悠然城社会生活的民族志［M］.北京：北京大学出版社，2012：116-117.

第七章

美国“家庭学校”运行的外部支持与阻力

迈耶指出，组织面临两种不同的环境，即技术环境和制度环境。技术环境是基于组织效率而言，主要指组织对外部资源的依赖程度、与其他组织之间的关系等。[1]美国的“家庭学校”作为一种非正式教育组织，其生存环境不断好转，逐渐成为一种生存于公立学校等正式组织外围的一种合法的替代性的教育形式，日益获得州、学区教育部门和其他教育机构的关注，成长资源日益丰富。正式教育组织与非正式教育组织之间进行协作与融合，如一些州、学区的教育部门制定政策或推出一些教育项目，允许“家庭学校”的学生参与公立学校的课外活动和某些课程等，由此开启了“家庭学校”与公立学校的合作之旅。同时，图书馆和博物馆等公共机构重视“家庭学校”群体，专门为他们提供服务。此外，大量私人企业或教育公司进入教育领域。20世纪90年代后，美国教育私有化掀开新的篇章，教育管理机构（education managemengt organizations）兴起，全面接管学校事务，如行政管理、教师培训等。[2]一些教育公司即是专门针对“家庭学校”的需求而建立的。

但非正式组织与正式组织之间也存在冲突与不一致。“家庭学校”在发展过程中遭遇诸多阻力：教师反对“家庭学校”占用公共教育资源（与公立学校合作）；学者批判其蕴含的私有化以及家长意志；“家庭学校”彰显家长的教育自由，挑战国家教育权，国家对之采取消极态度，导致它难以获得公共教育经费补助。所以，“家庭学校”虽然在不断发展，但它依然不断遭受社会质疑。

[1] 于显洋.组织社会学（第二版）[M].北京：中国人民大学出版社，2009：62.

[2] Berch, Patrucua. Hidden Market: The New Education Privatization [M]. New York: Routledge, 2009: 4.

第一节

“家庭学校”运行的外部支持

组织间关系是指发生在两个或两个以上组织之间相对持久的资源交换、流动和联系。在组织关系的研究中，学者提出了资源依赖、协作网格、生态学和制度理论等观点。本章主要运用资源依赖、协作网络等理论展开分析。资源依赖理论主要研究组织要在依赖性和自主性之间保持平衡，才能更好地生存；协作网络理论探讨组织从对手到伙伴的发展历程，指出协作是实现更大的创新以及解决问题、提高绩效的重要前提条件。[1]“家庭学校”更多地依靠自力更生，因为纵观“家庭学校”的发展历程，家长是主要的施教者。但除此之外，它还借力以下机构：(1)学校，特别是公立学校；(2)公共图书馆、教会学校与课程开发商、私立函授学校、网上学校（远程教育）等。

“家庭学校”的学习资源和学习途径丰富多样。1998年，一个流行的资源目录列出40多个函授学校和课程提供商为“家庭学校”提供服务，满足这类家庭和学生的教育需求。[2]2012年，网站、家庭教育手册、公共图书馆、书店成为家长选择教学参考资料的主要途径。

---

[1]［美］理查德·L. 达夫特.组织理论与设计（第11版）[M].王凤彬，张秀萍，石云鸣，刘松博，等译.刘松博，王凤彬，审校.北京：清华大学出版社，2014：196，199.

[2] Pride, M. The New Big Book of Home Learning [M]. Westchester: Crossway Books, 1998: 7.

表7-1 2003年、2012年“家庭学校”选择教学资料途径一览表[1]

课程或书本的来源	2003年		2012年
	数 量	比 例	比 例
公共图书馆	854 000	77.9%	70%
“家庭学校”目录，出版商或一些专家	843 000	76.9%	77%
零售书店或其他商店	753 000	68.7%	69%
与“家庭学校”无关的教育出版商	653 000	59.6%	53%
“家庭学校”组织	539 000	49.2%	45%
教堂，犹太教堂或其他宗教组织	400 000	36.5%	38%
其他来源	284 000	26.0%	10%
当地的公立学校或社区	248 000	22.6%	17%
私立学校	184 000	16.8%	17%
网站（不包括零售商）			77%

本节主要论述和分析“家庭学校”借力的多种途径，它与多种机构之间保持互动，利用多方的社会资源，实现自身的发展，保证或提高教育效果。

一、“家庭学校”与公立学校合作

20世纪六七十年代，“家庭学校”被视为一种追求教育自由的极

[1] 资料来源：Princiotta, D., Bielick, S., Chapman, C. Homeschooling in the United States: 2003［R］. National Center for Education Statistics, Institute of Education Sciences, U.S.Department of Education. Washington, D.C. 2004. https://www.washingtonpost.com/news/education/wp/2016/11/01/number-of-home-schooled-students-has-doubled-since-1999-new-data-show/。

端行为，属于一种有悖常规的激进做法。那时，“家庭学校”整体上处于被敌视和不合法的环境中，因此，它主要依靠家庭的力量，这是最典型、最纯粹的一种“家庭学校”形态。

随着20世纪八九十年代“家庭学校”获得合法化，特别是美国教育市场化（择校运动等）的进行，一些州和学区开始关注家庭和学生的教育需求，推出一些专门针对这些家庭的教育项目，在一定程度上推动了“家庭学校”与公立学校的合作。

一些“家庭学校”参与这些项目，使用学校教育资源；另一些家长则持反对态度，认为这是政府试图吸引生源、控制教育的一种形式，威胁家长教育自由。这些项目的实施在一定程度上推动了“家庭学校”与公立学校之间的合作，促使“家庭学校”的形式多样化，也使得“家庭学校”支持性组织的会员减少。[1]

（一）合作的原因

自20世纪80年代到90年代中期，在家长、“家庭学校”支持者和社会舆论的压力之下，美国各州制定家庭学校法，或依据《私立学校法》《教会学校法》、州宪法修正案以及判例等，[2]逐渐赋予“家庭学校”合法地位。整体上看，“家庭学校”的生存环境不断好转，它与公立学校之间的对立状态也由此得到缓解，双方创造更多的合作机会，形成一种良好的发展态势。

促使“家庭学校”与公立学校合作的原因主要有四个：

第一，为解决经费匮乏问题，公立学校主动吸引“家庭学校”生

[1] 许多“家庭学校”的学生部分时间在公立学校或私立学校注册，一些学者认为他们不再是“家庭学校”的学生；还有一些学生由此放弃在家学习。“家庭学校”的学生数量由此受到一些影响。

[2] 张瑞芳.在家上学法律渊源及特点探析［J］.比较教育研究，2015（3）：48-54.

源。20世纪90年代初，在教育领域，美国更加关注教育质量，扩大教育选择，倡导市场竞争。在这一主导的教育理念之下，州、学区更加以市场为导向，考虑家长的教育需求，行为愈加企业化。州和学区开始重视与家庭合作带来的经济利益，因为教育经费按人头拨付，与学生的注册率相关。“家庭学校”出现率高的学区明显感受到教育经费的缩减。为改变现状，一些公立学校积极动用各种策略，创新一些教育项目为“家庭学校”的学生提供服务，这比单纯采取排斥、反感态度而带来的资金匮乏要实用得多。

第二，学区或公立学校肩负为社区服务的使命。一些公共教育者发现所在学区或州的“家庭学校”数量越来越多，作为教育官员，他们（特别是一些地方督学）感受到自身的教育责任，开始主动为这些家庭提供服务。他们希望吸引孩子回归学校，但如果家庭坚持在家教育子女，为保证儿童的受教育权和提升教育质量，他们也会为家庭提供公共服务和教育项目（体育活动、心理辅导，甚至使用学校设备）。

第三，“家庭学校”逐渐褪去刚开始时的激进、反叛色彩，逐渐为公众所接受。在家长和支持者的积极宣传之下，人们逐渐认识到“家庭学校”只是多种教育形式之一，它更多地依靠家庭的力量，关注孩子的个性需求、重视家庭关系。由此，社会给予“家庭学校”更多的包容和认可。

第四，“家庭学校”挑战家长的教育能力以及承担多种角色的能力，很多家庭渴望学校提供资源或专业指导。一些家长在开展教育的过程中，感觉势单力薄或难以应对。一部分人在遭遇困难之后，选择退出“家庭学校”领域；相反，一部分人积极寻求资源和帮助，他们主动加入与公立学校合作的队伍中，以此解决教育资源不足、教育能力不够、孩子的社会化交往能力差等问题。

在上述背景下，一些州制定了相关的政策和法律，各州的相关规定和管理部门有所不同。在美国，超过一半的州允许“家庭学校”的学生在公立学校学生放学后参与课外活动或与课程同步的活动（co-curriculur activity），或部分时间参加当地公立学校的学术课程，或上述两者皆可。有26个州特别指出“家庭学校”的学生可以参加课外活动，但不包括学术课程；少数州如佛蒙特州、内华达州明确指出，“家庭学校”的学生可以参与学术课程和课外活动。新墨西哥州制定政策，允许“家庭学校”的学生进入当地公立学校的课堂，由当地学校委员会管理课外活动；而有的州，如新泽西州将这些决定权只归于当地学区。[1]

（二）合作的形式

在“家庭学校”获得合法化地位，不断赢得社会支持的发展过程中，它自身的类型也在发生变化。尤其是与公立学校的合作，使得“家庭学校”不断将正规学校教育的某些因素吸纳进来，衍生出更多的变种（新的教育形式）。以下三种混合类型的“家庭学校”[2]被称为“在家在校混合型”：

（1）孩子未在学校注册，公立学校仅提供有限帮助的“家庭学校”。在相关法律的授权之下，“家庭学校”的学生只能短时间参与公立学校的课程和课外活动。他们还可以参加测试、使用学校设备、进入资源中心、浏览学校为家长和儿童建立的网站、阅读书籍和其他资料等。在这种情况下，“家庭学校”的学生必须要遵守相关法律或满

［1］ Wixom, M.A. State Homeschool Polices: A Patchwork of Provisions［R］. Education Commission of the States, 2015.

［2］ Murphy, J. Homeschooling in America: Capturing and Assessing the Movement［M］. California: Corwin, 2012: 49-51.

足公立学校提出的要求。

（2）孩子在校注册，部分时间接受学校管理的“家庭学校”。这一形式又称为双重注册（dual enrollment），即学生在学校注册，部分时间在学校学习，其他时间在家学习。这些学生有别于全日制学生，他们只需要在一天或一周之内的部分时间到校，在校期间，学生必须遵守学校的要求、规定或达到一定的标准。学生通常在公立学校学习预先选择的课程，参与合作课程活动。其他时间则由家长自由安排，无须再受到公立学校的约束。

（3）孩子在校注册，全面接受公立学校管理的“家庭学校”。这一形式被称为在校注册的家庭学习（enrolled-home study），或独立的家庭教育（independent home-based education），或学校之外的家庭学习（off-campus home study），即学生在校注册，接受公立学校的统一管理，但具体学习是在父母的指导之下。学区掌控注册学生的教育经费，教育资金和管理由政府统一进行。学生必须遵循学校课程的进度，达到学校的学业标准和评价要求。即使学生在家中进行学习，也依然会受到公立学校的管辖与控制。教师与家长合作协商为孩子定制适宜的学习材料，或是利用外部教育服务机构为学生开展远程教育，然后评价学业进步情况。注册该项目的学生和在校生在学业标准、评价程序等方面的要求是一样的。这种学习形式大多源于网络特许学校开设的一些教育项目。

以上三种混合类型的“家庭学校”受到公立学校管制的程度越来越高，从不注册，只使用一些学校资源，发展到在校注册，学生不管是部分时间在学校学习还是不在学校学习，都需要接受公立学校的规范管理，达到公立学校的标准。它们在一定程度上满足了一部分在家教育子女的家长的教育需求，减轻了父母的教育负担，但父母的教育自由因此受到一定的限制。

（三）合作的效果

“家庭学校”与公立学校的合作日益深入，教育自由受到一定约束。在家长们的积极实践下，在教育技术的带动下，在与公立学校的合作中，“家庭学校”类型逐渐多样化。从数量上和所占比例来看，不在学校注册的“家庭学校”的学生超过80%，依然占据绝对优势；孩子在校注册的“家庭学校”所占比例低于20%（见表7–2）。这体现了“家庭学校”虽然会借助公立学校的一些资源，但依然保持着最核心的品质，即父母在教育子女中的自主选择权和主导地位。家庭、父母依然是“家庭学校”所依赖生存的大本营。

“家庭学校”的类型日益多样，内涵得以扩展。“家庭学校”的家长们不断吸收、利用社会的教育资源和机会，实现自身的成长和突破，它已经突破原有纯粹意义上的“家庭学校”的窠臼，延伸至包括一些在学校注册、部分时间到校学习的学生。美国教育部的全国教育数据中心在1996年统计“家庭学校”的相关数据时，没有涵盖在学校注册（即部分时间在学校学习）的学生。到2001年发表《美国的“家庭学校”：1999》报告时，已明确指出属于以下两种情况均可认定为“家庭学校”：学生不是因为暂时生病而在家接受教育，它们或在家接受教育，不到公立或私立学校去，或在公立学校或私立学校学习的时间少于每周25个小时。[1]

“家庭学校”与公立学校的合作得到法律的规范和管理。“家庭学校”的混合类型在实践中都是有效的（其中许多来自家长在教育中

---

[1] Bielick, S., Chandler, K., Broughman, S.P. Homeschooling in the United States: 1999［R］. National Center for Education Statistics, U.S. Department of Education. Washington, D.C., 2001.

表7-2 不同年份“家庭学校”学生数量及各类型所占比例[1]

		1999年		2003年		2007年		2012年
		数量（万人）	占“家庭学校”学生总数的比例	数量（万人）	占“家庭学校”学生总数的比例	数量（万人）	占“家庭学校”学生总数的比例	数量（万人）
“家庭学校”学生总数		85		109.6		150.8		177
占K-12阶段学生总数的比例		1.7%		2.2%		2.9%		3.4%
不在校注册的“家庭学校”学生数量		69.7	82%	89.8	82%	126.7	84%	该年度报告未提供细化统计数据
在校注册并在家学习的学生数量	在校时间≤9小时/每周	10.7	12.6%	13.7	12.5%	16.6	11%	
	在校时间9—25小时/每周	4.6	5.4%	6.1	5.6%	7.5	5%	

[1] Bielick, S., Chandler, K., Broughman, S.P. Homeschooling in the United States: 1999［R］. National Center for Education Statistics, U.S. Department of Education. Washington, D.C., 2001.
Princiotta, D., Bielick, S., Chapman, C. Homeschooling in the United States:2003［R］. National Center for Education Statistics, Institute of Education Sciences, U.S. Department of Education. Washington, D.C., 2004.
Grady, S., Bielick, S. Trends in the use of school choice: 1993–2007［R］. National Center for Education Statistics, Institute of Education Sciences, U.S. Department of Education. Washington, D.C., 2010.
Noel, A., Stark, P. and Redford, J. Parent and Family Involvement in Education［R］. From the National Household Education Survey Program of 2012, National Center for Education Statistics, Institute of Education Sciences, U.S. Department of Education. Washington, D.C., 2013.

的经验积累），而且在一些州是合法的。[1]这些州都出台了相关法律，虽然各州有所不同，如关于在校注册的家庭学习项目，学区主要依据特许学校法、另类学校法（alternative school laws）或其他特别授权的法律来进行管理。[2]各州对参与该项目的学生的具体要求有所区别，如一些州要求学生必须达到学校要求的最低学习时间；一些州规定教师必须定期、定点与学生会面；还有一些州规定可以通过信件或电子邮件进行师生联系和沟通。

二、教会学校和出版社提供教育服务

宗教教徒主导的“家庭学校”服务市场蒸蒸日上。这一市场不仅来自积极主动的市场营销策略、互联网的应用，更受到保守的福音派基督徒对“家庭学校”在意识形态上和情感上的激励。由于“家庭学校”中拥有宗教信仰的家庭占据很大比例，因此宗教出版社等在“家庭学校”市场中占据很大的优势，包括教学和宗教课程计划、课件、书籍和启发性的材料，为宗教教徒提供很大的选择空间。家长可以组装或购买整套课件，给孩子创造一个控制严格而缺乏灵活性的教育经历，阻碍外部世界不必要的“污染”。保守宗教教徒的“家庭学校”实践兼有纯洁和危险的成分，他们对知识和教学方法的组织充分体现了福音派世界的意识形态。

最初选择逃离公立学校的基督徒家庭并非立即投入“家庭学校”，

---

[1] 无法确定50个州都有相关法律。如2007年，“家庭学校”法律保护协会（Home School Legal Defense Association）报道，只有18个州（亚利桑那州、科罗拉多州、佛罗里达州、爱达荷州、艾奥瓦州、缅因州、密歇根州、明尼苏达州、新罕布什尔州、新墨西哥州、内布拉斯加州、北达科他州、俄勒冈州、宾夕法尼亚州、犹他州、佛蒙特州、华盛顿地区、怀俄明州）有相关法律授权，公立学校许可“家庭学校”的学生参与某些学校活动。资料来源：Immell, Ma. Homeschooling［M］. New York: Greenhaven Press, 2009: 129.

[2] Lines, P.M. Enrolled Home Study Partners with Public Schools［J］. Education Digest, 2004: 43-46.

学生一开始更多将孩子安排在私立的基督教学校学习，直到20世纪80年代，才有更多的父母真正选择“家庭学校”。他们在教育子女的过程中主要借助以下资源。

（一）基督教自由学院

1965年，保罗·林德斯特姆（Paul Lindstrom）建立基督教自由学院（The Christian Liberty Academy，简称CLA）。1966年，他开始关注“家庭学校”。1967年，他在伊利诺伊州的阿灵顿高地（Arlington Heights）建立基督教自由学院卫星学校（The Christian Liberty Academy Satellite Schools，简称CLASS）。随着保罗·林德斯特姆教育项目的实施，选择“家庭学校”的基督徒开始使用这一廉价的课程。但接下来的十年里，9个使用基督教自由学院卫星学校课程的家庭遭到学区的控告。保罗·林德斯特姆打赢了7场官司。1983年，6 000名学生在卫星学校注册，该学校成为全国最大的K-12教育项目。该学校一直在“家庭学校”领域占据重要地位，它不仅提供课程，更传达了一种积极的重建主义精神。学校提供廉价和优质的教育，培养基督教的勇士和领导是学校的使命。

（二）宗教课程出版商

在20世纪七八十年代，基督教自由学院的函授项目在基督徒中占据核心地位。起初，学院为“家庭学校”提供的课程是各种学校教材和高级基督教育课程（Accelerated Christian Education），这些课程获得广泛使用，但也遭到外界的诸多批评，主要有以下两个方面：一是主流出版社认为该课程传达的是典型的以基要主义为特征的偏执世界观，这与美国主张的多元文化观不符。二是教学方式过于严酷、呆板与僵化。于是，卫星学校面临转型的要求，它需要提供一种以宗教信仰为基础，家长和社会又易于接受的课程。

在这样一种社会背景下，鲍勃·琼斯大学出版社（Bob Jones University Press）和阿·贝卡图书（A Beka Book）成为重要的课程提供者。为满足日益增长的基督教学校的市场需求，鲍勃·琼斯大学出版社于1974年开始出版教材，与大量的作家和研究者共同合作，创造全新的基督教课程。1954年，阿尔林（Arlin）和贝卡·霍顿（Beka Horton）建立彭萨克拉基督教学院（Pensacola Christian Academy）；1975年，两人建立阿·贝卡图书出版社，该出版社是彭萨克拉基督教学院的一个分支机构，它为基督教学校出版教科书，同时为“家庭学校”服务，将基督教的教义融入知识中，提供从幼儿园到高中的教材。20世纪80年代，以上两大出版社声名鹊起。此外，还有阿尔法·欧米茄出版社（Alpha Omega Publications）提供多种版本的基督教课程；寇诺思（KONOS）提供动手操作的多学科单元学习计划包；韦弗课程系列（Weaver Curriculum Series）的课程设置和《圣经》的顺序研读相联系。

出版商将“预备孩子在上帝统治的国度里生活”定位为最高目的，孩子的兴趣被置于次要位置，所以尽管这些材料在教学方法上存在差异，但都坚持把《圣经》的知识、价值和培训贯穿在整个课程中。父母的世界观受到这些教材的影响，他们基于自身对教学的理解营造了教学环境，课程高度程序化和条理化，并设置明确的道德目标。除图书之外，技术上的资源（如录像设备）也得到市场推广，“家庭学校”的家长不仅可以获得如何教的模式，还可以获得如何开展教学的设备。

随着网络技术的发达，出版商建立销售网络，直接与顾客打交道，通过“家庭学校”会议建立有效的课程推销渠道。针对“家庭学校”的图书市场高度繁荣，选择多样，很多家长为选择使用哪一种教材感到困惑。20世纪90年代，州级大会成为推销“家庭学校”课程的主要场合，有时课程销售商达到七八十家甚至更多。在2000年，在规模最大的州“家庭学校”会议上，课程展销商超过100多家。

（三）家庭自行研发课程，专家提供建议

由于“家庭学校”具有灵活、机动的性质，许多基督徒试图摆脱教会或学院的教学，开始选择“家庭学校”。这些家长受到家庭商业策略的影响，产生自己编写课程的想法，制作自己的课程产品。其课程类型主要有两种：一是与正规学校类似的系统课程；二是针对某一学科的专门产品。教学方式较为多样化，如复制传统课堂、单元教学、学生主导模式等。许多家庭为孩子布置大量作业，父母深度参与教学和评估；也有的家庭较为自由，以学习文学作品或学生兴趣为主导。一些课程努力阐释基督教意义，充斥《圣经》内容；一些课程与《圣经》的联系则少一些。

“家庭学校”的专家采用两种方式为家长提供相关服务。一是提供课程指导。如玛丽·普莱德（Mary Pride）因课程评论而出名。凯西·杜菲（Cathy Duffy）著有《基督教家庭教育者课程指南》，从1981年开始研究“家庭学校”，1984年出版《家庭手册》，帮助“家庭学校”的家长获得可信的信息。二是出版（学术）期刊。专家们通过这一方式集中管理和指导基督徒的“家庭学校”。20世纪80年代中期，家长们的课程选择还不多。一开始，“家庭学校”的实施者主要受约翰·霍尔特创办的杂志《无学校教育之成长》的影响，后来，

基督教期刊代替了《无学校教育之成长》。1989年，玛丽·普莱德发表《为成长的家庭提供帮助》，谢丽尔·琳赛出版《温柔心灵》。上述著作和杂志都为宗教教徒的“家庭学校”的教学实践提供了不少帮助。

三、私立函授学校提供系列教育服务

一些州和地方学区要求“家庭学校”提供一份正式的记录，内容包括父母的教育实践工作内容及其讲授的课程。一些教育部门还建议测试孩子的学习成绩。在这种要求之下，家长对“去学校化教育”的理念和自由、松散的教学产生疑虑，于是向函授学校项目寻求帮助。这些项目一方面满足了家长向学校官员提供必要证明的要求；另一方面，家长可以求得放心，让孩子的学习保持在正轨中。在这种情况下，很多函授学校开始为“家庭学校”服务。这里以克龙劳拉（Clonlara）函授学校为例对这一现象进行分析。

克龙劳拉函授学校成立于1967年，目前专门为“家庭学校”的学生提供函授课程。[1]这些函授项目分担了父母个性化教学的压力以及家长对正规学术组织的怀疑。克龙劳拉函授学校为“家庭学校”蒙上了一层制度面纱，它们为学生提供成绩报告单，依据家长的要求对学生进行年级分配，处理与“家庭学校”相关的所有行政事务，如接听电话、写信、填写表格等。克龙劳拉函授学校还提供一个概要性的内容详单，家长可以依据自己的教育情况，填写使用的教材、教育活动和日常教学进度表，记录教学时间。因此，家长可以将全部精力用于

[1] Stevens, M. Kingdom of Children: Culture and Controversy in the Homeschooling Movement [M]. New Jersey: Princeton University Press, 2001: 48-50.

教育子女。

克龙劳拉函授学校项目依据“家庭学校”实践者的需求建立自己的工作逻辑，提供贴心而实际的课程建议。它鼓励家长选择多样性的日常活动，并将这些活动进行了学科归类，如将骑车、步行、游泳归入体育教育，烹饪属于家庭经济学，测量材料属于算术，还有阅读食谱等。上述每一项活动都是“家庭学校”的正规内容。为了保证教育质量，或让这些“家庭学校”的学生顺利进入高等教育阶段，克龙劳拉函授学校提供的高中家庭课程相对结构化，保证严格的教学时间，为了获得认可或积累学分，整个教育过程必须包括300小时的社区服务项目，以便获得文凭。

同时，克龙劳拉函授学校为父母提供一些辅助性的服务（或教育证明），来适应相关教育部门的要求。它使得“家庭学校”更容易获得合法认可，又能保护自己的教育自由。社会为满足“家庭学校”实践者的需求，也不断产生一些相应机构或促使一些机构进行转型。美国函授学校为“家庭学校”服务的历程即为一个证明。

四、图书馆和网络资源的供给

“家庭学校”是图书馆和网络资源的重要用户，它们利用这些免费、丰富的资源保障教学活动的顺利开展。

（一）“家庭学校”与图书馆合作

家长通常依据自己的经济实力、教育能力、关系网络等实际情况，利用各种社会资源开展教育。如“家庭学校”的孩子通常是图书馆、博物馆等社会公共机构的常客。

通常情况下，图书馆和“家庭学校”之间合作较多，交往频繁。

图书馆的工作人员较为熟悉所在社区的“家庭学校”的孩子们，因为这些家庭使用图书馆的频率、借书的数量都是最多的，他们可以从中获得大量的阅读材料、专业书籍或电子学习资源。

“家庭学校”的出现和数量的不断增长对图书馆产生影响。一些图书馆建立专门的办公室并配备相应的工作人员为“家庭学校”的家长和学生服务。图书馆要求工作人员了解所在社区“家庭学校”的规模以及需求，制定相关政策，建立一些项目或活动，为这类人群制定专门目录，尽可能地满足“家庭学校”的多样化需要，帮助孩子发现兴趣，激发孩子学习的热情，为终身学习奠定基础，以此完成自身为社区服务的职能。

但也有一些不如人意的情况。有的社区图书馆和“家庭学校”之间的合作较少，原因有两方面：一方面，很多图书馆工作人员对“家庭学校”存在一些偏见，不愿意为这些家长和学生提供服务，因为在他们的认识中，这些人通常是宗教狂热者或嬉皮士；另一方面，有许多家长将公共图书馆视为政府主管下的机构，他们拒绝接受服务，从而避免受到监督和审查；或者他们感觉到图书馆工作人员态度不友好，很少到图书馆。

（二）充分利用远程教育资源

电子学习、远程教育成为“家庭学校”的重要学习途径。2003年美国全国教育数据中心发布的“家庭学校”报告中指出，使用远程学习媒体[1]的“家庭学校”学生人数达到45.1万人，占41.2%。

---

[1] 远程学习在全国教育数据中心的定义是通过使用某种技术进行课程的讲授，同时某些人在另一个不同的地方进行课程的学习。

表7-3　2003年“家庭学校”远程学习媒体的使用情况表[1]（单位：万人）

远程学习媒体的类型	使用不同媒体类型的“家庭学校”的学生数量	“家庭学校”的学生在不同媒体类型中的比例
信件	16.7	15.2%
因特网，电子邮件或网络	21.2	19.4%
电视，录像带或广播	22	20.1%

2012年，分别有超过三分之一的初中生和高中生参加了在线课程，这些在线课程由特许学校、私立学校、州政府等机构提供。

表7-4　2012年5—17岁“家庭学校”学生参加在线课程的比例表[2]

学　段	“家庭学校”学生所占比例	提供在线课程的机构	“家庭学校”选择该种课程的比例
所有阶段都在家学习的学生	25%	特许学校	22%
小学阶段的学生	11%	私立学校	21%
初中阶段的学生	35%	州政府提供	16%
高中阶段的学生	34%	当地公立学校	13%
		其他公立学校	12%
		学院、社区学院或大学	12%
		其他	41%

［1］Princiotta, D., Bielick, S., Chapman, C. Homeschooling in the United States: 2003［R］. National Center for Education Statistics, Institute of Education Sciences, U.S.Department of Education. Washington, D.C., 2004.

［2］资料来源：https://www.washingtonpost.com/news/education/wp/2016/11/01/number-of-home-schooled-students-has-doubled-since-1999-new-data-show/。

互联网扩大了获取教育资源的机会，计算机展示视听资源，丰富了教育形式，为“家庭学校”提供了诸多便利。虚拟的野外考察、录像片段、动画等被应用于学习过程之中，学生可以通过在网站注册，进入科学实验室，下载教育资源，阅读在线互动书籍。家长可以通过网络开发自己的课程资源，利用在线评估发生器进行测试，使用课程管理系统。对自身教育能力不自信的家长可以利用远程教育，为孩子提供安全、规范的教育环境。

网络学校与“家庭学校”合作引发争议。网络学校有私立、公立之分，公立网络学校一般为特许学校。获得官方认可的网络学校可以进行系统的教学，记录上课时间，提供学习成绩记录单，对学生进行标准化测试和评估，同时发放相应的教育文凭，这些功能为“家庭学校”提供了很多便利。有些网络学校专门针对宗教教徒进行宗教信仰和道德教育。在网络学校学习的学生是否还属于“家庭学校”的范畴引发争议，一些学者认为，这已经失去了“家庭学校”的内涵。

第二节

“家庭学校”运行的外部阻力

“家庭学校”与公立学校的合作引发一些学者、教师和家长等的反对和批判，他们的依据是，“家庭学校”是家长主动撤离学校教育的一种行为，它是一种私立教育，因此国家不应当给予补助。采取这一消极行为可以让很多家长对“家庭学校”望而却步（或是经过慎重的综合考量），进而抑制“家庭学校”的数量，达到保障基础教育质量，保护儿童受教育权益的目的。

国家的消极行为确实给一部分“家庭学校”的发展和运行带来抑制作用，因为这些家庭需要外部资源的供给和专业教育力量的帮助。整体看来，“家庭学校”的外部阻力主要体现在以下几个方面。

一、与公立学校的合作遭遇诟病

整体来看，“家庭学校”与公立学校的合作规模不大，一些州制定相关法律，作出一些限制，很多州没有制定相关的法律。这主要是因为一些学者认为“家庭学校”不应该获得公共资助或占用公立学校资源。同时，“家庭学校”的大部分家长为保护自己的教育自由，主动放弃公立学校的资源，拒绝与之合作。

（一）公立学校排斥“家庭学校”，反对学生使用学校资源

一些学者，特别是公立学校的家长和教师认为，州或学区等教育部门不应该为“家庭学校”这一小众而另类的教育形式提供如此多的自由和机会，公立学校不应过分迁就这些家庭，为他们提供支持或开发教育项目。具体理由如下：

第一，纳税不等同于支付学费，这不应该成为“家庭学校”使用公立学校资源的理由。因为纳税是每个公民的义务，每个公民都需要纳税，不论家庭有无孩子、有几个孩子或孩子是否上学。

第二，选择公立学校意味着收益与负担并存。收益是学生可以享受专业教师提供的教育、优质而丰富的课程、校舍和实验室等教育资

源，负担是学生必须履行到校的责任，学习指定的教材，承担布置的任务等。收益和负担是一体的，不可拆分，而“家庭学校”的学生只享受收益，不承担负担，这是不合理，也是不可能实现的。

第三，虽然一些学校董事会允许“家庭学校”的学生在业余时间参加某些特殊课程的学习或活动，但由于学生未在校注册，这些学区无法获得州对这些学生的资助，[1]但这些学生的加入增加了教师和学校的工作量，因此遭到学校教师的反对。

第四，通常来说，家长选择“家庭学校”一般是因为对公立学校存在不满，“家庭学校”的孩子受到父母价值观、态度的影响，也会对公立学校存在偏见，认为公立学校对个人的智力、道德发展无益，而只是喜欢参加学校的课外活动。这些观点会对公立学校的学生产生负面影响。

基于上述原因，公立学校抵制在家接受教育的孩子参与公立学校的课外活动不无道理。

（二）维护“家庭学校”的核心价值，反对与公立学校合作

一部分选择“家庭学校”的家长主动放弃公立学校的支持和合作。在一些州或学区，“家庭学校”可以得到公立学校、学区提供的多种形式的支持与帮助，但只有一小部分家庭接受这些服务，一些“家庭学校”的家长甚至明确表示反感公立学校的支持（见表7-5[2]）。可能的原因是：在参与公立学校的课外活动或使用资源时，“家庭学

[1] [美] 米基・英伯，泰尔・范・吉尔.美国教育法（第3版）[M].李晓燕，申素平，陈蔚，译.申素平，王俊，校.北京：教育科学出版社，2011：40.

[2] 很多家长可获得资源但不利用；同时也可以看出家庭无法获得资源的比例更高，这说明“家庭学校”与公立学校或教育管理部门之间依然更多的是敌对状态。

校”的学生必须服从或达到公立学校的一些要求或条件，家长认为自己的教育自由受到了一定的限制，而这与他们选择“家庭学校”的初衷是背道而驰的。

表7-5　1999年学校或学区为“家庭学校”提供支持的类型及选择情况一览表[1]

学校或学区提供的支持类型	可获得但不利用的学生所占比例	可获得并且利用的学生所占比例	无法获得的学生所占比例	不知道是否可以获得的学生所占比例
课程支持	12.4%	8.1%	49%	30.5%
教科书和材料	12.2%	10.6%	50%	27.3%
提供家长聚会的地方或获得信息	8.9%	6.4%	63.5%	21.2%
为家长提供网址			53.7%	37.5%
提供学生集合的地方	4.7%	7.0%	69%	19.3%
为学生提供网址			60.2%	34.5%
课外活动	21.5%	6.4%	56.4%	15.8%
参与课堂的机会	16.5%	2.8%	49.4%	31.3%

一些学者和家长反对公立学校的参与或干预，他们担忧“家庭学校”在成长历程中有失去其核心价值的可能。“家庭学校”以家庭和教育自由为核心构成要素，但它在发展中形成诸多类型，特别是双重注

[1] Bielick, S., Chandler, K., Broughman, S.P. Homeschooling in the United States: 1999［R］. National Center for Education Statistics, U.S. Department of Education. Washington, D.C., 2001.

册和在校注册的家庭学习项目，促使“家庭学校”与公立学校合作较多。“家庭学校”自身出现了一些变化，如学习场所在扩大，教育者在增加，外在的教育管制增多等。这些形式让“家庭学校”放弃了自身的诸多核心价值，如对教育自由的追求、父母的教育主导地位等。所以有的学者指出，“家庭学校”正逐渐变成一个使用不当的名词。[1]

此外，一些家长认为，公立学校为“家庭学校”提供一些支持或开发一些教育项目，根本目的是获得国家按人头拨付的教育经费，以免费资源为诱饵，获取家长的好感，争取生源，削减“家庭学校”群体的数量，瓦解“家庭学校”阵营。因此“家庭学校”的家长必须对这些项目和支持予以排斥。如一些学者将注册的家庭学习项目视为“特洛伊木马”。[2]特别是一些“家庭学校”的坚定捍卫者已经习惯于将政府掌控的学校教育妖魔化了，很难去接受与公立学校的合作形式。

综上所述，对“家庭学校”与公立学校合作的问题，批判者站在一定的立场之上，鲜明地提出自己的理由。现实情况是，只有不到20%的“家庭学校”学生在学校注册，这表明大部分在家教育子女的父母仍然在执着地追求教育自由，维护“家庭学校”的纯粹品质。只有一小部分家长心存与公立学校合作的倾向，愿意通过接受一定的管理与约束，利用学校的教育资源。

二、社会质疑和批判声音不断

一些社会人士质疑“家庭学校”对社会、教育公平和儿童等会造成负面影响，极力反对这一教育形式。他们认为，“家庭学校”脱离

---

[1] Kunzman, R. Homeschooling in Indiana: A closer look [J]. Education Policy Brief, 2005(7): 4.
[2] Gaither, M.Homeschool: An American History [M]. New York: Palgrave Macmillan, 2008: 217.

主流学校教育，依靠家庭的力量来实现教育理想，这体现出一种教育私有化意识：这些家长希冀减少纳税，建立属于自己的教育场域的想法可能加剧社会分裂；“家庭学校”更多体现家长的意志，忽视儿童的教育决定权。这些观点对形成了一定的社会影响力，给“家庭学校”的发展造成一定的阻力。

（一）体现私有化倾向

“家庭学校”的家长通过个人选择、自由、市场力量，更多参与公共生活，抨击公共垄断，提高教育效率和质量，维护自身的权利。“家庭学校”是多元社会不同价值观的表达，也是自由社会对差异的承认，它对社会的发展带来一定的积极意义。但同时，“家庭学校”也体现出家庭与外界保持距离的意识，其中包含的私有化倾向遭到众多学者的批判。

作为一种社会机构，家庭与某些社会秩序的理想方面存在深刻的矛盾：家庭所产生的各种不同的行为模式和归属感妨碍了广泛的融合和社会理想的实现。家庭环境的差异对于社会平等的实现也是一个基本的障碍。[1]

“家庭学校”运动背后包含着深刻的反政府情绪，体现出对公立学校的激烈批判。20世纪70年代后，美国财政危机日益严重，对日趋缺乏的经济、政治和文化资源的竞争日益白热化。新自由主义和新保守主义联合一起来对政府展开批评。对许多人来说，国家已经不再是合法而公正的公益事业的倡导者，相反，实行福利制度的政府给国

[1]［澳］布莱恩·克里滕登.父母、国家与受教育权［M].秦惠民，张东辉，张卫国，译.秦惠民，审校.北京：教育科学出版社，2009：5.

家和家庭的资源造成很大的浪费。公共教育、教学和课程成为广受攻击的对象。“家庭学校”运动的兴起与家长对教师的不满有关，他们认为公立学校本身是一个十分危险的地方，如打击个人的灵性，威胁人身安全等。

“家庭学校”体现出私有化意识的增长。一些学者认为，这种教育形式的重建使公众责任心削弱，从而导致更严重的社会不平等。“家庭学校”的一部分家长担忧国家对人们的日常生活进行强有力的干预，他们建立关起门户的社区，人造的田园似的生活，整洁的精心设计的小宇宙，其间的事物（或人物）都规规矩矩地在他们应有的地方活动。[1]这是美国社会日益分离化的一个缩影。“家庭学校”的家长将自己蚕茧般地包裹起来，追求自由和选择权，这一行为急剧削弱了地方社区；而“家庭学校”则让家长与孩子逃离公共领域从而保持他们的特殊性。

（二）挑起教育公平的讨论

某些特定的孩子和家庭会在教育市场化的改革中受益。择校带来的潜在后果之一是对传统阶级和种族的等级地位的再生产。这些政策让那些已经占有经济文化资本的人比那些没有这方面资源的人获取更多的益处，这不利于实现教育公平。

同时，那些选择将孩子送到私营的、市场化的学校，或是让孩子接受“家庭学校”教育的家长对公立学校的批判，会导致反纳税运动。他们不愿意负担税费来支持公立的学校教育，由此带来的影响

[1] 迈克尔·W.阿普尔.教育的“正确”之路——市场、标准、上帝和平等（第二版）[M].黄忠敬，吴晋婷，译.袁振国，审校.上海：华东师范大学出版社，2008：215-217.

是：支持学校、社会福利、医疗保险、住房和其他公众事业的税收基础日渐萎缩，这将影响到各州的公共教育经费的数额，不利于整个基础教育状况的改善和提升，尤其对弱势群体不利。同时，一些州的“家庭学校”利用公共经费的做法损害了社会公正，某些拥有宗教信仰的家长甚至通过“家庭学校”的形式将公众开支用于教育中的宗教目的，如在加利福尼亚州，网络特许学校被“家庭学校”实践者用作获取公众资金的一个渠道，用公众经费购买教派资料，资金从原本就财政困难的学区流失，去支持“家庭学校”。

（三）缺失儿童的声音

“家庭学校”的决定权更多的是在父母手中。在作出“家庭学校”的决定时，一些家长会考虑孩子的成长需求、意愿以及利益，如一些家庭是源于子女在学校的不愉快经历才选择“家庭学校”。但“家庭学校”更多体现了家长的信仰、政治观点和教育理念。比如家长认为公立学校的意识形态、价值观、教学实践与自身的理念不一致，学校环境不够安全等，他们因此就会利用自己的力量保护孩子的世界观，提供稳定的学习环境。

对于年龄较小的儿童来说，家长掌控“家庭学校”的整个运行过程，如教学形式、课程内容等；同时，教育效果受到家庭条件、家长能力等因素制约。家庭作为一个私人领域，儿童所受教育是否得当，健康是否受到威胁，外界社会很难发现或干预，这也是“家庭学校”遭到外界质疑的一点。特别是拥有宗教信仰的家庭的“家庭学校”，更是备受社会关注。

出现上述情况的原因是：大多数法律或制度建立在儿童与其父母的利益是一致的假设基础上，因而儿童未被确认拥有决定其自身教育的法律权利。相反，人们更多地认可父母在其子女教育上拥有优先权，这一论断确实具有一定的合理性基础：父母权威（与责任）是由生育行为派生而来的。首先，父母与孩子具有血亲关系，他们比其他人更关爱孩子。其次，儿童对父母具有经济依赖和情感依赖，判断能力有限（一定时期内），需要父母的照料。由此导致在“家庭学校”中很难听到孩子的声音。

三、难以获得公共教育经费

纵观目前美国“家庭学校”的发展状态和本研究获得的资料，只有少数州对“家庭学校”给予一定的补助，或是通过某种方式为“家庭学校”提供方便。如加利福尼亚州的相关法律明确规定给予“家庭学校”一定的财政补助，该州还通过吸引“家庭学校”的学生到网络学校注册这种方式免费给予“家庭学校”一定的资源。[1]艾奥瓦州锡达县的学区开发了一些针对“家庭学校”的项目，每年为家长提供高达400美元的非宗教课程。[2]

20世纪八九十年代，随着一些州或学区专门为“家庭学校”推出一些教育项目，“家庭学校”使用公共教育经费的问题引发了家长和一些学者的关注，进而引起法律上的争论、学者的讨论和家长的议论。一部分学者认为，“家庭学校”主动撤离学校教育，不应获得公共经费资助。一部分家长认为自己缴纳税收，理应获得国家对子女教育的补助。

[1] 段庆阳，周世厚. 从对立到共生：美国家庭学校与公立学校交互关系的演进分析［J］. 上海教育科研，2015（9）：23-29.

[2] Lois, J. Home Is Where the School Is: The Logic of Homeschooling and the Emotional Labor of Mothering［M］. New York: New York University Press, 2013: 15.

（一）法律上的争论

“家庭学校”能否得到公共资助涉及“强制到校”（compulsory school attendance）和“义务教育”（compulsory education）在法律上的区别。[1]一些州规定，“家庭学校”的合法性是看家庭是否可以达到学校的规格，成为一个适宜教育的场所；一些州规定，“家庭学校”的合法性取决于义务教育中“教育”的法律含义。

教育券和学费税收减免是政府资助非公立学校的两种主要途径。这两者对“家庭学校”来说是一种很好的经济补助，但在现实中难以实现。因为只有“学校”才有资格接受、兑换教育券，因此“家庭学校”的教育条件能否达到教育法律中规定的学校规格或标准，是家庭能否获得教育券的关键。此外，如果一个家庭达到学校的规格，即符合私立学校的规定条件，但它进行宗教教育，公共资助是否会被取消？传统的宗教与学校教育分离的规则很难适用于“家庭学校”，因为大多数家庭是因为要进行宗教教育才选择这一教育形式的。

同时，通过减免税收的方式补偿家庭的教育支出也成为社会热议的一个问题。家长和税收人员之间存在冲突：家长期望采取宽松的态度对待教育消费问题；税收人员则制定了较为严格的限制。如果“家庭学校”可以获得学费税收减免政策的支持，那么它的数量可能有所增长，这会引起教师协会等组织的反对。如果“家庭学校”无法获得学费税收减免，许多家长会慎重地考虑自己的经济实力和教育能力，或会寻求其他方面的支持，如让孩子到公立学校注册，参与某些教育

[1] Pedersen, A., O'Mara, P. Schooling at Home: Parents, Kids, and Learning［M］. New York: John Muir Publication, 1990: 79-80.

项目，但以在家教育为主。这对保障教育质量有所帮助。

综上所述，有关资助“家庭学校”这一问题，各州做法不一，争议很大，产生争议的根源在于以下几点：很多“家庭学校”与宗教教育密切联系，传授宗教教义，提倡宗教信仰；是否对用于宗教教育的资产豁免财产税。目前，大多数州教育部门还未出台明确的政策。[1] 不过有些州通过为学生提供免费的课本或其他教育资源来满足“家庭学校”的需求。

（二）实践中的争论

这里以网络特许学校与“家庭学校”的互动为例展开分析。

1. 网络特许学校吸引“家庭学校”生源

网络特许学校（virtual charter schools）作为特许学校的一种，秉持公立学校的性质，获得了公共教育经费的支持。同时，网络特许学校遵循市场的自由竞争原则，也接受企业或个人的捐赠，以教育消费者的需求为导向，并对其负责。这一学校类型发展迅速。2000年，K-12教育阶段有4万—5万名学生在网络特许学校注册；到2008年，数量增至10万名。[2] 2012—2013年，全美约有200所网络特许学校，有20万名学生接受其提供的服务。其中俄亥俄州、宾夕法尼亚州、加利福尼亚州有超过2.5万名学生在该类学校注册。[3]

越来越多的“家庭学校”参与在线教育，他们或是利用各州日益

[1] ［美］米基·英伯，泰尔·范·吉尔.美国教育法（第3版）［M］.李晓燕，申素平，陈蔚，译.申素平，王俊校.北京：教育科学出版社，2011：41.

[2] Marsh, R.M., Carr-Chellman, A. A., Sockman, B.R. Selecting Silicon: Why parents choose cyber charter schools［J］. TechTrends, 2009(4): 32-36.

[3] Gill, B., Walsh, L., Wulsin, C.S., Matulewicz, H., Severn, V., Grau, E., Lee, A., Kerwin, T. Inside online charter schools［R］. Mathematica Policy Research, 2015.

增长的网上学校（online schools）和网络特许学校，或是选择其他远程教育。其中网络特许学校依靠因特网的日益普及以及网上课程的优势与“家庭学校”的互动表现突出。2004年，加利福尼亚州的网络特许学校共有3.7万名学生，其中50%为“家庭学校”的学生。[1] 2006年，21个州开设了类似项目，吸引“家庭学校”学生回归公立教育系统。[2]

哪些州允许“家庭学校”的学生既可以在该州的网上学校注册，同时又维护他们的自主教育状态，我们无法获知具体的数量，因为只有少数州针对这一情况建立明确的法律或制度。如佐治亚州和明尼苏达州都明确指出，一旦学生在该州的某些网上学校注册，他们就不再被认定为是“家庭学校”的学生；而佛罗里达州则允许学生在该州的网上学校注册，同时又承认他们是“家庭学校”的学生。[3]

越来越多的“家庭学校”借助州资助的在线项目获得教育资源和机会，同时他们必须遵守州教育部门制定的标准。这一情况使得“家庭学校”和公立学校之间的界限逐渐模糊，促成了“家庭学校”发展的新路径和新形式。

2. 网络特许学校为“家庭学校”提供教育资源

网络特许学校之所以能够吸引大量“家庭学校”的学生，主要有三个原因。

第一，利用互联网将定制化的课程快捷地传递给学习者。网络特许学校摆脱了传统公立学校教育规章制度的约束，可以相对自由地制

[1] Huerta, L. A., Gonzalez, M. F., d’Entremontm, C. Cyber and home school charter school: Adopting policy to new forms of public schooling [J]. Peabody Journal of Education,2006(1): 103.
[2] Gaither, M. Homeschool: An American History [M]. New York: Palgrave Macmillan, 2008: 214–218.
[3] Wixom, M.A. State Homeschool Polices: A Patchwork of Provisions [R]. Education Commission of the States, 2015.

定特色教育项目，如创新课程与教学策略等，能够更为机敏地捕捉学生“顾客”的教育需求。它充分利用教育技术，为天才儿童、残障儿童等不能全日在校学习的学生提供适宜的教育；不受空间、时间的约束，跨越学区，满足更广范围内学生的成长需求。

第二，利用技术手段，实现家校之间的合作和交流。网络特许学校重视教育质量，严守问责制度，教师更加关注学生的学习，注重教学过程中的互动与反馈。同时，网络特许学校开拓各种渠道吸引家长参与学校建设，如家长可以通过电子邮件、简讯、雅虎群等途径对学校发表意见或与其他父母进行交流，学校对此作出及时反馈。

第三，利用公共教育经费，为家庭提供补助。网络特许学校在《特许学校法》的指导下，为“家庭学校”的学生提供课程和技术。[1]在这类学校注册的学生可以免费获得教育资源，如书籍、绘画材料、乐器等，接受专业教师的教育并获得相应文凭，一些州甚至还为学生提供计算机、打印机以及互联网服务津贴。[2]这样既减轻了“家庭学校”的经济负担，为纳税人提供一种低廉的公立学校教育形式，也使这些家庭获得更多专业的教学力量和教育资源，特别是为那些不能负担私立学校学费的家庭提供了选择的机会。

3. 互动引发争议

网络特许学校与“家庭学校”的合作引发争议和批评。一些“家庭学校”的守卫者批评网络特许学校出于解决学区教育经费匮乏的目的，以提供教育资源为诱饵，侵占“家庭学校”市场。一部分学者和家长认为，国家的教育财政政策被某些实施“家庭学校”的家庭钻了

[1] Gaither, M.Homeschool: An American History [M]. New York: Palgrave Macmillan, 2008: 214-218.
[2] Ellis, K. Cyber charter schools: evolution, issues and opportunities in funding and localized oversight [J]. Educational Horizons, 2008: 142-152.

空子，把公共开支用于教育中的宗教目的。这种利用公共教育经费来满足个人教育需求的行为，不符合公立学校所坚持的民主和平等的核心价值和原则。

（1）网络特许学校与“家庭学校”出版商争夺市场

与传统学校相比，网络特许学校主要借助计算机和互联网等技术设备，不受场地限制，它们可以不必追加教育资金而扩大市场。同时，网络特许学校还可聘请兼职教师，这些情况使得教育成本减低，利润空间增加。于是很多教育公司投资网络特许学校，尤其是20世纪八九十年代，私有化成为一种运动，前任高级教育官员、投资公司、市场研究公司、贸易团体等纷纷投资教育产业。[1]一些较大的教育管理组织，如教育选择公司（Educational Alternatives）、爱迪生学校（Edison Schools）等开始涉足网络特许学校。这些管理网络学校的大型教育公司通过制定有效的营销策略，大力宣传，跨学区招收学生，争取大量生源，其中一大部分为“家庭学校”的学生。

“家庭学校”的教材出版商和销售商，特别是已经形成体系和运转良好的宗教出版社认为网络特许学校侵占了自己的教育市场，导致课程销售量下降等，因为“家庭学校”可以从网络特许学校获得免费的非宗教的和政府批准的课程，从而使得基督教出版社在图书市场中失去已有的份额。

（2）网络特许学校利用公共经费支持宗教教育

选择“家庭学校教育”的家庭中，很大一部分为宗教信徒。进行宗教或道德教育是他们的重要教育目标。这些家庭在网络特许学校注册和使用公共教育经费的行为遭到很多社会人士的反对，尤其是一些

［1］ Berch, P. Hidden Market: The New Education Privatization［M］. New York: Routledge, 2009: 80.

政治家和公立学校教师，他们认为这是利用公共资金来支持宗教信仰教学。同时，很多学者认为这一行为是通过潜在渠道利用公众开支满足个人的教育理想。在许多学校系统正遭受财政危机的情况下，学生在家接受教育，学区即无法获得按人头拨付的教育经费，这给经济资源带来了很大的浪费。[1]

在美国，政府承认父母拥有在家教育子女或将孩子送至私立学校接受教育的自由和权利，其中包括对孩子进行宗教信仰教育。但美国宪法第一修正案指出，“在某种程度上，国会不会出台支持建立信仰或禁止自由行使宗教的法律”，其“建立宗教”条款和“信教自由”条款分别或共同禁止政府人员建立或经营一个由某种宗教信仰作为指导思想的机构（如特许学校）。作为州的下属机构，公立学校和学区必须遵守这些要求。[2] 所以，尽管学生可以在公立学校内进行祷告和宗教信仰活动，但公立学校主张世俗化。总体上看，美国法律在学校环境之外保护父母的教育自由，在学校环境之内保护学校的教育权利。因此，在争议产生之后，美国教育部制定了一项新的规定，即反对网络特许学校购买宗教课程资料，实现教育内容的世俗化。

现代学校教育制度以对教育权和受教育权方面的制度规定的突破为起点，以教育自由和平等为基本理念，以服务于完满生活为教育的基本目标，并追求不同学校之间的沟通。[3] 这样一种制度背景开启了

---

[1] 迈克尔·W.阿普尔.教育的“正确”之路——市场、标准、上帝和不平等（第二版）[M].黄忠敬，吴晋婷，译.袁振国，审校.上海：华东师范大学出版社，2008：212-228.
Apple, M. Away with all teachers: The culture politics of homeschooling. International Studies in Sociology of Education [J]. 2005, 10(1): 61-80.

[2] [美] 米基·英伯，泰尔·范·吉尔.美国教育法（第3版）[M].李晓燕，申素平，陈蔚，译.申素平，王俊，校.北京：教育科学出版社，2011：49-50.

[3] 康永久.教育制度的生成与变革——新制度教育学论纲 [M].北京：教育科学出版社，2003：155.

“家庭学校”与公立学校合作的新时代，实现了“家庭学校”从拒绝、逃离学校教育到逐渐利用公共教育资源，实现自身成长的发展历程。一部分家长不断挖掘有益于孩子成长发展的学习环境，这有助于实现儿童利益最大化原则。

“家庭学校”虽然在很大程度上保持自力更生的精神，但它同时也是一个开放的教育系统：它充分利用社会资源，与公立学校合作，接受教会学校、私立函授学校等提供的教育服务，使用图书馆、博物馆等社会机构以及远程教育的免费资源等。美国社会形成了较为完善的教育政策和市场体系为“家庭学校”服务。以充足的社会教育资源供给为基础，家长们不断规划和调整家庭的教育计划，为满足孩子个性化成长努力打拼。

但同时，“家庭学校”的发展存在诸多的阻力。首先一方面，“家庭学校”与公立学校合作引发诸多争议，一些“家庭学校”的忠实捍卫者批评州或学区的教育部门开展的各种教育项目干扰了“家庭学校”的自由，主动放弃合作形式；另一方面，社会公众，特别是教育官员和教师等批评“家庭学校”利用公共教育经费来满足家长个人教育理想的行为。由此导致“家庭学校”与公立学校的合作道路不够顺畅。其次，“家庭学校”由于自身的私立性质、主动撤离学校教育的行为事实，以及体现出私有化倾向、有碍社会公平、忽视儿童的受教育权益等，很难得到国家的财政补助。上述诸多阻力使得“家庭学校”在利用外部资源的过程中遭遇坎途。

第八章

美国“家庭学校”的评价与思考

“家庭学校”正在成为一种全球现象。“家庭学校”在世界很多国家逐渐成为一个热点话题，日益得到关注，如新西兰、瑞典、挪威、英国、南非、墨西哥等。相比之下，“家庭学校”在美国的发展历史更长，在法律制度、组织建设、社会保障体系等方面更为成熟。特别是自20世纪90年代起，自由和选择成为美国教育领地的通行规则，从特许学校、教育券到远程网络教育的扩展，从自由学校再次出现，到传统公立学校和私立学校的教育项目和服务的扩大，家庭指导教师市场的快速发展，家长和儿童可获得的教育机构和教学选择的范围不断扩大。这一社会背景为美国“家庭学校”的蓬勃发展增添了力量。

“家庭学校”是对学校教育无法满足学生多样化教育需求的一种反应，展现出教育发展的一种新形式和新动向。虽然它是一种小众选择，但作为最自由和最开放的一种教育选择形式，“家庭学校”对国家的教育政策、法律、经费等方面产生了重要影响，对公立学校的生源、结构等产生冲击。美国“家庭学校”从非法到合法，从单一到多样，在对抗和协作中博弈，在探索中求得生存和发展。它已然成为一种可供家长选择的教育形式，并展现出蓬勃的生命力，实现了自身的不断成长。

现代化和工业化促使新的社会机构激增，家庭的一些传统功能削弱。但家庭的教育功能从来不可能完全被现代教育结构替代，同时，家庭也一直在寻找参与教育决策的机会，发出自己的声音，“家庭学校”即为一种争取教育权利，体现家庭教育功能的实践。本章分别对“家庭学校”存在的价值、成长的路径、组织的发展、法律的规范等重要问题进行反思和评价。

第一节

“家庭学校”的价值评价

“家庭学校”这一教育形式对学生和家庭等都产生了深刻的影响。首先，“家庭学校”可以满足学生的个性化学习需求，实践证明“家庭学校”培养的学生在学业成就、社会化表现以及从“家庭学校”毕业后的发展都不亚于正规学校培养的学生。[1]其次，“家庭学校”反映了家庭教育功能的回归，给家长带来意想不到的收获，重构生活方式，加强亲子关系，促使孩子的个性成长。此外，“家庭学校”也证明了一部分家长的教学能力和组织能力，显示了家长参与教育的力量。

一、满足个性发展的愿望

“家庭学校”让孩子在一种较为宽松的环境中发挥潜能和特长，有助于孩子的个性化发展。[2]

（一）重视人的个性发展

“家庭学校”的产生或复兴有诸多原因，如家长对学校教育的教

[1] 本书第一章的文献综述中已陈述过这一问题，一些学者对美国“家庭学校”的学生进行过大量关于学业成绩、社会化发展、进入大学后的表现等方面的调查和研究，结果显示，他们在上述各方面的表现都不差于公立学校的学生。或许这些调查的样本存在问题，但它也再次证明了家长在教育中的参与度确实对孩子的成长影响较大。

[2] 或许并非所有的家庭选择“家庭学校”的出发点都是基于孩子的个性发展，比如宗教家庭更重视信仰的传递，教育方式、内容也较为严格、规范，类似于学校教育。但总的来说，“家庭学校”摆脱了体制内教育的僵化，教学更为灵活。

学方式、评价制度等不满，担心校园环境的安全问题，宗教信仰的传承等。但追根究底，最根本的原因是人的个性发展，因为教育是培养人的活动，教育最核心的问题指向人的发展。因此，无论采用什么样的教育形式和方法，适合每一个人、促进其得到最好的发展才是人类追求的最终教育目标。

“人的发现”经历了一个漫长的历史发展时期。在农业社会，宗教或自然崇拜盛行，人性顺服于神性，遵从教会或大自然，记忆、背诵是常用的教育方法，体罚是教育手段，这一时期实行的是一种“奴化教育”。在工业社会，人性服从于理性，人只是经济工具和手段，讲究规律与秩序、效率，崇尚专业主义、科学管理与官僚体系，这一时期实行的是一种“物化教育”。只有到了后工业社会，人性才得到重视，人的全面发展与自我实现的意识得以唤醒，这一阶段，“个性化教育”才可能实现。

虽然实现人的个性发展是教育的追求目标，但正如上文所说，并不是每个社会发展阶段都认识到这一问题并有能力实现这一目标。在教育发展的初级阶段，人们满足于获得学习的机会，即进入正规学校教育机构接受教育。随着社会经济的发展，在孩子“有学上”的问题基本解决后，“上好学”成为人们对教育的一种新诉求，“家庭学校”即是这样一种诉求，它反映出一部分家长对教育的新的利益追求。[1]

（二）提升人的主体地位

随着知识经济时代和学习化社会的到来，“教育正在越出传统教育所规定的界限，它正逐渐在时间上和空间上扩展到属于它的真正领

---

[1] 劳凯声，李孔珍.教育政策研究的民生视角［J］.教育科学研究，2012（12）：11-18.

域——整个人的各个方面。……在这一领域内，教学活动让位于学习活动。虽然人正在不断地受教育，但他越来越成为主体了”。[1]学生的内在学习能力得到重视，个体的能动性和主体地位得到尊重。

古代家庭教育非常重视学生的学习，有时候人们更多的是自学成才，即使有教师的指导，教师或因袭陈规，或依据个人怎样“学”决定怎样“教”。随着学校教育的产生，特别是班级授课制成为主要教学形式后，教师、课堂、教材成为核心要素，学生积极主动的学习精神和能力受到压制。而现代教育活动从以教师为中心转到以学生为中心，也从强调教转变为强调学。现代社会又重新发现和认识到“人”的价值以及教育的“成人”目的。

“家庭学校”符合进步的教育理念，其产生与发展有丰富的教育理论滋养。真正的教育是从每个独特个体生命潜能方向去开展。[2]在欧洲，18世纪以卢梭等为代表的教育革新思想家重视儿童发展的个体需要，提出自然适应论。19世纪末20世纪初美国的进步主义教育思潮的主张也为“家庭学校”的出现提供了理论能量。该思潮提出“儿童中心论”，强调教育应该与生活相联系，认为学校应反映日常生活，要“从做中学”等。这些主张对当时人们的教育观念产生重大影响，与“家庭学校”的某些做法不谋而合。在思想层面，源于卢梭、杜威的进步主义思潮批评学校教育中的反个体主义现象，强调尊重学生个体的兴趣、天赋和需要。

总而言之，“家庭学校”实施的是一种人性化和个性化的教育，

[1] 联合国教科文组织国际教育发展委员会编著. 学会生存——教育世界的今天和明天［M］.北京：教育科学出版社，1996：200.

[2] Ron Miller.学校为何存在？美国文化中的全人教育思潮［M］.张淑美，蔡淑敏，译.台北：心理出版社股份有限公司，2007：校阅者序第4页.

家长或家庭教师与孩子之间的互动、交往频率高，孩子能够得到更多的关注，孩子的爱好、兴趣、特长更容易被家长捕捉、发现并得到重视与培养。

二、体现家庭教育的回归

家庭是一个人成长的起点和重要环境，对人的成长具有重要意义。“家庭学校”有助于减少代沟，构建一种健康的家庭关系，形成一种滋养型的家庭环境。

（一）家庭对个体成长的意义

现代家庭是儿童获得意义、价值观、个性发展的重要场所，家庭具有开启新的社会过程的能力。怀海特（Alfred North Whitehead）曾提出，自我发展才是最有价值的智力发展，……训练这种自我发展，最重要的是在12岁之前从母亲那里受到的教育。[1]盖伦也指出，“家庭学校”不仅仅是一个教学决定，更是家长信任家庭机构的一个公开宣言。[2]

在教育发展史上，很多学者将家庭作为人的发展根基。裴斯泰洛齐在方法论上以家庭生活与家庭教育作为整个教育的模型。他认为，在人的成长过程中，“依照自然法则”，人的发展分为内在发展与外在发展两个方面，其中，“人的家庭关系是第一而且是最重要的自然关系”，因为在比较亲近的关系里培养起来的力量永远是人在比较生疏的关系中的智慧和力量的源泉。[3]同时，他也认为，生活具有教

[1]［英］怀海特.教育目的［M］.庄莲平，王立中，译.上海：文汇出版社，2002：1.
[2] Galen, V.J. Schooling in private: A study of home education［D］. University of North Carolina, 1986.
[3] 陈桂生.历史的教育学现象透视——近代教育学史探索［M］.北京：人民教育出版社，1998：45.

育的作用，在德育、智育、工艺或艺术等方面，生活发展了我们的说话能力和思考能力等，促使个体的成长。洛克的《教育漫话》、卢梭的《爱弥儿》等著作都以家庭为理想的教育情境，并着眼于人的一生，旗帜鲜明地排斥学校教育，因为当时的学校教育简单机械、空洞乏味，充满思想垃圾。

“家庭学校”体现了家长重视家庭，对儿童教育的积极参与。每个家长都对子女教育有着深刻的关切并希望能够参与其中。“家庭学校”作为现代社会的一种教育选择方式，是一种个性化、人性化的教育，是家庭教育发展的一个新动向，是父母教育责任和权利再次得到重视的一种体现。在社会文化日益多元化、社会机构官僚化、文化急剧变革、人类活动的私人领域和公共领域不断分化的情况下，这群家长在进行积极的教育实验，他们为孩子建构了一个充满爱与安全的学习和成长环境。

（二）家庭生活得到关注

“家庭学校”是美国历史的大觉醒，它体现了人们对性别和家庭的认识的改变。

第一，对性别的认识和理解有所突破，深刻认识到母亲这一身份以及女性在维持家庭运转中的突出作用。女性是“家庭学校”的中流砥柱，她们不再仅仅是家庭主妇或母亲，家庭已然成为她们施展教育能力的工作场所。同时，父亲也开始变得越来越习惯于家庭生活，男孩学习烹饪，打扫卫生，照顾弟弟或妹妹，这种生活状态不断打破人们对性别的思维定式。同时，技术力量参与到现代化的进程之中，互联网的广泛应用让社会的一部分回归传统，正如“家庭学校”让一些家庭感觉仿佛回到工业社会前，家长们充分利用计算机和网络等带来的丰富教育资源，又开始了在家教育子女的活动。

第二，“家庭学校”是反现代主义的一个实例。它反映了反工业主义趋势，家长反思自南北战争以来形成的生活方式，努力超越现代文化的乏味，寻找生活的意义，摆脱大众消费主义的影响。“家庭学校”批判性别二分法，这种划分更多源于经济资源而非文化：父亲外出工作挣钱，母亲在家消费，其深层的原因是工业主义不仅造成了性别二分的局面，同时使得出生率下降，乡村人口大大减少。而选择“家庭学校”的家长提高了出生率，喜欢花园，饲养家畜，他们自愿牺牲个人来养育更多的子女。这是一种对世俗社会的抵制。很多家长选择“家庭学校”是源于他们认为“家庭学校”是对现代性的一种纯粹表达，它是一种流动的现代性，在这样一种文化环境中，人们可以自由地选择做自己喜欢的事情，无须强制性的社会规范。[1]“家庭学校”拥有大量的支持性组织，处于一种管制放松的状态，享有一定的自由。一个社会的发展需要强大的家庭，而“家庭学校”可以促进增进家庭成员之间的凝聚力，保障家庭的健康发展。同时，网络增加了人们购物、娱乐的选择机会，也对学习和教育产生一定的影响，人们可以选择多样的学习方式和丰富的教育资源。

家长们或者由于不满和抵制制度化的学校教育，坚持“家庭学校教育”这一形式，直至孩子进入高等教育阶段，或者只是将“家庭学校”作为一种辅助形式或权宜之计（临时替代的教育形式）。但他们对于儿童爱好、需要、个性的关注，与子女建立亲密关系的心思，在“家庭学校”的教学实践中得到充分显现。

---

[1] ［英］齐格蒙特·鲍曼.流动的现代性［M].欧阳景根，译.上海：上海三联书店，2002：前言2-3页.

三、证明家长的教育能力

“家庭学校”成为家长施展力量的舞台。基于父母教育选择权的合理性以及家长和支持者的积极争取，美国各州赋予“家庭学校”以合法地位。于是，家长开始行使自己的教育权利，将“家庭学校教育”理念付诸实践。

（一）家长行使教育权

家庭（父母）教育权既有公共教育的性质，也有教育私域化的特点。各国法律都有类似的规定：行使亲权者，对子女负有监护与教育的权利和义务。家庭教育权属于父母自然权利的范畴，在现代公共制度产生时，由于劳动社会化，家庭规模和职能缩小，公共生活领域扩大，生产者培养需要进行社会化等原因，家庭出让了部分教育权。家庭教育权利向公共教育转移后，教育的私人性被抽象化了，即排除了父母对公共教育的直接的教育意识。[1]但实际上，家长从来没有也不可能全部出让自己对子女的教育权。

国家提供的强制性义务教育是保障受教育权利的最有效途径，具有充分的合法性，但家长的教育选择权同样具有历史的和伦理的正当性。[2]随着社会的进步，教育观念的提升，一部分家长开始公开表达自己的教育诉求，追求一种更好的、适合自己孩子天性的教育，当学校教育无法满足这一愿望时，他们开始了依靠自身力量来教育子女的探索。于是，让子女在家学习成为一些家庭的个性化选择。受教育者

---

［1］ 郑新蓉.现代教育改革理性批判［M］.北京：人民教育出版社，2003：135-138.
［2］ 劳凯声，李孔珍.教育政策研究的民生视角［J］.教育科学研究，2012（12）：11-18.

的个性和需求千差万别，因此，教育需要多元化。[1]认识到家长教育诉求的合理性和正当性，美国各州教育管理部门逐渐超越公民受教育权与国家教育权的二元对立，实现民意与法律的良性互动，制定相关的法律规范，创造了一定的条件，满足了受教育者不同的教育需求。

（二）家长在子女教育中的努力

“家庭学校”的运行依赖于家长多方面的素养和能力。选择“家庭学校”的家庭在家庭结构、父母受教育水平、家庭收入、学生年龄与性别等方面具备某些共同的特征，中产阶级是主力军，该群体在政治、经济、文化等方面具备较为丰富的资本，他们通过自身的社会影响力维护家长教育权利，利用自身的经济实力和教育能力维持“家庭学校”的运转。

“家庭学校”的有序发展体现了家长组织能力的良好发挥。家长们制订教学计划，紧凑安排子女的课业进度，组织丰富的学习活动，关照孩子的个性发展，使得教育有条不紊地进行。家长们动用社会人际关系与多方资源，有效地利用媒体，对外塑造“家庭学校”的良好形象，并建立了许多支持性组织，这些组织为家庭提供巨大的支持和帮助，为家长和儿童提供了更多利益表达的途径，形成了团体文化，促成了“家庭学校”的合法化，赢得了更多的社会支持和认可。

“家庭学校”从生成、运行到逐渐发展壮大，对公立学校构成挑战，引发州和学区教育管理部门对这一教育形式的重视，进而引发愈来愈多的社会争论和质疑，这些都说明“家庭学校”对教育领域乃至整个社会所产生的影响力在逐渐增大。“家庭学校”作为美国择校的

---

［1］熊丙奇.谁来改变教育？［M］.上海：中西书局，2014：199-201.

一种体现，是家庭的一种教育策略行为，[1]这种选择会受到自身素质和能力的影响，更受到教育制度的制约，家长们通过切实的行动，勇敢地表达自己的教育诉求，构建起“家庭学校”的组织网络，改变了现行的教育制度。

第二节

“家庭学校”成长路径评价

在多元价值社会中，“家庭学校”为教育领域增添了一种新的教育场所，依靠家长的力量开展正规教育，展现出教育形式多样化发展的趋势。即使在成长过程中面临诸多的质疑、批判，但家长们仍然付诸坚持与努力，一些社会人士或机构提供持续的声援与物质帮助。“家庭学校”一方面依靠家庭的力量保持教育自由，实现教育目标；另一方面不断争取多种资源，促使自身得以多样化发展，从而保持自身独立与融合的发展态势，构建双重发展路径。

一、反映教育形式多样化

教育制度的变革来自社会力量的推动，更源于个人的利益追求和

[1] 刘精明，等.教育公平与社会分层［M].北京：中国人民大学出版社，2016：176.

理性估算。[1]多个利益群体参与教育制度的博弈，在利益的斗争与协调中推动教育制度不断内生和变革。

在19世纪以前，由于处于个体农业和手工业社会，教育对个人成长的意义不是很大，家庭与教会在教育机构中占据首位，教育内容简单、形式随意，更多是个别化的教育。19世纪以来，特别是随着工业革命的进行，家庭核心化，大量妇女走向工厂，培养大量具有一定素养的劳动力的需求，即教育普及化，带动国家力量的渗入，同时，教育成为改变个人社会地位的重要途径。于是，具有高效、统一、制度化等特征的学校取代了家庭与教会在未成年人社会化中的首要地位。

到了19世纪末20世纪初，在新技术革命的影响下，生产效率提高，人们发展的资源和机会增多，学校教育的弊端逐渐显露出来，如过于僵化、统一的官僚制度和教育内容，无法照顾个性需求与发展等。于是，学校教育的垄断地位受到挑战，人的个性化需求日益凸显，教育形态分化、融合，不断丰富完满，多种学校类型出现。

“家庭学校”即是学校形态多样化的一种表现。它促使人们反思学校教育和社会政策。它使人们去省察公立学校的不足，如过于官僚化，未能及时关注社区和家长的需求。它批判公立教育的课程与社区生活、个体需要、文化脱节等。“家庭学校”是一批家长的一种积极尝试，它处于家庭与学校之间，制度与非制度之间，是教育要素在时空上的变化，是一种公立教育的替代品。“家庭学校”是家长的一种主动选择，从本质上看，资金提供主体是家长（以时间、精力、物

[1] 康永久.教育制度的生成与变革——新制度教育学论纲［M].北京：教育科学出版社，2003：242.

质投入为形式）；服务提供主体也是家长，兼具公民社会的部分参与（如各种组织和协会等）；它是一种典型的放松规制，规制更多来自家庭内部，而非政府。[1]

二、进行自立与协同的抉择

作为一种另类的小众选择，“家庭学校”引发了家长教育权与国家教育权之间的冲突和博弈。出于对教育自由的尊重，政府在家长的呼吁中“被动”认可了“家庭学校”的合法地位，并对之进行规范和约束。很多州政府事实上并不积极支持“家庭学校”，因此“家庭学校”实践者需对外在生存环境不断作出自己的判断和抉择，“家庭学校”的成长路径、资源利用及其引发的争论也成为教育领域的永恒话题。

“家庭学校”并不意味着孤立和封闭，它本身也是社会运作的一个侧面：有些家庭联合起来形成小组，组织集体活动；有些家庭让孩子部分时间到公立学校或私立学校上课。[2]纵观“家庭学校”的成长历程，它主要形成了两种发展路径：一是充分利用家庭的力量，或依靠家庭之间的互助以及公共社会资源等；二是依靠学校教育，特别是与公立学校的合作实现“家庭学校”的类型多样化，开辟了另一条发展路径。其中前者是家庭学校的主要生存方式，它保持了“家庭学校”的精髓与核心特征；后者属于少数，但它体现了一部分“家庭学校”的需求以及国家对这一教育形式的态度和政策。

信息社会的到来与发展，政府教育政策的日益人性化等因素，都

---

［1］卢海弘. 当代美国学校模式重建［M］. 广州：中山大学出版社，2004：274.
［2］李荣荣. 美国的社会与个人：加州悠然城社会生活的民族志［M］. 北京：北京大学出版社，2012：115.

为“家庭学校”的发展提供了良好的生长环境，也使得“家庭学校”的成长路径不断多样化。

首先，信息技术的发展为“家庭学校”提供发展契机。互联网的应用使得原本占主导地位并将人们团结在一起的机构（如公立学校）正在逐步失去垄断地位。[1] 技术正在学校之外建构一种新的教育体系，并不断播撒新教育的种子。家庭、社会、民间社团、公共图书馆、科技馆、博物馆、少年宫等各种机构和组织等都成为教育的场所。[2] 技术对教育的影响，特别是在学校之外的影响在不断扩展，而且势不可挡。信息技术和网络的发展，以及各种智能电子产品的“大行其道”，必将对“家庭学校”的运行产生持续影响。

其次，政府的包容和助力在一定程度上为“家庭学校”的发展减少了阻碍。社会愈加多元，个性发展越来越受重视。在新自由主义政策的推动下，“家长赋权”“选择”“问责”“个人自由”等成为美国基础教育领域的主流话语，随之而来的是特许学校、磁石学校、“家庭学校”等教育形式的日趋多样化，以及教育券、学费税收减免等改革举措的应运而生。上述措施为落实家长的教育选择权提供了通道，为“家庭学校”与公立学校的合作做好了铺垫。“家庭学校”因此得到更多社会人士的接受和认可，更多家庭受到吸引并选择这种教育形式。

“家庭学校”在其发展历程中不断吸收有利的社会因素，抓住时机，动用一切可以使用的资源，实现自身的成长和壮大。当然，这其

[1] 迈克尔·W.阿普尔.教育的“正确”之路——市场、标准、上帝和平等（第二版）[M].黄忠敬，吴晋婷，译.袁振国，审校.上海：华东师范大学出版社，2008：251.

[2] [美] 阿兰·柯林斯，理查德·哈尔弗森.技术时代重新思考教育：数字革命与美国的学校教育[M].陈家刚，程佳铭，译.上海：华东师范大学出版社，2013：17.

中也存在诸多批评和困扰：“家庭学校”是否在前行中忘记了自己的初衷，特别是对教育自由的追求？“家庭学校”与公立学校合作是否合适？合作的形式或程度怎样才能保持“家庭学校”的核心价值？“家庭学校”是否需要永远固守在家庭、父母这一资源圈内，而排斥外在的诸多资源和帮助？此外，还有一些学者质疑，“家庭学校”的学生在公立学校或私立学校注册是否已经失去了“家庭学校”的核心品质（性质）？“家庭学校”的内涵究竟是什么？上述问题都是因“家庭学校”形式多样化引发的思考。

从教育的本质来看，人永远是教育的出发点，教育最核心的问题指向人的发展。因此，家长在家教育过程中应将子女的兴趣与教育效果放在首位，教育形式和途径则始终摆在辅助手段的位置，不能撼动育人的本质。认清教育技术的发展趋势，把握教育政策，既充分利用多种资源从而保障子女的个性发展，又保持自己选择在家教育子女的初心，成为“家庭学校”实践者目前的重要抉择和任务。

三、构建家校教育合力

国家支持的学校教育深植于美国文化和政治意识之中，它是社会默认的教育模式；技术本身不会提供足够的社会、政治、实践或意识的影响力来支持“家庭学校”的传播。所以在可以预见的未来，无论技术变得多么有力、便宜、易于获得，大部分父母依然依靠传统的学校来教育孩子，“家庭学校”不会在短期内取代传统教育制度。

“家庭学校”吸引了一部分生源，刺激公立学校和私立学校进行反思，引发其危机意识。“家庭学校”数量的不断增长给公立学校带来些许压力，如生源减少、经费缩水等，此外还有教育理念上的影响。另外一些因素同样不容忽视，原本占主导地位并将人们团结在一起的机构——公立学校正在失去其绝对优势。在科技和市场的推动下，“家庭学校”不断拓宽发展路径，形成依靠家庭（家长）和利用外部社会资源的双重发展路径，在一定程度上构建家校教育合力，保障了教育成效。因此，公立学校需要认真地听取家长的抱怨，以更灵活的方式重建教育机构。

“家庭学校”和公立学校的合作，促使家长更多地参与学校活动，形成家校之间的良性互动。学校和家庭之间积极互动，互为补充，为孩子的成长创造一个有利的环境。一方面，学校可以将家庭作为课程学习的一个场所，充分利用家庭课程对孩子进行教育，减轻学校压力；另一方面，家庭可以充分利用公立学校的教育资源以及现代信息技术（如网络学校、电子教育资源等）在家教育子女。这样，学校教育制度和形式更加灵活化。随着社会发展，特别是教育技术的发展，“家庭学校”的类型注定会更加多样，学习资源愈加丰富。

“家庭学校”的壮大刺激了公立学校的实验与创新，带来改革动力。一些公立学校创造机会与“家庭学校”合作，开创新的教育形式。这是一种积极的教育实验，为学校教育制度的进步带来活水。[1]这种教育创新给教师带来挑战，让他们变得富有创造性；同时，还可以形成父母参与学校教育的新方式，提高家庭和学校合作的频率。[2]“家庭学校”类型的多样与扩展，为家长和学生提供尽可能多样的选择，为学生能够找到最适合自己的教育场域，然后找到自己的学习之路提供机会。

---

［1］ 唐宗浩，李雅卿，陈念萱．另类教育在台湾［M］．台北：唐山出版社，2005：36.

［2］ Lines, P.M. Enrolled Home Study Partners with Public Schools［J］. Education Digest, 2004: 43-46.

第三节

对家庭学校组织的思考

“家庭学校”发展初期建立了一些包容性的组织。这些组织接纳所有选择“家庭学校”的家长，为“家庭学校”早期的发展提供动力和支持。但仅有理想信念和乐观的心态是不够的，由于缺乏资金，加之内部规则松散，许多家庭学校组织不够稳固，在20世纪七八十年代逐渐走向衰微。

此时，大量基督徒进入“家庭学校”领域，掀起了“家庭学校”发展的第二次高潮。选择“家庭学校”的人数迅速增长，支持性组织也日益成熟，但组织分化由此开始。从“家庭学校”的发展历史看，最初以左翼思想为主导，后来以右翼思想为主导。右翼支持性组织以新教教徒为主，他们建立严格的分界线，不允许没有信仰或不同信仰的人进入组织，于是，他们与其他家庭学校组织之间的合作和联系就减少了。自此，宗教右翼将没有宗教信仰的家长（家庭）推向一个小而孤立的领地。

随后，右翼内部也出现分化。雷蒙德·莫尔及其追随者建立的支持性组织被边缘化，福音派新教教徒占据优势地位。21世纪初，分化过程基本完成，“家庭学校”的两位奠基人（约翰·霍尔特、雷蒙德·莫尔）都被排挤出核心位置，取而代之的是更多的福音派新教教徒。家庭学校组织从之前松散而有些约束的合作、互助状态，转变为相互排斥、分化的状态。有无宗教信仰、信仰是否相同，成为家庭学校组织之间合作程度的一个重要依据，以宗教教徒为主导的组织内部联系较少，它们与世俗家庭组建的组织之间的联系更少。家庭学校组织变得日益同质化，不同组织拥有不同的成员、工作规则和文化倾向。

家庭学校组织有共同的目标，即保护家长的教育自由，为“家庭学校”提供多方面的支持，促进这一事业的成长与进步。但在组织的发展历程中，特别是由于成员的宗教信仰等问题，组织之间有合作，也出现了裂痕和分化。回顾与反思家庭学校的组织发展历程，可以得出如下经验。

一、家庭学校组织形成集体力量，应对外部质疑

“家庭学校”的实践者作为一个小众群体，社会对其教学效果、儿童社会化等方面产生质疑甚至批判，这一群体通过建立组织、构建团体文化等方式凝聚力量，予以回击，积极维护该群体的良好形象。

（一）正视批评，积极辩护

虽然“家庭学校”在20世纪90年代中期获得合法性地位，但它依然时常遭受社会的质疑和批判。其中，母亲受到的批评和伤害更多，因为她们是“家庭学校”的主要施教者，更多时间与孩子在一起。“家庭学校”组织通常会为家长们提供对策，将在家教育的行为与文化期待联系在一起，重建令人尊敬的品性。通常情况下，“家庭学校”会受到以下四种批评，家长们针对这些批评形成自己的辩护。[1]

一是社会批评“家庭学校”学术自大，质疑家长的教育能力。家

[1] Lois, J. Home Is Where the School Is: The Logic of Homeschooling and the Emotional Labor of Mothering [M]. New York: New York University Press, 2013: 70.

长们的辩护是：孩子天生拥有学习的能力；母亲最了解孩子和他们的个性需求，可以灵活地适应孩子的生长节奏，为孩子提供最适宜的教育。同时，传统学校有诸多弊端，如无法满足天才儿童或智障儿童的学习需求；学校的教育标准低；学校存在性别与种族歧视等。

二是社会批评“家庭学校”对孩子过度保护，影响孩子的社会化，阻碍孩子形成社会技能。家长们的辩护是：家长适当保护孩子免受传统学校的伤害，如同伴欺凌、嘲笑、排挤等；帮助孩子建立自信，因为学校中的能力分组打击孩子的学习自信心和兴趣；教育官僚体制强调学术标准，标准化测试带给孩子压力；自然灾害、谋杀事件、恐怖袭击等对学校中的孩子造成人身伤害，保护孩子的身体安全和健康是家庭的主要职能；家庭可以自主安排孩子参加社会活动，如担任社区志愿者、参加集会等。

三是社会批评一些“家庭学校”进行极端的道德教育。社会公众认为“家庭学校”的家长通常处于道德地带的两端：一端是左翼分子，另一端是福音派基督徒，他们向孩子传递自以为是的极端价值观，无法培养合格的社会公民。尽管许多“家庭学校”家长的思想与主流思想脱节，但他们不认为自己属于极端分子，这些家长从两方面进行反击：一方面，培养孩子良好的道德品质是家庭的责任，家庭可以提供充足的时间促进孩子的道德发展，培养积极向上和富有生产力的公民；另一方面，拥有宗教信仰的家长积极支持宗教道德教育，批评公立学校不良的道德环境，主张在面对消极的社会影响之前，让孩子形成是非观念。还有一部分家长是自然主义者，主张道德相对论和批判性思考，质疑社会秩序，支持多样性。

四是社会批评“家庭学校”的家长高度参与孩子生活，导致不健康的亲子关系，阻碍孩子的独立发展；指责母亲以牺牲孩子良好成长为代价，满足个人的情感需求。“家庭学校”的家长坚持家长与孩子形成亲密关系的重要意义，他们质疑“美国文化中的早期母子分离有助于孩子的独立和成熟”的思想，普遍认为儿童期是短暂的，需要父母用心的陪伴和教育，“家庭学校”日程安排灵活，有助于亲子相处，培养兄弟姐妹之间情感，改善家庭关系。

（二）积极构建团体文化

选择“家庭学校”的群体受到主流文化的影响，同时也具有一些独有的价值规范和独特的生活方式，以此实现身份认同。所谓“物以类聚，人以群分”，“家庭学校”实践者打破社会常规，偏离社会规则，与主流文化产生偏差。他们主要由两部分构成：一部分是自由父母，另一部分是福音派基督徒。他们具有共同的价值观和信念，如不信任政府机构，将公共教育视为政府干预、控制家庭的一种形式；带有一定的自由化倾向，坚持父母教育子女的权利。

在外部质疑和攻击下，“家庭学校”群体积极构建内部的情感文化。文化是一个组织所有成员所共享的并且作为标准传承给新成员的一系列价值观、信念。“家庭学校”群体的标准和价值观即爱孩子，重视教育与家庭关系，女性在家开展教育。这一共同的文化使群体成员产生一种认同感，并指导群体成员彼此相处，实现内部整合，提高该群体的外部适应性。

选择“家庭学校”的家长形成了一个团体，协作一致面对局外人。他们对局外人或圈外人（outsider）有着较强的防范意识和自卫意识。一方面，他们排斥、抵触局外人，局外人不容易获得他们的信任，并与之建立融洽的关系；另一方面，他们主动、极力地更正外界对他们的偏见，维护并树立“家庭学校”的良好形象。他们积极地向外界介绍“家庭学校”的情况，如孩子的社会化良好，比在校学习的孩子参与更多的活动；家长是孩子的推动者和引导者，他们能够寻找各种资源和途径，为孩子提供最好的教育体验；孩子受益于自由的学习，发展自己的兴趣，他们可以将自己内在的学习潜能最大限度地发挥出来；“家庭学校”的家长是负责任的家长，他们爱孩子，重视教育。

二、排斥性组织引发分裂，对家庭学校事业不利

排斥性组织未能有效地与其他“家庭学校”组织协作，反而加速了“家庭学校”组织内部的分化甚至分裂，对“家庭学校”的整体实力产生不良影响。

基督徒建立的家庭学校组织内部强调等级秩序，领导之间存在着经济和政治利益争夺。家庭学校法律保护协会主席迈克尔·法里斯、《家庭教学》杂志的出版商苏·韦尔奇（Sue Welch）、基督教生活工作坊的格雷格·哈里斯、全国家庭教育研究所的布莱恩·雷等试图建立一种基督教主导的“家庭学校”，其中迈克尔·法里斯试图让自己成为“家庭学校”领域的代言人。家庭学校法律保护协会的律师克里斯·科里卡、沙朗·格里姆斯（Sharon Grimes）以及玛丽·普瑞德，还有地区和州的领导等都直接或间接为“家庭学校”权力和控制的集中化提供帮助。

20世纪90年代初，很多“家庭学校”的实践者已经清晰地看到组织内部日益加深的分裂：一般分为宗教性组织（排斥性）和世俗性组织（包容性）。各个组织的人员构成不同，组织方式也不相同。新教教徒建立的组织之间互相合作，共同谋划基督教家庭教育的发展，设计组织机构。包容性组织也建立了自己的组织体系，相对较小，分权化，机构运作欠协调。

上述组织体系的建立对整个“家庭学校”领域的合作状态产生影响，不利于“家庭学校”的长久发展。

首先，在同一战壕中的“家庭学校”群体一分为二，彼此阅读不同的新闻，有不同的朋友圈子，接受不同的服务。由于一个人（或家庭）对某些事件的认识主要受到自己熟识的人以及能够给予自己帮助的组织的影响，所以这些不同组织之间的人注定存在不同的观点。同时，这些人（或家庭）很容易漠视与自己信仰和见解等方面不同的人，或将他们妖魔化，这种状况很容易将各个家庭学校组织置于互不信任、互相批判的境地。“家庭学校”的发展历程表明，组织机制可以影响人群、信息和资源的流向，加剧不同观念的影响。

其次，组织的分裂源于家庭学校事业中利益的争夺。到20世纪90年代初，家庭学校组织内部的矛盾不再仅仅是信仰和观念上的分歧，最大的问题在于利益与荣誉之争，即谁将成为“家庭学校”领域的全国代言人？“家庭学校”运动蓬勃发展的荣耀应该归于谁？谁能够在出售“家庭学校”的产品和信息中获得丰厚的收入？谁的“家庭学校”思想能够被载进历史？利益与荣誉的争夺促使家庭学校领域陷入斗争。新教教徒在这场斗争中逐渐占据有利地位，他们采取良好的宣传策略，吸引了更多家庭加入。虽然“家庭学校”的组织大厦已经建立，但包容性组织发现自己已经被降级为微不足道的一个分支了。

保守的新教教徒带领下的家庭学校组织威胁着整个“家庭学校”领域的自由氛围。1991年5—6月，《家庭教育杂志》上的一篇文章谈到“家庭学校”的自由危在旦夕。[1] 该文章批判新教领导试图完全掌

[1] Stevens, M. Kingdom of Children: Culture and Controversy in the Homeschooling Movement [M]. New Jersey: Princeton University Press, 2001: 145.

握“家庭学校”的领导权，这会导致“家庭学校”群体的凝聚力减弱，非基督徒受到排斥，没有信仰的家庭也被排斥在外，所有选择“家庭学校”的家庭之间建立的沟通网络由此遭到破坏。整个“家庭学校”的支持体系都会受到影响，社会、政治支持群体日益萎缩。总之，一小部分基督教精英控制家庭学校领域的局势会影响这一群体的整体实力，无法稳固“家庭学校”赖以生存的资源和社会网络根基，不利于这一教育形式的长远发展。

同时，上述理念与“家庭学校”的主导思想也是不一致的。“家庭学校”是家长教育自由选择权的一种体现，每个家庭理应可以依据自己的情况，自由地选择组织和资源，充分体现多样化色彩；同时，“家庭学校”事业的良好发展需要所有家庭的合作和互助，并非一定要保持一致或服从。为保护自由，选择“家庭学校”的家庭需要一致认同：家长有按照自己的原则和信仰来教育子女的自由，同时也应认可各个家庭之间在教育实践中的差异。

三、包容性组织松散，亟须规范和约束

虽然新教教徒建立的家庭学校组织因其排斥性受到许多学者和家长的批评，但它也有值得称道的地方：建立严格的制度，设置相对完善的机构和分工体系，形成团结一致的文化氛围，内部各项工作有条不紊地运行。而相比之下，包容性组织强调自由，过于分散，没有形成系统的规章制度，在面临重大问题表决时，有时无法形成一致意见，因此很多组织寿命较短，行动力和影响力显得较弱。此外，排斥性组织逐渐在家庭学校领域占据优势，原因在于基督教文化在美国的社会影响力：他们有自己的生活节奏和组织归属；教堂和教会组织给予他们支持，具有组织文化肥沃的土壤。

这里以基督徒建立的家庭学校法律保护协会和世俗人士建立全国家庭学校协会（National Homeschool Association）为例，来说明为何宗教教徒建立的组织能够取得优势地位，以此揭示家庭学校组织中的深层问题。

首先，从社会资源看，家庭学校法律保护协会资金充裕。该协会拥有一定数量的专业工作人员，注册传真网络，拥有邮寄名单，保持全国的紧密联系。然而，全国家庭学校协会资源相对匮乏，每年只有几千美元的预算，没有专职工作人员。家庭学校法律保护协会不仅依靠客户，更依靠组织的名声，为它带来财富。律师们成功地展示了在法律制度特别是在家庭学校法律诉讼方面的娴熟能力、技巧与经验，得到诸多家庭的认可，并提高了知名度。家庭学校法律保护协会代表了文化企业的较高水平。

其次，从社会网络看，宗教信仰者拥有遍及全国的志愿者关系网，金字塔式的关系网络结构使得基督徒建立的家庭学校组织能够有效、及时地协调全国志愿者，促使游说、集会等集体活动获得成功。相反，包容性组织依靠组织和支持者之间的非正式关系，缺乏规章制度，它虽然也建立了关系网络，但行动不如前者迅速和及时。

更为重要的是，基督徒建立的家庭学校组织在会员中建立了充足的信心。仅强调社会网络无法解释宗教教徒建立的家庭学校组织的高效，一是因为这无法解释是什么原因使得网络传播的信息令人信服。家庭学校法律保护协会不仅依靠社会网络进行联系，更依靠支持者对该组织的信心。比较之下，全国家庭学校协会的影响力不够大，它的呼声得到的响应相对较少。它通常资助年度会议，出版季度简讯，但拒绝代表所有“家庭学校”实践者发言。二是因为宗教教徒建立的家庭学校组织的金字塔式组织结构发挥了充分作用。家庭学校法律保护协会位于金字塔顶端，基层民众认可这种等级制秩序，并对之充满信心。

总之，家庭学校组织之间存在合作，也充满斗争。因为拥有共同的目标，即保护并支持“家庭学校”的发展，维护个人自由和父母教育权利，这些组织之间开展协助，相互支持。但由于信仰和教育理念的不同，组织之间产生分裂与斗争。在“家庭学校”的发展历程中，依靠完善的宗教组织和充足的施教力量，新教教徒的支持性组织逐渐占主导地位，他们积极培育、支持、传播基督教信仰和意识。但随着网络技术的发展，分散化、多源流使得新教教徒很难垄断和控制整个家庭学校领域。这也使得家庭学校组织之间增进了包容与合作，进入平稳发展阶段。

第四节

对“家庭学校”法律规范的思考

在美国，“家庭学校”的成长受到法律的规范。美国各州制定了相应的法律制度，为规范“家庭学校”的发展提供了依据。这体现了教育自由和国家管制之间需要处于一种动态的平衡：父母拥有教育选择权，可以自由选择教育形式、内容等；国家为保护社会整体及其成员的利益，拥有合理的教育权威和责任，进行严格的管理和监督，有效地保障儿童的受教育权，保证教育质量。此外，还应当关注孩子的教育权益，赋予他们与年龄、判断能力相符的选择自己受教育道路的权利。

一、认可"家庭学校"的合法地位

获得合法地位是"家庭学校"不断发展的基本条件。民主社会日益多元，教育管理不断松绑，父母的教育选择意识日益觉醒，特别是人的个性发展需求得到重视，使得"家庭学校"成为一部分家长的教育选择。在美国，"家庭学校"自产生之日起就不断引发社会争议：它更多体现家长的教育意愿，与国家教育权发生冲突；家长对孩子的影响凸显，孩子的受教育权如何得到保障等。尽管争论和质疑很多，但出于对受教育者个性成长需求以及家长教育优先权的尊重，20世纪八九十年代，美国各州陆续承认"家庭学校"的合法地位，并制定了相应的法律制度，这为规范家长的教育行为提供了依据。父母在一定的法律规范下，自由地选择教育形式、内容等，助力孩子成才。同时，合法地位的获得为"家庭学校"的成长奠定了坚实的根基，提供了健康、有效、有序发展的空间，在法律的规范和指导下，它可以利用家庭的力量，也可借助外部资源（特别是与公立学校合作），获得多种成长路径。

"家庭学校"在整个教育领域处于非主流的地位。在美国大多数州，"家庭学校"被认定为是一种私立教育，这一非正式教育组织对家庭的要求较高，因而数量少，只适用于少量群体，在教育领域发挥培养人才这一重要作用的依然是公立学校。虽无法撼动公立学校的地位，但"家庭学校"是对公立教育单一教育模式的丰富和补充，增加了教育的多样性和选择性[1]，满足了个性成长需求，对整个教育系统

[1] 杨东平.杨东平教育随笔：教育需要一场革命［M].上海：上海人民出版社，2007：120-122.

发挥着补充和调节的功能。教育系统正如一个生态系统，要能够维持顺利运转，必须形成一个物种丰富的生态园，每一类学校都发挥自己独特的价值。

二、保护家长的教育选择权

在父母行使子女教育选择权所产生的价值观问题中，最敏感的就是与平等相关的价值观。不同学者持有不同观点：有些学者（如帕特里夏·怀特、约翰·怀特等）认为允许富裕家庭的父母为孩子购买公立体系之外的优质教育是不合理的；有些学者（如戴维·库珀）认为只要收入差异体系是公正的，那些能用高额学费来换取优质教育的父母就可以为他们的孩子提供这一优势。[1]应该充分肯定父母在决定子女教育问题上的权利或自由。父母在子女教育上的权威应该被认为是首要的，他们应该有足够的机会来选择不同种类的学校教育——不仅仅在公立系统内部，也在公立和私立学校之间。[2]

现代教育公平包括平等倾向的“同一的公平”与自由倾向的“多元的公平”。作为其实现策略，保持以补偿政策为代表的平等倾向的策略和以选择政策为代表的自由倾向的策略之间的平衡，是实现教育公平最重要的原则。[3]平等与自由的关系是一种既爱又恨的关系，这取决于我们所要求的是与差异相适应的平等，还是在每一项差异中找出不平等来的平等。平等越是等于相同，被如此理解的平等就越能煽

[1]［澳］布莱恩·克里滕登.父母、国家与受教育权［M].秦惠民，张东辉，张卫国，译.秦惠民，审校.北京：教育科学出版社，2009：6.帕特里夏·怀特和约翰·怀特在批判戴维·库珀的专著《平等之幻想》时，提出上述观点。

[2]［澳］布莱恩·克里滕登.父母、国家与受教育权［M].秦惠民，张东辉，张卫国，译.秦惠民，审校.北京：教育科学出版社，2009：10.

[3]翁文艳.教育公平与学校选择制度［M].北京：北京师范大学出版社，2003：3-5.

动其对多样化、自主精神、杰出人物的仇恨，归根到底也就是对自由的厌恶。[1] 现代教育制度基于一种对自主权利和自主能力相互关系的新认识，确保个体对教育的选择权和在教育过程中的自主权，真正凸显权利平等的地位。[2] 自由本身作为现代生活的一种基本权利，不是直接建立在主体能力的基础之上的；相反，现代生活中，主体自主能力的发展还必须以其自主权利的存在为前提。[3] 在美国，对于一般的中上层人群来说，他们更多地倾向于支持以选择制度为代表的自由倾向政策，获得高质量的多样化教育，从而有机会充分发展自己的个性和潜在能力，达到“多元的公平”。[4]

从历史长河看，中上层阶级子女的教育始终发展得更快，始终走在社会平均水平的前面。如双轨制的推行，下层劳动阶级和中上层阶级接受的教育机构不同，所接受的教育内容、培养目标等方面也存在差异。选择“家庭学校”，体现了一部分家庭对优质教育的追求，对孩子个性的关注。中产阶级家长对子女教育寄予厚望的背后，是使阶层整体优势产生和保持的社会系统在起作用。家长个体受到社会结构制约，在代际之间进行阶级优势的传递（也可称之为社会不平等的生产）。在现代工业化国家，改变阶级不平等模型是非常困难的，不论教育如何根本改革和扩张，优势阶层的相对优势总会得以保留。[5]

---

[1] [美] 乔・萨托利.民主新论（第2版）[M].冯克利，阎克文，译.北京：东方出版社，1998：383.

[2] 康永久.教育制度的生成与变革——新制度教育学论纲 [M].北京：教育科学出版社，2003：396-397.

[3] [美] 詹姆斯・M.布坎南.自由、市场与国家——80年代的政治经济学 [M].平新乔，莫扶民，译.上海：上海三联书店，1989：241.

[4] 翁文艳.教育公平与学校选择制度 [M].北京：北京师范大学出版社，2003：后记.

[5] [美] 安妮特・拉鲁.家庭优势：社会阶层与家长参与 [M].吴重涵，熊苏春，张俊，译.吴重涵，审校.南昌：江西教育出版社，2014：序言第3-7页.

三、保障儿童选择受教育道路的权利

在教育领域，父母的教育权威会受到外部的约束，同时也有来自内在的约束。首先，父母的权威受到以下条件的限制：儿童的道德地位和成熟的发展条件；正规教育中应尊重的特殊价值；教师和儿童发展专家的权威；家庭所属的社会团体的主张，尤其是国家的教育权威；教育方面受父母自由影响的平等和社会凝聚力等其他价值。其次，“家庭学校”看似是家长对教育形式的一种极端自由的选择，其实给予家长很大的教育压力。因为“家庭学校”是家长的一种主动选择，通常情况下，他们对子女的教育抱有很大的期望，并积极关注子女的成长需求和兴趣爱好。家长在教育工作上从不敢懈怠，力求使自己的孩子不低于甚至高于公立学校学生的表现。上述情况充分体现了人的不自由不完全取决于外在的约束，更多情况下，它来自内在的约束，这种内在约束与个体的成熟状态、认识和理智水平以及受教育程度密切相关。[1]这种内外约束使得大多数家长都能够高度重视在家教育的效果以及对子女的良好指导。

但从另一个方面说，儿童参与影响其教育决定的权利也应当得到尊重。这从理论上讲也是很重要的，很多教育学家和法学家逐渐认识到这一情况，开始呼吁给年轻人选择自己受教育道路的权利。一是因为儿童在逐渐发展他们的能力，所以儿童应被允许参与那些影响他们在一定程度上与其年龄和理解力相称的教育决定。[2]达格拉斯法官在1972年的威斯康星州诉约德案中指出，如果阿门宗派的儿童愿意到高

[1] 周兴国.教育与强制——教育自由的界限［M］.福州：福建教育出版社，2012：3.
[2]［澳］达格拉斯·霍奇森.受教育人权［M］.申素平，译.北京：教育科学出版社，2012：153.

中就读，并且他们也足够成熟到作出负责任且明智的决定，州政府就应该压倒父母在教育方面提出的反对理由。[1] 所以，父母的决定性作用应当依据孩子的年龄和判断力等因素而不断变化，如在初等教育阶段，父母应当在儿童不能为自己作出正确决定时起到决定性的作用，但当孩子已经成长到中等教育阶段时，他们自己作出教育选择的说服力就大大增强。二是学习者的最佳利益应当由学习者本人来判断。只要受教育者具备主体意识，就应当尊重他根据自己的需要来选择和决定学什么、怎么学、在哪里学等的意愿。

在法律上，国家、父母、儿童都拥有一定的教育权利，但都存在限制条件。父母对子女的教育可以拥有合理的权威，国家为保护社会整体及其成员的利益，在教育领域也拥有合理的权威。自由和民主是每个社会的基本准则，在自由主义民主社会中，个人和群体可以自由地选择不同的生活方式。在实践中，“家庭学校”需要平衡国家、父母、儿童三者之间的权利，特别是当孩子具备独立的判断能力和自主意识之后，应当尊重其选择。同时，国家在承认家长教育自由和选择权的合理性时，必须以儿童的发展和成长作为参照维度和衡量标准，并对“家庭学校”进行密切的监督和指导。当家庭虐待儿童或无法提供适宜的教育时，国家应该及时采取措施进行司法干预。

“家庭学校”关注儿童的个性化发展，凸显家庭和家长在教育中的功用，反映出教育形式多样化的发展趋势。“家庭学校”在发展过程中不断吸引外在的资源，实现自身类型多样化和发展新路径，与学校教育形成合力，共同致力于儿童的健康成长。综合看来，尽管“家

[1] [澳] 达格拉斯·霍奇森.受教育人权 [M].申素平，译.北京：教育科学出版社，2012：154.

庭学校”是一个相对自律的领域，但它也必须以社会其他领域如公共教育系统、教会、社区等为环境和条件，唯有如此才能得以有效运作。

家庭学校组织的发展充斥着协作、分化与冲突，在整个发展历程中，排斥性组织占据优势，但影响力在减弱；包容性组织结构松散，亟须规范。两者之间只有合作和互补，才能有助于发挥组织的作用，守卫“家庭学校”的顺利发展。

“家庭学校”受到法律制度的规范和引导，保障父母的教育自由和选择权，平衡家庭、学校、国家之间的利益关系，为“家庭学校”的发展提供了保障。但教育管理部门更需进一步保障“家庭学校”内的儿童受教育权益，保障儿童随年龄增长而不断提升的教育选择权和判断力。

第九章

结　语

一、研究结论

通过对美国“家庭学校”的考察和分析，本研究认为，在整个教育领域，“家庭学校”作为一种非正式教育组织，数量较少，但它对内不断加强自身组织建设，提高教育水平；对外积极争取合法化，充分利用有利因素和外资资源，在与正式教育组织的互动中，不断实现自身的成长。

（一）社会进步催生“家庭学校”萌芽并促进其发展

任何一种事物的发展都无法脱离其成长环境。成长环境包含不利因素，也包含有利因素，两种因素的力量在不同的时间阶段此消彼长。20世纪六七十年代，“家庭学校”萌芽初生，身处学校普遍建立和义务教育制度全面实施的教育环境。在这种社会氛围中，“家庭学校”被视为一种另类行为，民众对家长的“越轨行为”、教育能力、“家庭学校”孩子的社会化发展等充满质疑。但随着社会经济的发展，教育观念的进步，社会民众逐渐感受到学校教育制度存在弊病，无法满足孩子的个性化发展，于是，人们开始寻求教育形式的多样化，审视“家庭学校”的合理性。在美国个人主义、后现代主义以及宗教文化的滋养下，在教育市场化改革的包容下，在信息技术的支持下，在家长实力的支撑下，“家庭学校”作为一种脱离主流学校教育的教育形式，不断获得成长的动力和资源，成为一种蓬勃发展的教育选择形式。

（二）合法地位和合理制度夯实“家庭学校”成长根基

家长主动放弃体制化的学校教育，选择在家教育子女，这一方面体现出现有学校教育制度的不完善性，无法满足家庭的教育需求；另一方面也展现了一部分家长已经具备在家教育子女的能力，试图依靠自己的力量来实现自己的教育理想。

法律规范和引领“家庭学校”的成长。“家庭学校”对现代公共教育基本理念和义务教育形成一定的挑战，它给公共教育制度设置了一个难题：一方面，家长的教育选择权具有合理性和正当性，国家应当尊重这一权利，并满足家长和学生的个性化教育需求；另一方面，州政府和学区等拥有教育权，它们需要担负教育中的管理和规范责任，成为公民的公正保护者和规则的制定者。在家长和支持者们的积极努力之下，在社会舆论的压力下，更是基于对个性成长需求的尊重与满足，美国50个州在理清和辨析“家庭学校”的产生背景和发展后，没有漠视和否定这种教育形式，而是普遍承认“家庭学校”的合法地位，设置具体的规范要求。同时，随着“家庭学校”的动态发展，其法律和政策也在不断地调整，进一步细化完善。比如随着20世纪八九十年代教育市场化的推进，择校运动的广泛开展，一些州出台了“家庭学校”与公立学校合作的相关管理规定。法律上的认可和管制为“家庭学校”的进一步发展乃至获得社会支持奠定了基础。

同样，恰当的教育制度保障“家庭学校”有章可循、有序发展。制度决定着生活中的权益和负担的恰当分配，因此它对于将理念转换为现实行动起着关键作用。[1]教育制度是用于支配人们教育行为的规则，是人们相互影响的行动框架，为人的各种表演提供舞台和后盾，它是教育领域的支撑体系。恰当的教育制度是一种极重要的教育资源，它能降低教育中的交易费用，扩展教育利益的边界并开创新的教

[1]［美］约翰·罗尔斯.正义论［M].何怀宏，等译.北京：中国社会科学文献出版社，1998：54.

育局面。[1]美国教育管理部门对家长的教育诉求进行了回应，修改或制定新的教育法，或建立相关的政策与制度保障，明确家长的教育权利和责任。这些修改过的或新颁布的教育制度指导和引领着教育中的利益相关者，规范其行为，为“家庭学校”的发展提供了行动指南。

（三）组织建构保障“家庭学校”的权益

组织为“家庭学校”提供成长动力。为更好地加强家长之间的联系和凝聚力，捍卫“家庭学校”的权利和健康发展，一些家长联合起来建立家庭学校组织。家庭学校组织加强家长之间的互动，为他们创造交流的平台，分享教育经验与资源，形成一种归属感，创造一种团体文化。此外，家庭学校组织还策划会议与教育活动，形成讨论氛围，提升理论水平，推动“家庭学校”的良好发展。家庭学校组织对外代表“家庭学校”以及家长，为“家庭学校”构建良好的社会舆论氛围，在与其他教育组织的互动中捍卫家长的教育自由和选择权，争取法律制度保障，推进“家庭学校”合法化和规范化。

同时，家庭学校组织内部也存在分化、冲突及权力争夺。这在一定程度上影响了“家庭学校”的发展进程和整体实力。随着组织数量的增多，为了满足家庭的不同需求，组织出现分化，这符合组织的发展规律。分化使得不同组织之间的合作受到一定的影响，特别是新教教徒建立的组织，虽然其在“家庭学校”的成长中功不可没，但它们具有一定的排斥性，由于在家庭学校领域占据领导地位，它对整个“家庭学校”的关系网络产生重大影响。

---

[1] 康永久.教育制度的生成与变革——新制度教育学论纲［M］.北京：教育科学出版社，2003：90，99，149.

（四）协作共生成为“家庭学校”的发展前景

“家庭学校”的类型日益多样化，其社会支持体系不断完善，成长路径不断拓展。起初，“家庭学校”主要有两种类型，即家庭独立实施的“家庭学校”和家庭互助式的“家庭学校”。中产阶级是“家庭学校”的主力军，该群体主要依靠自身的力量实现在家教育的运行。随着教育市场化改革的进行以及州、学区对“家庭学校”的关注和考虑，“家庭学校”不断开拓外在资源，它与公立学校合作，实现协同进化（虽然只有20%左右的学生在校注册），同时利用社会教育机构（博物馆、图书馆等）和私立教育机构的相关服务。于是，“家庭学校”教育形式日益多样化，突破了以前的成长路径，催生了“在家上校”的教育类型。这一教育类型改变了“家庭学校”的纯粹性，动摇了“家庭学校”此前基本上与体制内学校绝缘的状态；它体现了部分选择“家庭学校”家庭逐渐转变了最初的激进思想，切实关心子女的教育需求，接受多方资源来优化“家庭学校”的效果；它进一步反映了政府对“家庭学校”的接受与关注。一部分家长利用政府的支持和社会服务不断，达成教育目标。

“家庭学校”的发展体现了社会对它的包容与支持。它代表了一部分家长的需求，有其生存的必要和成长的空间。社会对这些另类的教育思想与行为的包容非常重要。教育是一种实验，教学没有一个普遍有效的定法，鼓励体制外不同构想的实验教育，尝试进行教育的真正松绑，能够促进国家的教育创新与进化。[1]社会甚至要主动提供必

---

[1] 张碧如.教与学的另类可能：在家教育自主学习之个案研究［M].台北：五南图书出版股份有限公司，2006：322.

要的支持与帮助，引导这些新鲜的教育形式合理发展，毕竟教育多样化是未来教育发展的必然趋势。

但“家庭学校”的发展也引发了广泛的社会争议。首先，家庭是一个私密领域，外部监督很难到位或干预滞后。其次，它代表一种私有化意识，“家庭学校”的家长倾向于减少纳税，为自己构建一个独立的场域，由此引发人们对其私有意识的批判。再次，“家庭学校”更多的是家长意志的反映，特别是基督徒的宗教信仰传递较为强烈，这往往会使得儿童在教育选择中的声音变得弱小。最后，这一教育形式对家庭各方面的要求相对较高，不具推广性。基于上述情况，美国对“家庭学校”的态度不够积极，该群体很难获得国家的支持与补贴，一些社会人士也对这一教育形式持有意见和质疑。的确，本研究发现，“家庭学校”作为一个私密的教育空间，其间的课程选择、教学方式等是否符合儿童的成长需求和兴趣，外人很难了解并作出客观的评价。这使得美国“家庭学校”的发展依然存在诸多外部阻力。同时，及时、系统、科学的规范也是非常必要的。

总体来看，美国“家庭学校”在内部主体和外部环境的共同作用下顽强生长，形成了一定的组织和制度保障，逐渐获得社会认可，满足了一部分群体的需求。“家庭学校”从弱小到壮大，从不敢声张到合法公开，从每个家庭的单打独斗到家庭间的组织有序，从自力更生到多种资源的综合利用，它不断超越原有的发展层次，完成预设的教育目标，实现儿童的个性发展。虽然家庭学校不断遭受外部的质疑，但它已经确立了合法地位，形成了相对稳定的教育理念和课程体系，其群体相对稳定，并建立了一定数量的支持性组织。在不断开拓自身成长路径的过程中，它必将有一个令人欣慰的、光明的发展前景。

二、研究展望

尽管与其他国家相比，美国关于“家庭学校”这一主题的研究文献数量较多，也形成了一定的研究群体和机构，但基于对美国整个教育研究领域的审视，“家庭学校”的政策讨论中显现出意识形态的敌意；主流的教育研究范式强调定量分析、标准化环境、大规模随机样本，而“家庭学校”研究者很难获得这样的研究条件，因此缺乏研究动机等。上述原因使得关于“家庭学校”的研究依然处于一种较为边缘的地位。[1] 在“家庭学校”的相关研究中，围绕教育（信仰）自由、父母教育权、国家教育权的争论以及“家庭学校”能否获得公共经费资助，是否可以利用公立学校资源等的讨论较多，学者们各抒己见，有理有据。同时，美国各州对“家庭学校”的法律规定不一，因此很难归纳美国“家庭学校”总体发展状况的结论，本研究中可能存在一些疏漏或阐释不准确的地方。

基础教育对一个人的成长和发展非常重要，它是整个教育的根基。近年来，美国基础教育改革尤其关注“选择”“效率”“责任”“质量”，教育选择方式不断增加（特许学校、磁石学校、“家庭学校”等），基础教育领域发展活跃。但在教育市场化的过程中，学者的争议不断：择校、考试等能否真正提升教育质量？这些教育举措对教育公平会产生怎样的影响？教育的本质是什么？这些都有待研究。

作者的后续研究可能从以下几个方面展开：

（1）运用质性研究方法，深入美国家庭，了解“家庭学校”的具体运行。通过选取典型的个案，从家长、孩子的视角，观察美国“家

[1] Charles, H. Hostility or Indifference? The Marginalization of Homeschooling in the Education Profession [J]. Peabody Journal of Education, 2013(3): 355-364.

庭学校”的家庭背景、教学活动、教育效果等不同侧面，积累更为鲜活、更具说服力的素材，为我国选择“在家上学”的家长和孩子提供具有切实指导意义的经验。

（2）研究教育技术为“家庭学校”带来的发展契机与成长挑战。技术对教育的影响，特别是在学校之外的影响在不断扩展，而且势不可挡。家庭、社会、民间社团、公共图书馆、科技馆、博物馆、少年宫等各种机构和组织等都成为教育的场所。[1]特别是在2020年新冠疫情的倒逼之下，“在家学习”成为很多孩子的常态，家长如何胜任教育技术引领下的“家庭学校”工作有待深入研究。此外，美国网络特许学校与“家庭学校”的互动合作，促成了家校混合类型“家庭学校”的产生，此现象引发了激烈的社会争议。“家庭学校”的生存环境、成长路径、资源利用是“家庭学校”发展中的重要话题。

（3）研究家庭、学校、社区协同共育问题。从教育的本质来看，人永远是教育的出发点，教育的最核心问题指向人的发展。无论采用怎样的教育形式或方法，适合每一个人、促进其得到最好发展的教育才是人类追求的最终教育目标。[2]美国“家庭学校”类型多样化及与公立学校合作关系的发展历程也很好地印证了上述观点。如何充分发挥家庭的根基作用，在家庭、学校、社区三者之间构建良好的合作机制，提升教育合力，是迫切需要研究的问题。

---

[1]［美］阿兰·柯林斯，理查德·哈尔弗森.技术时代重新思考教育：数字革命与美国的学校教育［M].陈家刚，程佳铭，译.上海：华东师范大学出版社，2013：17.

[2] 劳凯声.教育立法的实践理论与问题［D].北京：北京师范大学，1991：98.

附　录

表1　美国各州“家庭学校”的性质、管理部门及相关法律一览表

州　名	“家庭学校”性质	管理部门	相关法律
阿拉巴马州	私立学校	州教育部	《私立学校法》
阿拉斯加州	私立学校	州教育及早期发展部	《豁免性、宗教性或其他性质私立学校指南》
亚利桑那州	家庭学校教育	州教育部	《重新修订的家庭学校教育法》
阿肯色州	家庭学校	州教育部：家庭学校办公室	《家庭学校法》
加利福尼亚州	私立学校	州教育部	《私立学校教育法规》
科罗拉多州	家庭学校教育	州教育部	《私立学校法》
康涅狄克州	私立学校	州教育部	《私立学校法》
特拉华州	非公立学校	州教育部	《私立学校法》
佛罗里达州	私立学校、家庭学校教育	州教育部：独立教育和家长选择办公室	《义务教育法》《私立学校法》
佐治亚州	家庭教学	州教育部	《家庭学习法律》

（续表）

州　名	“家庭学校”性质	管理部门	相关法律
夏威夷州	家庭学校教育	州教育部	《私立学校法》
爱达荷州	家庭学校	州教育部	《义务教育法》《私立学校法》
伊利诺伊州	家庭学校教育	州教育部	《家庭学校教育法》
印第安纳州	私立教育	州教育部	《私立教育法》
艾奥瓦州	私立教育	州立法部门	《私人教学法规》
堪萨斯州	未授权的私立学校	州教育部	《私立学校法》
肯塔基州	家庭学校教育	州教育部	《私立学校法》
路易斯安那州	注册的非公立学校	州教育部	《私立学校法》
缅因州	家庭教学	州教育部	《私立学校法》
马里兰州	家庭教学	州教育部	《私立学校法》
马萨诸塞州	家庭学校教育	州中小学教育部	《马萨诸塞州普通法》《私立学校法》
密歇根州	非公立、家庭学校	州教育部	《义务教育法》《私立学校法》
明尼苏达州	非公立学校选择、家庭学校教育	州教育部	《私立学校法》
密西西比州	非公立学校	州教育部	《私立学校法》
密苏里州	私立学校	州中小学教育部	规范私立学校的规章或法律
蒙大拿州	家庭学校教育	州公共教学办公室	《义务教育法》《私立学校法》
内布拉斯加州	豁免（在家）学校项目	州教育部	《私立学校法》

（续表）

州　名	“家庭学校”性质	管理部门	相关法律
内华达州	私立学校、家庭学校教育	州教育部	《家庭学校教育法》
新罕布什尔州	非公立学校、家庭教育	州教育部、立法服务办公室	《家庭教育法》
新泽西州	家庭学校教育	州教育部	《义务教育法》《私立学校法》
新墨西哥州	非公立学校、家庭学校	州教育及早期发展部	《私立学校法》
纽约州	非公立学校、家庭教学	州教育部	《家庭学校法》
北卡罗来纳州	家庭学校	州非公立教育署	《私立学校法》
北达科他州	家庭教育	州公共教学部	《私立学校法》
俄亥俄州	特许非公立学校	州教育部	《私立学校法》
俄克拉荷马州	家庭学校	州教育部	《义务教育法》
俄勒冈州	家庭学校教育	州教育部	
宾夕法尼亚州	家庭教育；私人家庭教师指导	州教育部	《私立学校法》
罗得岛州	私立学校	州中小学教育部	《私立学校法》
南卡罗来纳州	家庭学校教育	州教育部	《私立学校法》
南达科他州	家庭学校教育；替代性教学	州教育部	《私立学校法》
田纳西州	家庭学校	州教育部	《家庭学校法》

（续表）

州　名	“家庭学校”性质	管理部门	相关法律
得克萨斯州	家庭学校	州教育局	《家庭学校法》
犹他州	家庭学校教育	州教育办公室	《家庭学校教育法》
佛蒙特州	家庭学习	州教育部	《家庭学校教育法》
弗吉尼亚州	家庭教学	州教育部	《家庭学校教育法》
华盛顿特区	私立学校	公共教育学监办公室；私立教育办公室	《私立教育法》
西弗吉尼亚州	家庭教育	州教育部	《义务教育入学法》《私立、教区或教堂学校法规》
威斯康星州	以家庭为基础的私立教育项目	州公共教学部	《私立教育法》
怀俄明州	私立学校、家庭学校	州教育部	《私立学校法》

表2　美国“家庭学校”支持性团体一览表[1]

	组织名称	英文名称
国家层面	美国家庭学校协会	American Homeschool Association
	家庭学校法律保护协会	Home School Legal Defense Association

[1] Rivero, L. The Homeschooling Option: How to decide when it's right for your family [M]. New York: Palgrave Machillan., 2008: 194–212.
Stevens, M. Kingdom of Children: Culture and Controversy in the Homeschooling Movement [M]. New Jersey: Princeton University Press, 2001: 38–42.

（续表）

	组织名称	英文名称
各州支持性组织		
亚拉巴马州	在家教学（亚拉巴马州中部）	Teaching at home(central Alabama)
	亚拉巴马州“去学校教育”	Unschooling in Alabama
	亚拉巴马州基督徒家庭教育协会	Christian Home Education Fellowship of Alabama
阿拉斯加州	阿拉斯加家庭学校关系网（雅虎群）	Alaska Homeschool Network(Yahoo group)
	阿拉斯加私立家庭教育者协会（基督徒）	Alaska Private and Home Educators Association(Christian)
亚利桑那州	亚利桑那州家庭教育关系网	Home Education Network of Arizona
	亚利桑那州开展家庭教育的家庭（开放会员制，基督教董事会）	Arizona Families for Home Education(open membership, Christian board)
	凤凰城去学校教育者（雅虎群）	Phoenix Unschoolers(Yahoo group)
阿肯色州	生活与学习（阿肯色州中部）	Live and learn(central Arkansas)
	阿肯色州东北部基督徒家庭教育者	Christian Home Educators of Northeast Arkansas
加利福尼亚州	加利福尼亚州家庭学校关系网	California Homeschool Network
	加利福尼亚州家庭学校协会	Homeschool Association of California
	加利福尼亚州基督徒家庭教育协会	Christian Home Education Association of California

（续表）

	组 织 名 称	英 文 名 称
科罗拉多州	落基山教育联络	Rocky Mountain Education Connection
	高涨的在家教育者	Mile High Homeschoolers
	科罗拉多州基督徒家庭教育者	Christian Home Educators of Colorado
康涅狄格州	康涅狄格州家庭学校关系网	Connecticut Homeschool Network
	基督徒在家教育者教育协会	The Education Association of Christian Homeschoolers
特拉华州	特拉华州家庭教育协会	Delaware Home Education Association
	三州家庭学校关系网（基督徒）	Tri-State Home School Network(Christian)
佛罗里达州	佛罗里达州家长教育者协会	Florida Parent-Educators Association
	奇才（佛罗里达州南部）	Splash(southern Florida)
	佛罗里达州中部在家教育者	Mid-Florida Homeschoolers(central Florida)
佐治亚州	佐治亚州家庭教育协会（基督徒）	Georgia Home Education Association(Christian)
	佐治亚州家庭教育信息资源	Home Education Information Resource of Georgia
夏威夷州	夏威夷家庭学校协会（欧胡岛）	Hawaii Homeschool Association(Oahu)
	夏威夷基督徒在家教育者	Christian Homeschoolers of Hawaii
爱达荷州	爱达荷州东南部家庭学校协会（波卡特洛地区）	Southeast Idaho Homeschool Association(Pocatello area)

（续表）

	组 织 名 称	英 文 名 称
爱达荷州	爱达荷州基督徒在家教育者	Christian Homeschoolers of Idaho State
伊利诺伊州	伊利诺伊州家庭主导的去学校教育经验	Illinois Home Oriented Unschooling Experience
	芝加哥北部去学校教育者	Northside Unschoolers of Chicago
	伊利诺伊州基督徒家庭教育者	Illinois Christian Home Educators
印第安纳州	印第安纳州家庭教育者关系网	Indiana Home Educators' Network
	印第安纳州家庭学校教育基地	Indiana Foundation for Home Schooling
	印第安纳州家庭教育者协会（基督徒）	Indiana Association of Home Educators(Christian)
艾奥瓦州	艾奥瓦州家庭教育者	Iowa Home Educators
	艾奥瓦州基督徒家庭教育者关系网	Network of Iowa Christian Home Educators
堪萨斯州	教育（世俗化，约翰逊县）	Educate(secular, Johnson County)
	学习（世俗化，堪萨斯城）	Learn(secular, Kansas City)
	堪萨斯州基督徒家庭教育者联合会	Christian Home Educators Confederation of Kansas
肯塔基州	肯塔基州家庭教育协会	Kentucky Home Education Association
	肯塔基州基督徒家庭教育者	Christian Home Educators of Kentucky

（续表）

	组 织 名 称	英 文 名 称
路易斯安那州	路易斯安那州家庭教育关系网	Louisiana Home Education Network
	路易斯安那州家庭教育者协会	Christian Home Educators Fellowship of Louisiana
缅因州	缅因州中心的自我学习者家庭学校群体	Central Maine Self-learners Homeschool Group
	缅因州在家教育者（基督徒）	Homeschoolers of Maine(Christian)
马里兰州	马里兰州家庭教育协会	Maryland Home Education Association
	马里兰州基督徒家庭教育协会	Maryland Association of Christian Home Education
马萨诸塞州	马萨诸塞州家庭学习协会	Massachusetts Home Learning Association
	马萨诸塞州家长教育者家庭学校协会（基督徒）	Massachusetts Homeschool Association of Parent Educators(Christian)
密歇根州	家庭学校中心	The Homeschool Hub
	基督徒家庭信息网络	Information Network for Christian Homes
明尼苏达州	明尼苏达州在家教育者联盟	Minnesota Homeschoolers' Alliance
	明尼苏达州基督徒家庭教育协会	Minnesota Association of Christian Home Education
密西西比州	家长教育者和孩子	Parent Educators and Kids(PEAK)
	密西西比州家庭教育者协会（基督徒）	Mississippi Home Educators Association(Christian)

（续表）

	组织名称	英文名称
密苏里州	实施家庭教育的家庭	Families for Home Education
	密苏里州基督徒家庭教学协会	Missouri Association of Teaching Christian Homes
蒙大拿州	蒙大拿州家庭教育联合会	Montana Coalition of Home Education
	波兹曼家庭学校关系网（雅虎群）	Bozeman Homeschool Network (Yahoo Group)
内布拉斯加州	内布拉斯加州在家教育（雅虎群）	Nebraska home school(Yahoo Group)
	内布拉斯加州基督徒家庭教育者协会	Nebraska Christian Home Educators Association
内华达州	内华达州家庭学校关系网	Nevada Homeschool Network
	有信仰的家庭教育者（基督徒）	Home Educators of Faith (Christian)
新罕布什尔州	新罕布什尔州家庭学校联盟	New Hampshire Homeschooling Coalition
	新罕布什尔州基督徒家庭教育者	Christian Home Educators of New Hampshire
新泽西州	新泽西州家庭学校协会	New Jersey Homeschool Association
	新泽西州基督徒在家教育者教育关系网	Education Network of Christian Homeschoolers of New Jersey
新墨西哥州	阿尔布开克家庭学习者	Albuquerque Home Learners
	新墨西哥州家长教育者基督教协会	Christian Association of Parent Educators of New Mexico
纽约州	纽约州家庭教育者关系网	New York Home Educators Network

（续表）

	组织名称	英文名称
纽约州	纽约州家庭教育者联盟	New York Home Educators Alliance
	爱上在家教育（基督徒）	Loving Education at Home(Christian)
北卡罗来纳州	北卡罗来纳州家庭学校联盟	Homeschool Alliance of North Carolina
	三位一体家庭教育者支持合作社（基督徒三位一体区域）	Triad Home Educator Support Co-op(Christian, Triad area)
北达科他州	北达科他州家庭学校（基督徒）	North Dakota Home school(Christian)
俄亥俄州	俄亥俄州家庭教育者关系网（东北部）	Ohio Home Educators Network(Northeast, Oho)
	俄亥俄州基督教家庭教育者	Christian Home Educators of Ohio
俄克拉荷马州	俄克拉荷马州家庭教育者资源组织	Home Educators Resource Organization of Oklahoma
	俄克拉荷马州基督教家庭教育者协会	Christian Home Educators Fellowship of Oklahoma
俄勒冈州	俄勒冈州家庭教育关系网	Oregon Home Education Network
	俄勒冈州基督徒家庭教育协会关系网	Oregon Christian Home Education Association Network
宾夕法尼亚州	宾夕法尼亚州家庭教育者协会	Pennsylvania Home Educators Association
	宾夕法尼亚州基督徒家庭学校协会	Christian Homeschool Association of Pennsylvania
罗得岛州	海洋州的世俗化组织[1]	Secular in the Ocean State

[1]“海洋州”是罗德岛州的别名。

（续表）

	组织名称	英文名称
罗得岛州	罗得岛州基督徒家庭教育者	Rhode Island Christian Home Educators
南卡罗来纳州	查尔斯顿三县社区在家教育者教育协会	Tri-County Educational Association of Community Homeschoolers(Charleston)
	卡罗来纳州在家教育者（为使用南卡罗来纳州第三种选择的在家教育者建立）	Carolina Homeschoolers(for homeschoolers who use S.C.'s third option)
	南卡罗来纳州东南部基督徒在家教育者协会	Christian Homeschooler's Association of South Eastern South Carolina
南达科他州	南达科他州苏福尔斯家庭学校协会	South Dakota Home School Association of Sioux Falls
	南达科他州基督徒家庭教育者	South Dakota Christian Home Educators
田纳西州	春山地区家长教育者	Spring Hill Area Parent Educators
	田纳西州卢瑟福家庭教育协会（基督徒）	Home Education Association Rutherford Tennessee(Christian)
得克萨斯州	奥斯汀地区在家教育者	Austin Area Homeschoolers
	休斯敦去学校者教育团体	Houston Unschoolers Group
	得克萨斯州家庭学校（基督徒）	Home School Texas(Christian)
犹他州	犹他州家庭教育协会	Utah Home Education Association
	犹他州基督徒家庭学校协会	Utah Christian Home School Association
佛蒙特州	佛蒙特州家庭教育关系网	Vermont Home Education Network
	佛蒙特州家庭教育者协会	Vermont Association of Home Educators

（续表）

	组 织 名 称	英 文 名 称
弗吉尼亚州	弗吉尼亚州在家教育者组织	Organization of Virginia Homeschoolers
	弗吉尼亚州家庭教育者协会（《圣经》世界观）	Home Educators Association of Virginia(biblical worldview)
华盛顿特区	华盛顿自然学习协会（去学校教育）	Washington Natural Learning Association(unschooling)
	华盛顿基督徒家庭学校关系网	Christian Homeschool Network of Washington
	华盛顿家庭学校组织	Washington Homeschool Organization
西弗吉尼亚州	西弗吉尼亚州家庭教育者协会	West Virginia Home Educators Association
	西弗吉尼亚州基督徒家庭教育者	Christian Home Educators of West Virginia
威斯康星州	威斯康星州家长协会	Wisconsin Parents Association
	威斯康星州基督徒家庭教育者协会	Wisconsin Christian Home Educators Association
怀俄明州	落基山教育联络系统	Rocky Mountain Education Connection
	怀俄明州在家教育者（基督徒）	Homeschoolers of Wyoming(Christian)

表3　2003年美国家长选择“家庭学校”的原因调查表

选择“家庭学校”的原因	学生数量（万人）	占选择“家庭学校”学生总数的比例
考虑其他学校环境	34.1	31%
提供宗教或道德教育	32.7	30%

（续表）

选择“家庭学校”的原因	学生数量（万人）	占选择“家庭学校”学生总数的比例
不满其他学校中的学术训练	18.0	16%
其他原因	9.7	9%
儿童的身体或精神健康问题	7.1	7%
儿童有其他特殊需求	7.9	7%

（注：学校环境包括安全、毒品或消极的同伴压力等；其他原因包括：“在家教育”是孩子的选择；允许家长可以更多地掌控孩子的学习内容；灵活性）

表4　2007年家长选择“家庭学校”的原因调查表

选择“家庭学校”的原因	所　占　比　例
考虑学校的环境	21%
提供宗教或道德教育	36%
不满其他学校学术训练	17%
其他原因	14%
儿童的身体或精神健康问题	2%
儿童有其他特殊需求	4%
利用非传统方式进行儿童教育	7%

（其他原因包括家庭时间、经济状况、旅行和距离等）

表5　2003—2012年美国家长选择“家庭学校”原因对比表

原　　因	2011—2012所占比例	2006—2007所占比例	2002—2003所占比例
提供宗教教育	16%	36%	30%
提供道德教育	5%	36%	30%
不满学校环境	25%	21%	31%

（续表）

原　因	2011—2012所占比例	2006—2007所占比例	2002—2003所占比例
不满学校教学	19%	17%	16%
提供非传统式的儿童教育	5%	—	未问该问题
儿童有其他特殊需求	—	—	7%
身体或心理问题	5%	2%	7%
其他（包括家庭时间、经济、学校距离等）	21%	14%	9%

注：2006—2007年、2002—2003年的调查报告中，宗教教育、道德教育原因合并。自1999年开始，每年所问的问题不太一致。《1999年美国“家庭学校”调查报告》（Homeschooling in the United States: 1999）指出，49%的家长是出于为孩子提供更好教育的考虑，38%的家长是出于宗教原因考虑，26%的家长是因为学校学习环境差。[1]

表6　2012年美国家长选择“家庭学校”的原因调查表

选择“家庭学校”的原因	数量（单位：人）	所占比例
提供宗教教育	176 338	16%
提供道德教育	51 210	5%
考虑学校的环境	268 628	25%
不满学校的学术教学	204 312	19%
提供非传统的儿童教育	56 045	5%
儿童有其他特殊需求	18 107	
儿童有身体或精神健康问题	50 652	5%
其他原因	226 423	21%

注：受访者可以选择多个原因；校园安全问题包括安全、毒品或消极的同伴压力等。其他原因包括家庭时间、经济状况、旅行和距离等。

[1] Bielick, S., Chandler, K., & Broughman, S.(2001). Homeschooling in the United States: 2003［R］. U. S. Department of Education. Washington DC: National Center for Education Statistics.

表7 美国不同家庭规模的“家庭学校”学生数量分布统计表

<table>
<tr><th rowspan="2">年份</th><th rowspan="2">数量及所占比例</th><th colspan="4">家庭中子女的数量</th></tr>
<tr><th>1人</th><th>2人</th><th>3人</th><th>≥4人</th></tr>
<tr><td rowspan="3">1996</td><td>“家庭学校”的学生数量</td><td>98 000人</td><td>157 000人</td><td>187 000人</td><td>194 000人</td></tr>
<tr><td>不同类型的家庭影响的“家庭学校”学生数量占“家庭学校”学生总数的比例</td><td>15.4%</td><td>24.7%</td><td>29.4%</td><td>30.5%</td></tr>
<tr><td>不同类型的家庭影响的“家庭学校”的学生数量占该类家庭学生总数的比例</td><td>1.3%</td><td>0.9%</td><td>1.4%</td><td>2.7%</td></tr>
<tr><td></td><td></td><td>1人</td><td>2人</td><td colspan="2">≥3人</td></tr>
<tr><td rowspan="4">1999</td><td>K-12阶段该类家庭的学生总数</td><td>8 226 000人</td><td>19 883 000人</td><td colspan="2">22 078 000人</td></tr>
<tr><td>“家庭学校”的学生数量</td><td>120 000人</td><td>207 000人</td><td colspan="2">523 000人</td></tr>
<tr><td>不同类型的家庭影响的“家庭学校”的学生数量占“家庭学校”学生总数的比例</td><td>14.1%</td><td>24.4%</td><td colspan="2">61.5%</td></tr>
<tr><td>不同类型的家庭影响的“家庭学校”的学生数量占该类家庭学生总数的比例</td><td>1.5%</td><td>1.0%</td><td colspan="2">2.4%</td></tr>
<tr><td rowspan="4">2003</td><td>K-12阶段该类家庭的学生总数</td><td>8 033 000人</td><td>20 530 000人</td><td colspan="2">22 144 000人</td></tr>
<tr><td>“家庭学校”的学生数量</td><td>110 000人</td><td>306 000人</td><td colspan="2">679 000人</td></tr>
<tr><td>不同类型的家庭影响的“家庭学校”的学生占“家庭学校”学生总数的比例</td><td>10.0%</td><td>27.9%</td><td colspan="2">62.0%</td></tr>
<tr><td>不同类型的家庭影响的“家庭学校”的学生数量占该类家庭学生总数的比例</td><td>1.4%</td><td>1.5%</td><td colspan="2">3.1%</td></tr>
</table>

表8　1994年和1996年美国“家庭学校”中家长受教育水平统计表

年份	数量及比例	家长受教育水平					
		不知道	无高中文凭	高中文凭	中学后教育	学士学位	研究生学位
1994	“家庭学校”的学生数量	3.2万人	1.7万人	7.4万人	10.1万人	8.4万人	3.5万人
	不同学历的父亲影响的“家庭学校”的学生数量占这类父亲影响的学生总数的比例	0.3%	0.4%	0.7%	1.2%	1.6%	1.1%
1994	“家庭学校”的学生数量	1.1万人	2.7万人	10万人	13.3万人	6.4万人	1万人
	不同学历的母亲影响的“家庭学校”的学生数量占这类母亲影响的学生总数的比例	0.6%	0.4%	0.7%	1.1%	1.2%	0.5%
1996	“家庭学校”的学生数量	15.8万人	5.6万人	7.3万人	18.9万人	8.9万人	7.2万人
	不同学历的父亲影响的“家庭学校”的学生数量占这类父亲影响的学生总数的比例	1.0%	1.4%	0.8%	2.5%	1.7%	1.9%
1996	“家庭学校”的学生数量	4.9万人	8.2万人	13.2万人	25.1万人	9.7万人	2.6万人
	不同学历的母亲影响的“家庭学校”的学生数量占这类母亲影响的学生总数的比例	1.2%	1.2%	1.0%	2.0%	1.5%	1.0%

表9　美国“家庭学校”中家长的受教育水平统计表

年份	数量及比例	家长的受教育水平					
		不知道	无高中文凭	高中文凭	中学后教育	学士学位	研究生学位
1994	“家庭学校”的学生数量	0.5万人	2.2万人	5.9万人	13万人	8.7万人	4.1万人
	不同学历的家长影响的“家庭学校”学生数量占“家庭学校”学生总数的比例	1.4%	6.4%	17.1%	37.7%	25.2%	11.9%
	不同学历的家长影响的“家庭学校”学生数量占该类家长影响的学生总数的比例		0.4%	0.5%	1.0%	1.3%	0.9%
1996	“家庭学校”的学生数量		4.2万人	13.4万人	24.3万人	13万人	8.7万人
	不同学历的家长影响的“家庭学校”学生数量占“家庭学校”学生总数的比例		6.6%	21.1%	38.2%	20.4%	13.7%
	不同学历的家长影响的“家庭学校”学生数量占该类家长影响的学生总数的比例		1.0%	1.0%	1.8%	1.8%	1.3%
		≤高中文凭		职业/技术学位或学院文凭		学士学位	研究生院或专业学校
1999	K-12学段学生总数	1 833.4万人		1 517.7万人		826.9万人	840.7万人

（续表）

年份	数量及比例	家长的受教育水平			
		≤高中文凭	职业/技术学位或学院文凭	学士学位	研究生院或专业学校
1999	“家庭学校”的学生数量	16万人	28.7万人	21.3万人	19万人
	不同学历的家长影响的“家庭学校”学生数量占“家庭学校”学生总数的比例	18.8%	33.8%	25.1%	22.4%
	不同学历的家长影响的“家庭学校”学生数量占该类家长影响的学生总数的比例	0.9%	1.9%	2.6%	2.3%
2003	K-12学段该类家长影响的学生总数	1 610.6万人	1 606.8万人	979.8万人	873.4万人
	“家庭学校”的学生数量	26.9万人	33.8万人	27.4万人	21.5万人
	不同学历的家长影响“家庭学校”学生占“家庭学校”学生总数的比例	25.2%	31.6%	25.6%	20.1%
	不同学历的家长影响的“家庭学校”学生数量占该类家长影响的学生总数的比例	1.7%	2.1%	2.8%	2.5%
2007	不同学历的家长影响的“家庭学校”学生数量占该类家长影响的学生总数的比例	2.2%	3.8%	3.9%	2.9%

（续表）

年份	数量及比例	家长的最高受教育程度				
		低于高中文凭	高中毕业或同等学力	职业技术学位或学院文凭	学士学位	研究生院或专业学校
2012	“家庭学校”的学生数量	20.3万人	35.5万人	52.5万人	43.6万人	25.2万人
	不同学历的家长影响的“家庭学校”学生数量占“家庭学校”学生总数的比例	11%	20%	30%	25%	14%
	不同学历的家长影响的“家庭学校”学生数量占该类家长影响的学生总数的比例	3.4%	3.4%	3.4%	3.7%	3.3%
2016	不同学历的家长影响的学生总数	567万人	991万人	1 333.6万人	1 395.2万人	877.7万人
	不同学历的家长影响的“家庭学校”学生数量占“家庭学校”学生总数的比例	15%	16%	25%	30%	15%
	不同学历的家长影响的“家庭学校”学生数量占该类家长影响的学生总数的比例	4.4%	2.7%	3.1%	3.6%	3.0%

表10 美国选择"家庭学校"家庭的家长情况统计表

<table>
<tr><th rowspan="2">年份</th><th rowspan="2">数量/比例</th><th colspan="4">家庭中父母情况</th></tr>
<tr><th>父母俱全</th><th>只有母亲</th><th>只有父亲</th><th>无父母监管</th></tr>
<tr><td rowspan="3">1996</td><td>"家庭学校"的学生数量</td><td>50.4万人</td><td>10.0万人</td><td>1.1万人</td><td>2.1万人</td></tr>
<tr><td>不同家庭类型的"家庭学校"的学生数量占"家庭学校"学生总数的比例</td><td>79.2%</td><td>15.7%</td><td>1.7%</td><td>3.3%</td></tr>
<tr><td>不同家庭类型的"家庭学校"的学生数量占该类型家庭学生总数的比例</td><td>1.6%</td><td>0.9%</td><td>0.8%</td><td>1.3%</td></tr>
<tr><td rowspan="4">1999</td><td>K-12学段该类家庭的学生总数</td><td>3 300.7万人</td><td colspan="2">1 545.4万人</td><td>172.7万人</td></tr>
<tr><td>"家庭学校"的学生数量</td><td>68.3万人</td><td colspan="2">14.2万人</td><td>2.5万人</td></tr>
<tr><td>不同家庭类型的"家庭学校"的学生数量占"家庭学校"学生总数的比例</td><td>80.4%</td><td colspan="2">16.7%</td><td>2.9%</td></tr>
<tr><td>不同家庭类型的"家庭学校"的学生数量占该类型家庭学生总数的比例</td><td>2.1%</td><td colspan="2">0.9%</td><td>1.4%</td></tr>
<tr><td rowspan="3">2003</td><td>K-12学段该类家庭的学生总数</td><td>3 593.6万人</td><td colspan="2">1 326.0万人</td><td>151.1万人</td></tr>
<tr><td>"家庭学校"的学生数量</td><td>88.6万人</td><td colspan="2">19.6万人</td><td>1.4万人</td></tr>
<tr><td>不同家庭类型的"家庭学校"的学生数量占"家庭学校"学生总数的比例</td><td>82.9%</td><td colspan="2">17.9%</td><td>1.3%</td></tr>
</table>

（续表）

年份	数量/比例	家庭中父母情况			
		父母俱全	只有母亲	只有父亲	无父母监管
2003	不同家庭类型的“家庭学校”的学生数量占该类型家庭学生总数的比例	2.5%	1.5%		0.9%
2007	不同家庭类型的“家庭学校”的学生数量占该类型家庭学生总数的比例	3.6%	1.0%		2.1%

表11　美国人均收入、家庭收入情况统计表（单位：美元）

年份	人均收入中位数[1]	人均收入平均数	人均GDP	家庭收入中位数
1994	15 943	23 278	28 075	
1996	17 587	25 466	30 540	
1999	20 584	29 677	35 446	49 777
2003	22 672	32 976	39 653	
2007	26 625	38 174	48 015	51 965
2012	26 989	40 563	51 749	51 017

（资料来源：美国商务部普查局、经济分析局；美国人口普查局）

[1] 中位数即处于中间的那个数。收入中位数，是指用统计学上中位数的概念来衡量某地区普通民众的收入水平，了解收入的集中度。相比较于人均收入，收入中位数更贴近普通民众的实际生活水平，它可以将地区的人均收入贫富差距反映出来。

表12 美国“家庭学校”的家庭收入情况统计表

年份	数量及比例	家庭收入			
		≤20 000美元	20 000—34 999美元	35 000—49 999美元	≥50 000美元
1994	“家庭学校”的学生数量	8.7万人	8.0万人	9.0万人	8.9万人
	不同家庭收入的“家庭学校”学生占“家庭学校”学生总量的比例	25.2%	23.2%	26.1%	25.8%
	不同家庭收入的“家庭学校”学生占该类家庭学生总数的比例	0.8%	0.8%	1.1%	0.7%
1996	“家庭学校”的学生数量	17.7万人	17.2万人	14.2万人	14.6万人
	不同家庭收入的“家庭学校”学生占“家庭学校”学生总量的比例	27.8%	27.0%	22.3%	23.0%
	不同家庭收入的“家庭学校”学生占该类家庭学生总数的比例	1.4%	1.7%	1.6%	1.0%
		≤25 000美元	25 001—50 000美元	50 001—75 000美元	≥75 000美元
1999	K-12阶段该类家庭的学生总数	1 677.6万人	1 522.0万人	857.6万人	961.5万人
	“家庭学校”的学生数量	26.2万人	27.8万人	16.2万人	14.8万人
	不同家庭收入的“家庭学校”学生占“家庭学校”学生总量的比例	30.8%	33.8%	19.1%	17.4%
	不同家庭收入的“家庭学校”学生占该类家庭学生总数的比例	1.6%	1.8%	1.9%	1.5%

（续表）

年份	数量及比例	家庭收入			
		≤25 000美元	25 001—50 000美元	50 001—75 000美元	≥75 000美元
2003	K-12阶段的学生总数	1 237.5万人	1 322.0万人	1 096.1万人	1 415.0万人
	“家庭学校”的学生数量	28.3万人	31.1万人	26.4万人	23.8万人
	不同家庭收入的“家庭学校”学生占“家庭学校”学生总量的比例	25.8%	28.4%	24.1%	21.7%
	不同家庭收入的“家庭学校”学生占该类家庭学生总数的比例	2.3%	2.4%	2.4%	1.7%
		贫困状态	接近贫困状态	非贫困状态	
2007	不同家庭收入的“家庭学校”学生占该类家庭学生总数的比例	1.8%	4.1%	2.9%	
		贫困状态	非贫困状态		
2012	“家庭学校”的学生数量	34.8万人	142.2万人		
	不同家庭收入的“家庭学校”学生占该类家庭学生总数的比例	3.5%	3.4%		
2016	不同收入状态的K-12学段的学生总数	917.3万人	4 247.2万人		
	不同家庭收入的“家庭学校”学生占该类家庭学生总数的比例	3.9%	3.1%		

注：2007年统计标准：贫穷状态（家庭收入在贫困线之下100%）；接近贫穷状态（家庭收入在贫困线之上100%—199%）；非贫穷（家庭收入在贫困线之上200%）。2012年贫困状态是指处于贫困线以下。

表13　1999年和2003年美国“家庭学校”中父/母参加工作情况统计表

年份	数量及比例	家长参与劳动力市场的程度			
		父母俱全，其一参与劳动力市场	父母俱全，均参与劳动力市场	单亲家庭，父亲或母亲参与劳动力市场	父母均无工作
1999	K-12学段该类家庭的学生总数	962.8万人	2 288.0万人	1 390.7万人	377.3万人
	该类家庭中选择“家庭学校”的学生数量	44.4万人	23.7万人	9.8万人	7.1万人
	不同工作类型影响的“家庭学校”的学生数量占“家庭学校”学生总量的比例	52.2%	27.9%	11.5%	8%
	不同工作类型影响的“家庭学校”的学生数量占该类家庭学生总数的比例	4.6%	1.0%	0.7%	1.9%
2003	K-12学段该类家庭的学生总数	1 054.5万人	2 510.8万人	1 204.5万人	300.8万人
	该类家庭中选择“家庭学校”的学生数量	59.4万人	27.4万人	17.4万人	5.4万人
	不同工作类型影响的“家庭学校”的学生数量占“家庭学校”学生总量的比例	54.2%	25%	15.9%	5%
	不同工作类型影响的“家庭学校”的学生数量占该类家庭学生总数的比例	5.6%	1.1%	1.4%	1.8%

表14　1994年和1996年美国“家庭学校”学生在各年龄段的分布情况表

年　龄	1994年		1996年	
	“家庭学校”的学生数量（万人）	“家庭学校”中不同学龄段的学生占该学段学生总数的比例	“家庭学校”的学生数量（万人）	“家庭学校”中不同学龄段的学生占该学段学生总数的比例
14岁以下	29.0	0.9%	45.5	1.3%
6岁	4.2	1.1%	3.1	0.8%
7岁	4.0	1.1%	4.3	1.1%
8岁	3.6	1.0%	6.0	1.5%
9岁	4.4	1.2%	5.9	1.6%
10岁	2.9	0.8%	4.6	1.1%
11岁	4.1	1.1%	5.1	1.3%
12岁	1.6	0.4%	5.3	1.4%
13岁	2.0	0.5%	5.0	1.3%
14岁	2.2	0.6%	6.2	1.7%
15—17岁	5.5	0.6%	18.1	1.6%
15岁	2.6	0.7%	6.9	1.8%
16岁	0.4	0.1%	6.5	1.7%
17岁	2.4	0.8%	4.7	1.4%

表15 美国“家庭学校”的学生在不同学段的分布情况统计表

年份	数量及比例	年级				
		幼儿园	一至三年级	四至五年级	六至八年级	九至十二年级
1994	“家庭学校”的学生数量		11.8万人	7.3万人	7.7万人	7.6万人
	不同学段的“家庭学校”的学生数量占“家庭学校”学生总数的比例		34.2%	21.2%	22.3%	22.0%
1996	“家庭学校”的学生数量		13.4万人	10.5万人	15.4万人	24.3万人
	不同学段的“家庭学校”的学生数量占“家庭学校”学生总数的比例		21.1%	16.5%	24.2%	38.2%
1999	K-12阶段中不同学段的学生总数	379.0万人	1 269.2万人	794.6万人	1 178.8万人	1 395.4万人
	“家庭学校”的学生数量	9.2万人	19.9万人	13.6万人	18.6万人	23.5万人
	不同学段的“家庭学校”的学生数量占“家庭学校”学生总数的比例	10.8%	23.4%	16%	21.9%	27.6%
	不同学段的“家庭学校”的学生数量占该学段学生总数的比例	2.4%	1.6%	1.7%	1.6%	1.7%
2003	K-12阶段中不同学段的学生总数	364.3万人	1 209.8万人	852.8万人	1 247.2万人	1 395.8万人
	“家庭学校”的学生数量	9.8万人	21.4万人	16.0万人	30.2万人	31.5万人

（续表）

年份	数量及比例	年级				
		幼儿园	一至三年级	四至五年级	六至八年级	九至十二年级
2003	不同学段的“家庭学校”的学生数量占“家庭学校”学生总数的比例	8.9%	19.5%	14.6%	27.6%	28.7%
	不同学段的“家庭学校”的学生数量占该学段学生总数的比例	2.7%	1.8%	1.9%	2.4%	2.3%
	“家庭学校”的学生数量占该学段学生总数的比例		3.0%		2.9%	2.8%
		幼儿园至二年级	三至五年级		六至八年级	九至十二年级
2012	“家庭学校”的学生数量	41.5万人	41.6万人		42.5万人	51.4万人
	各学段“家庭学校”学生占其总数的比例	23.4%	23.5%		24.0%	29.0%
	“家庭学校”的学生占该学段学生总数的比例	3.1%	3.4%		3.5%	3.7%
2016	不同学段的学生总数	1 325.6万人	1 243.3万人		1 200.1万人	1 395.4万人
	不同学段学生占K-12阶段学生总量的比例	23%	22%		24%	31%
	“家庭学校”的学生占该学段学生总数的比例	2.9%	3.0%		3.3%	3.8%

表16 美国“家庭学校”的学生性别统计表

年份	女生			男生		
	“家庭学校”学生数量	“家庭学校”的女生数量占“家庭学校”学生总数的比例	“家庭学校”的女生数量占K—12阶段女生总数的比例	“家庭学校”学生数量	“家庭学校”的男生数量占“家庭学校”学生总数的比例	“家庭学校”的男生数量占K-12阶段男生总数的比例
1994	18.3万人	53.0%	0.9%	16.1万人	46.7%	0.7%
1996	36.8万人	57.9%	1.7%	26.8万人	42.1%	1.1%
1999	43.4万人	51.1%	1.8%	41.7万人	49.1%	1.6%
2003	52.7万人	48.1%	2.1%	56.9万人	51.9%	2.2%
2007			3.5%			2.4%
2012	89.5万人	50.6%	3.6%	87.6万人	49.5%	3.3%
2016			3.5%			3.0%

表17 美国各种族“家庭学校”的学生数量统计表[1]

年份	数量及比例	种族类型				
		白人	黑人	西班牙裔	亚裔或太平洋岛民	其他
1994	该种族“家庭学校”的学生总数	31.6万人	1.0万人	1.6万人		0.3万人
	不同种族的“家庭学校”学生数量占“家庭学校”学生总数的比例	91.6%	2.9%	4.6%		0.9%
	“家庭学校”的学生数量占本民族K-12阶段学生总数的比例	1.1%	0.2%	0.3%		0.2%
1996	该种族“家庭学校”的学生总数	55.2万人	1.4万人	5.1万人		2.0万人
	不同种族的“家庭学校”学生数量占“家庭学校”学生总数的比例	86.7%	2.2%	8%		3.1%
	“家庭学校”的学生数量占本民族K-12阶段学生总数的比例	1.8%	0.2%	0.9%		1.0%
1999	该种族“家庭学校”的学生总数	64.0万人	8.4万人	7.7万人		4.9万人

[1] 作者根据报告的某些数据，计算2007年各种族“家庭学校”学生的具体数量。2007年的黑人“家庭学校”数据统计不稳定，变量系数达到或超过30%。黑人主要是非洲裔；西班牙裔包括拉丁美洲人；太平洋岛民包括夏威夷土著居民。

（续表）

年份	数量及比例	种族类型				
		白人	黑人	西班牙裔	亚裔或太平洋岛民	其他
1999	不同种族的“家庭学校”的学生数量占“家庭学校”学生总数的比例	75.3%	9.9%	9.1%		5.8%
	“家庭学校”的学生数量占本民族K-12阶段学生总数的比例	2.0%	1.0%	1.1%		1.9%
2003	该种族“家庭学校”的学生总数	84.3万人	10.3万人	5.9万人		91万人
	不同种族的“家庭学校”的学生数量占“家庭学校”学生总数的比例	74%	10%	6%		9%
	“家庭学校”的学生数量占本民族K-12阶段学生总数的比例	2.7%	1.3%	0.7%		3.0%
2007	该种族“家庭学校”的学生总数	116.116	6.032	15.08	3.016	10.556
	不同种族“家庭学校”的学生数量占“家庭学校”学生总数的比例	77%	4%	10%	2%	7%
	“家庭学校”的学生数量占本民族K-12阶段学生总数的比例	3.9%	0.8%	1.5%	1.8%	4.3%
2012	该种族“家庭学校”的学生总数	120.1万人	13.9万人	26.7万人	7.3万人	9.0万人

（续表）

年份	数量及比例	种族类型				
		白人	黑人	西班牙裔	亚裔或太平洋岛民	其他
2012	不同种族的“家庭学校”的学生数量占“家庭学校”学生总数的比例	68%	8%	15%	4%	5%
	“家庭学校”的学生数量占本民族K-12阶段学生总数的比例	4.5%	1.9%	2.3%	2.6%	3.2%
2016	不同种族K-12阶段的学生总数	2 605.2万人	705.5万人	1 255.3万人	322.6万人	275.7万人
	K-12阶段的学生在不同种族中的分布比例	59%	8%	26%	3%	4%
	“家庭学校”的学生数量占本民族K-12阶段学生总数的比例	3.8%	1.9%	3.5%	1.5%	2.4%

表18 “家庭学校”的地区分布情况表

年份	数量与比例	地区			
		东北部	南部	中西部	西部
1994	不同地区“家庭学校”的学生数量	6.8万人	12.5万人	5.5万人	9.7万人
	不同地区“家庭学校”学生人数占“家庭学校”学生总数的比例	19.7%	36.2%	15.9%	28.1%

（续表）

年份	数量与比例	地区			
		东北部	南部	中西部	西部
1994	不同地区“家庭学校”学生人数占本地区K–12阶段学生总数的比例	0.9%	0.8%	0.5%	1.0%
1996	不同地区“家庭学校”的学生数量	8.1万人	20.7万人	15.3万人	19.6万人
	不同地区“家庭学校”学生人数占“家庭学校”学生总数的比例	12.7%	32.5%	24.1%	30.8%
	不同地区“家庭学校”学生人数占本地区K–12阶段学生总数的比例	0.9%	1.3%	1.4%	2.0%
1999	不同地区K–12阶段学生总数	1 022.0万人	1 733.6万人	1 204.0万人	1 056.0万人
	“家庭学校”的学生数量	11.4万人	35.5万人	16.6万人	21.5万人
	不同地区“家庭学校”学生人数占“家庭学校”学生总数的比例	13.4%	41.8%	19.5%	25.3%
	不同地区“家庭学校”学生人数占本地区K–12阶段学生总数的比例	1.1%	2.0%	1.4%	2.0%
2003	不同地区K–12阶段学生总数	922.0万人	1 723.2万人	1 194.9万人	1 230.5万人
	不同地区“家庭学校”的学生数量	16.8万人	44.5万人	23.8万人	24.5万人

（续表）

年份	数量与比例	地区			
		东北部	南部	中西部	西部
2003	不同地区“家庭学校”学生人数占“家庭学校”学生总数的比例	15.3%	40.6%	21.7%	22.4%
	不同地区“家庭学校”学生人数占本地区K–12阶段学生总数的比例	1.8%	2.6%	2.0%	2.0%
2007	不同地区“家庭学校”学生人数占本地区K–12阶段学生总数的比例	2.1%	3.7%	2.2%	3.1%

表19　美国“家庭学校”的城乡分布情况统计表

年份	数量及比例	居住地			
		城市	市镇	乡村	郊区
1999	不同区域K–12阶段学生总数	3 117.8万人	623.7万人	1 277.3万人	
	不同区域“家庭学校”的学生数量	45.5万人	12.0万人	27.5万人	
	“家庭学校”的学生数量占“家庭学校”学生总数的比例	53.5%	14.2%	32.4%	
	“家庭学校”的学生数量占本地区K–12阶段学生总数的比例	1.5%	1.9%	2.2%	

（续表）

年份	数量及比例	居住地			
		城 市	市 镇	乡 村	郊 区
2003	不同区域K–12阶段学生总数	4 018.0万人	1 052.7万人		
	不同区域“家庭学校”的学生数量	79.4万人	30.2万人		
	“家庭学校”的学生数量占“家庭学校”学生总数的比例	72.4%	27.6%		
	“家庭学校”的学生数量占本地区K–12阶段学生总数的比例	2.0%	2.9%		
2007	“家庭学校”的学生数量占本地区K–12阶段学生总数的比例	2.0%	3.0%	4.9%	2.7%
2012	不同区域“家庭学校”的学生数量	48.9万人	13.2万人	54.8万人	60.1万人
	“家庭学校”的学生数量占“家庭学校”学生总数的比例	27.6%	7.5%	40.0%	34.0%
	“家庭学校”的学生数量占本地区K–12阶段学生总数的比例	3.2%	2.7%	4.5%	3.1%
2016	不同区域K–12阶段的学生总数	1 634.5万人	413.6万人	836.7万人	2 276.9万人
	K–12阶段学生在不同地区的分布比例	29%	10%	22%	39%
	“家庭学校”的学生数量占本地区K–12阶段学生总数的比例	3.0%	4.3%	4.4%	2.9%

参考文献

1. [澳] 达格拉斯・霍奇森.受教育人权 [M]. 申素平，译.北京：教育科学出版社，2012.
2. [美] 阿兰・柯林斯，理查德・哈尔弗森.技术时代重新思考教育：数字革命与美国的学校教育 [M]. 陈家刚，程佳铭，译.上海：华东师范大学出版社，2013.
3. [美] 安妮特・拉鲁.不平等的童年 [M]. 张旭，译.北京：北京大学出版社，2010.
4. [美] 安妮特・拉鲁.家庭优势：社会阶层与家长参与 [M].吴重涵，熊苏春，张俊，译.吴重涵，审校.南昌：江西教育出版社，2014.
5. [美] 彼得・M.布劳，W.理查德・斯科特.正规组织：一种比较方法 [M]. 夏明忠，译.北京：东方出版社，2006.
6. [美] 保罗・E.彼得森.平等与自由：学校选择的未来 [M].刘涛，王佳佳，译.曾晓东，校.北京：教育科学出版社，2012.
7. [美] 戴安・拉维奇.美国学校体制的生与死：论考试和择校对教育的侵蚀 [M].北京：北京大学出版社，2014.
8. [美] 戴维・B.秦亚克.一种最佳体制：美国城市教育史 [M].赵立玮，译.上海：上海人民出版社，2010.
9. [美] 理查德・L.达夫特.组织理论与设计（第11版）[M].王凤彬，张秀萍，石云鸣，刘松博，等译.刘松博，王凤彬，审校.北京：清华大学出版社，2014.
10. [美] 乔纳森・H. 特纳.社会学理论的结构（第7版）[M].邱泽奇，张茂元，等译.北京：华夏出版社，2006.
11. [美] W.理查德・斯科特，杰拉尔德・F.戴维斯.组织理论：理性、自然与开放系统的视角 [M]. 高俊山，译.北京：中国人民大学出版社，2011.
12. [美] W.理查德・斯科特.组织理论：理性、自然与开放系统 [M].黄洋，李霞，申薇，席侃，译.邱泽奇，译校.北京：华夏出版社，2002.

13. [美] 约翰·E.丘伯，泰力·M.默.政治、市场和学校 [M].蒋衡，等译，杜育红，校.北京：教育科学出版社，2003.
14. [美] 约翰·F.威尔逊.当代美国的宗教 [M].徐以骅，译.上海：上海人民出版社，2013.
15. [美] 约翰·霍特.孩子为何失败（第1版）[M]. 张慧卿，译.北京：首都师范大学出版社，2010.
16. [美] 詹姆斯·G. 马奇，赫伯特·A.西蒙.组织（原书第2版）[M].邵冲，译.北京：机械工业出版社，2013.
17. 21世纪教育研究院.中国在家上学研究报告 [R].2013.
18. Ronald E. Koetzsch.自由学习的国度：另类理念学校在美国的实践 [M].薛晓华，译.卢美贵，审订.上海：华东师范大学出版社，2005.
19. 艾军婷.美国家庭学校教育的社会学分析 [D].昆明：云南师范大学，2007.
20. 布赖恩·克里滕登.父母、国家与教育权 [M]. 秦惠民，等译.北京：教育科学出版社，2009.
21. 蔡娜.美国家庭学校教育对传统学校教育的超越 [J].现代教育科学（普教研究），2009（12）.
22. 陈桂生.也谈在家上学 [J].当代教育论坛，2003（10）.
23. 陈汉珍.丁丁为什么在家上学？——兼论教育异化 [D].上海：华东师范大学，2008.
24. 陈新宇.美国“家庭学校”运动及其新趋势 [J].学科教育，2004（5）.
25. 陈新宇.美国家庭学校学生的社会化问题初探 [J].贵州民族学院学报（哲学社会科学版），2004（5）.
26. 陈颖.美国各州家庭学校立法情况比较 [J].世界教育信息，2008（1）.
27. 陈玉琨，钟海青，江文彬.90年代美国的基础教育 [M].桂林：广西师范大学出版社，1998.
28. 陈志科.论家庭学校及其应具备的条件 [J].天津市教科院学报，2006（8）.
29. 陈志科.在家上学的合法性探讨 [J].天津市教科院学报，2007（10）.
30. 陈志科.家庭学校与教育公平 [J].天津市教科院学报，2008（2）.
31. 崔姣姣.对美国“在家上学”的几点研究 [J].浙江教育科学，2013（12）.
32. 党亭军，冯妮亚.试论学校教育负向功能的表现及改进措施——英国义务教育学龄儿童“在家上学”现象启示 [J].现代教育科学（普教研究），2004（1）.
33. 邓康延，梁罗兴，等.盗火者：中国教育革命静悄悄 [M].北京：新星出版社，2014.
34. 杜晓萍.美国K-12阶段“在家上学”形式利弊控析 [J].宁波大学学报（教育科学版），2006（12）.
35. 范国睿，等.共生与和谐：生态学视野下的学校发展 [M].北京：教育科学出版社，2011.
36. 方杰著.蓝天下飞出校园的孩子：一对母子在家教育的故事［M］.广州：汕头大学出版社，2003.
37. 方梅.让孩子在家上学的美国家庭［J］.上海教育科研，2004（5）.
38. 傅松涛，毕雪梅，张东会.教育组织形态的历史回归与超越——当代美国家庭学校的组织形态分析［J］.比较教育研究，2007（10）.
39. 耿兆辉，朱云艳，侯翠环.约翰霍尔特家庭学校教育思想新探［J］.河北师范大学学报（教育科学版），2011（7）.
40. 谷峪.家庭即学校，双亲即教师——泰国教育改革试验［J］.外国教育研究，2001（2）.
41. 康永久.教育制度的生成与变革——新制度教育学论纲［M］.北京：教育科学出版社，2003.
42. 贺武华.新自由主义主导下的学校重建研究［M］.北京：光明日报出版社，2008.
43. 贺武华.我国“在家上学”现象深度分析：中美比较视角［J］.浙江社会科学，2012（11）.
44. 贺武华.在家上学：从舆论焦点走向学术研究——兼议《中国在家上学研究报告》［J］.浙江教育科学，2014（2）.
45. 胡清莉，段作章.“在家上学”审思［J］.教学与管理，2013（10）.
46. 季卫华.“孟母堂”事件中的教育权探析［J］.教学与管理，2007（19）.
47. 贾欢.美国家庭学校教育质量现状及其保障体系探析［D］.曲阜：曲阜师范大学，2010.
48. 江天桥，肖沁浪.义务教育视阈下教育选择权对象初探［J］.理论导报，2011（12）.
49. 姜姗姗.美国家庭学校教育研究［D］.长春：东北师范大学，2006.
50. 康安峰.论义务教育阶段父母及学生教育选择权［J］.现代教育论丛，2009（5）.
51. 劳凯声.变革社会中的教育权与受教育权：教育法学基本问题研究［M］.北京：教育科学出版社，2003.
52. 劳凯声.公立学校200年：问题与变革［J］.北京大学教育评论，2009（4）.
53. 劳凯声，李孔珍.教育政策研究的民生视角［J］.教育科学研究，2012（12）.
54. 冷玉斌.家庭学校：让家成为最好的教育现场（第一辑）［M］.长春：长春出版社，2011.
55. 李东影.美国家庭学校教育的特点及对我国教育的启示［J］.沈阳教育学院学报，2008（5）.
56. 李继航.从美国家庭学校的兴起看现代学校教育制度的危机与出路［D］.上海：上海师范大学，2010.

57. 李丽丽.利益集团视角下的美国在家教育运动［J］.外国中小学教育，2007（8）.
58. 李丽丽.消解学校神话的社会——伊里奇“去学校化”教育思想评述［J］.哈尔滨工业大学学报（社会科学版），2008（2）.
59. 李丽丽.学术用语严谨性研究——以Home Education/Homeschooling为例［J］.安徽工业大学学报（社会科学版），2010（9）.
60. 李秋玲.武汉7家城市父母带孩子会农村自教引起的思考［J］.基础教育研究，2013（12）.
61. 李伟信.美国“家庭学校教育”的复兴、现状及启示［J］.外国教育研究，2007（4）.
62. 李新玲.在家上学：叛离学校教育［M］.北京：中央广播电视大学出版社，2012.
63. 李毅强，周建.美国学校：难以复制的另类模式［J］.天津市教科院学报，2013（4）.
64. 李毅强.美国家庭学校运动史研究［D］.重庆：西南大学，2013.
65. 李雨锦.家庭学校：美国基础教育的新亮点［J］.教学与管理，2006（11）.
66. 林祖松.“入学”不是保障受教育权的唯一途径——从“孟母堂”事件看《中华人民共和国义务教育法》的缺陷［J］.基础教育研究，2010（8）.
67. 刘宝存，杨秀治.西方国家的择校制度及其对教育公平的影响［J］.教育科学，2005（2）.
68. 刘精明，等.教育公平与社会分层［M］.北京：中国人民大学出版社，2016.
69. 刘庆仁.美国新世纪教育改革［M］.台北：心理出版社，2005.
70. 刘松.我国“在家上学”现象研究［D］.南昌：江西师范大学，2013.
71. 刘雪.美国家庭学校透析与启示［J］.当代教育论坛，2005（11）.
72. 刘燕.现当代美国家庭学校现象研究［D］.上海：华东师范大学，2005.
73. 刘争先.在家上学对制度化学校教育的反抗与反思［J］.贵州师范大学学报（社会科学版），2013（12）.
74. 柳国辉.欧美国家“家庭学校”立法研究［J］.基础教育参考，2005（4）.
75. 卢海弘.美国家庭学校的教学述评［J］.比较教育研究，2004（5）.
76. 卢海弘.当代美国学校模式重建［M］.广州：中山大学出版社，2004.
77. 陆纪坤，黄迅成.美国居家教学的启示［J］.江苏广播电视大学学报，2007（8）.
78. 栾玉杰.不同利益群体影响下的美国家庭学校教育研究［D］.长春：东北师范大学，2011.
79. 罗辉.美国家庭学校现状及其启示的研究［D］.长沙：湖南师范大学，2014.
80. 罗建河.试论在家教育与教育机会均等［J］.上海教育科研，2003（7）.
81. 罗明东，陈瑶.家庭学校：一种新的教育形式［J］.云南师范大学学报（哲学社会科学版），2002（2）.
82. 马建生.公平与效率的抉择：美国教育市场化改革研究［M］.北京：教育科学出版社，2008.
83. 迈克尔·W.阿普尔.教育的“正确”之路——市场、标准、上帝和平等（第二版）［M］. 黄忠敬，吴晋婷，译.袁振国，审校.上海：华东师范大学出版社，2008.
84. 孟四清.关于在家上学问题的调查与思考［J］.上海教育科研，2002（2）.
85. 牛芳菊.约翰·霍尔特与美国家庭学校［J］.教育发展研究，2005（2）.
86. 牛蒙刚.教育组织形态的选择：家庭学校对公立学校的挑战及启示［J］.教育导刊，2012（3）.
87. 彭鸿斌.美国儿童在家上学合法化演变历程与现状［J］.外国中小学教育，2009（1）.
88. 齐学红，陆文静.在家教育对儿童社会化影响的个案研究［J］.教育科学研究，2013（7）.
89. 钱德勒·巴伯，尼塔·H.巴伯，帕特丽夏·史高莉.家庭、学校与社区：建立儿童教育的合作关系（第四版）［M］. 丁安睿，王磊，译.刘晶波，审校.南京：江苏教育出版社，2013.
90. 钱扑.美国家庭学校的兴起及其特征分析［J］.上海教育科研，2007（11）.
91. 屈书杰.在家上学——美国教育新景观透视［J］.外国中小学教育，1999（2）.
92. 饶从满.美国家庭学校教育运动简介［J］.外国教育研究，1991（4）.
93. 任长松.美国家长的择校权与美国的“在家上学”［J］.全球教育展望，2008（10）.
94. 尚超.美国“家庭学校”学生社会化问题研究［J］.比较教育研究，2004（5）.
95. 尚超.美国家庭学校研究——历史、现状与未来［D］.北京：北京师范大学，2005.
96. 申素平.在家上学的法理分析——从我国在家上学第一案说起［J］.中国教育学刊，2008（7）.
97. 申素平.父母、国家与儿童的教育［J］.比较教育研究，2009（3）.
98. 石家丽.近十年来义务教育阶段“在家上学”问题研究述评［J］.基础教育，2013（2）.
99. 宋贝.家庭学校的中美对比研究［D］.北京：北京林业大学，2013.
100. 孙振华.美国家庭学校英才教育研究［D］.北京：首都师范大学，2009.
101. 汤新华.美国的家庭学校［J］.江苏教育研究，2013（1）.
102. 唐宗浩，李雅卿，陈念萱.另类教育在台湾［M］.台北：唐山出版社，2005.
103. 田慧园.家庭学校应对处境不利儿童教育问题的可行性研究［D］.曲阜：曲阜师范大学，2013.
104. 汪利兵，邝伟乐.英国义务教育学龄儿童“在家上学”现象述评［J］.比较教育研究，2003（4）.
105. 王国柱.学习自由与参与平等：受教育权的理论和实践［M］.北京：中国民主法制出版社，2009.
106. 王海燕.文化的多元与共生：美国“在家上学”运动述评［J］.苏州大学学报，2002（7）.
107. 王佳佳，王文倩.美国“在家上学”现象研究综述［J］.教育导刊，2011（8）.
108. 王佳佳.美国“在家上学”儿童的社会化问题之争［J］.外国教育研究，2012（1）.
109. 王佳佳.美国“在家上学”运动与高校的应对［J］.复旦教育论坛，2012（5）.
110. 王俊景.美国家庭学校教育研究［D］.保定：河北大学，2005.
111. 吴晶，李全禄.美国家庭学校常用的教学方法评述［J］.外国教育研究，2011（9）.
112. 吴田田.美国家庭学校课程与教学述评［J］.内蒙古民族大学学报，2013（1）.
113. 吴文前.美国“家庭学校”教育对中国教育的启示［J］.教育与教学研究，2010（1）.
114. 武佳美.美国家庭学校的运作与质量保障研究［D］.上海：上海师范大学，2013.
115. 武若冰.从“私塾”教育到父母教育选择权的思考［J］.广西大学学报（哲学社会科学版），2006（11）.
116. 项贤明.泛教育论——广义教育学的初步探索［M］.太原：山西教育出版社，2000.
117. 肖甦.在家上学，到校考试——俄罗斯普教新形式［J］.俄罗斯文艺，2000（9）.
118. 谢雪芹.美国家庭学校剖析［J］.基础教育参考，2008（3）.
119. 辛占强.对我国义务教育阶段家庭教育选择权合理性的论证［J］.上海教育科研，2007（3）.
120. 邢悦，詹亦嘉.权利是靠不住的：美国政治文化探析［M］.北京：北京大学出版社，2015.
121. 熊丙奇.谁来改变教育？［M］.上海：中西书局，2014.
122. 熊江宁，李勇刚.北京“现代私塾”的现状与出路［J］.北京社会科学，2011（5）.
123. 徐冬鸣.美国“在家教育”立法述评［J］.现代教育管理，2013（12）.
124. 徐碧琳，陈劼.组织行为与非正式组织研究［M］.北京：经济科学出版社，2009.
125. 闫闯.家长教育选择权的源起、理论基础及意蕴［J］.教育科学论坛，2012（12）.
126. 闫伟荣.美国家庭学校的研究及其启示［D］.呼和浩特：内蒙古师范大学，2008.
127. 颜雪梅.家庭学校：家庭教育主体意识的回归［J］.比较教育研究，2005（3）.
128. 杨东平.杨东平教育随笔：教育需要一场革命［M］.上海：上海人民出版社，2007.
129. 杨慧敏.美国基础教育［M］.广州：广东教育出版社，2004.
130. 杨佳，杨汉麟.美国现代家庭学校的特点及发展趋势［J］.教育研究与实验，2010（10）.

131. 杨佳.美国家庭学校教育透视——兼谈对我国教育的启示［D］.武汉：华中师范大学，2008.
132. 杨娟.家庭教育权的合法性及其在我国义务教育中的实践［J］.现代教育管理，2011（1）.
133. 杨梅.美国特许学校运动研究［M］.北京：人民出版社，2014.
134. 杨萍.挑战公立教育的美国“家庭学校”［J］.外国教育研究，2003（10）.
135. 杨启光.当代美国家庭学校教育运动的学术研究与政策分析［J］.比较教育研究，2003（8）.
136. 杨启光.美国学校教育变革中家庭参与的多维度转向［J］.当代青年研究，2013（11）.
137. 殷晟.在家教育法制化研究［D］.南昌：江西师范大学，2010.
138. 尹力.试述父母教育权的内容——从比较教育法制史的视角［J］.比较教育研究，2001（11）.
139. 余强基.家庭教育发展的新形式——在家上学：“国内外家庭教育新动向的研究”报告［J］.天津市教科院学报，2001（6）.
140. 于显洋.组织社会学（第二版）［M］.北京：中国人民大学出版社，2009.
141. 张碧如.教与学的另类可能：在家教育自主学习之个案研究［M］.台北：五南图书出版股份有限公司，2006.
142. 张栋科.homeschool：互联网技术支持的教育革新［J］.软件导刊·教育技术，2010（8）.
143. 张丽梅.美国家庭学校教育发展研究［D］.保定：河北大学，2010.
144. 张玲.美国的家庭学校教育运动初探［D］.上海：华东师范大学，2005.
145. 张明霞.试论美国家庭学校的教学状况及对我国的启示［J］.中国科教创新导刊，2012（3）.
146. 张瑞芳.美国“在家上学”法律渊源及特点探析［J］.比较教育研究，2015（3）.
147. 张瑞芳.我国“在家上学”合法化路径选择探析［J］.教育理论与实践，2016（1）.
148. 张爽.多样化与学校可持续发展：校长的责任［J］.中国教育学刊，2012（11）.
149. 张震.我国宪法文本中“受教育义务”的规范分析——兼议“孟母堂”事件［J］.现代法学，2007（5）.
150. 赵丽雯.家庭学校教育中课程实施的质性研究［D］.西宁：青海师范大学，2013.
151. 赵忠民.美国“在家教育”现象剖析［J］.外国中小学教育，2009（6）.
152. 甄丽娜.当代美国“家庭学校”透视［J］.贵州师范大学（社会科学版），2003（6）.
153. 甄丽娜，岳慧兰.美国学龄儿童“在家上学”现象述评［J］.基础教育参考，2004（7）.
154. 郑可春.论中美两国“在家上学”的差异——以形成动因和立法许可两个向度为例［J］.教育探索，2013（9）.

155. 郑觅.论父母教育观的现实边界——基于“在家上学”的探讨［J］.中南民族大学学报（人文社会科学版），2013（1）.
156. 郑素一.教育权之争——“孟母堂”事件的法理学思考［J］.行政与法，2006（11）.
157. 郑新蓉.试析父母教育权的起源、演变和特征［J］.教育研究与实验，2000（5）.
158. 周琴.美国基础教育阶段的择校政策：公平、效率、自由选择［M］.北京：人民出版社，2014.
159. 周兴国.教育与强制——教育自由的界限［M］.福州：福建教育出版社，2012.
160. 周雪光.组织社会学十讲［M］.北京：社会科学文献出版社，2003.
161. 周谊，李艳.美国家庭学校的利弊分析［J］.民办高等教育研究，2004（12）.
162. 周愚文，高强华，张明辉等.松与绑的再反思［M］.台北：五南图书出版公司，2005.
163. 朱国云.组织理论：历史与流派（第二版）［M］.南京：南京大学出版社，2014.
164. 朱乐敏，张晓燕.美国居家教学与中国私塾教学比较［J］.扬州教育学院学报，2009（4）.
165. 朱利霞.国家观念、市场逻辑与公共教育——转型期西方公共教育研究［M］.济南：山东教育出版社，2010.
166. 朱云艳.美国家庭学校教育之父——约翰霍尔特家庭学校教育思想研究［D］.保定：河北大学，2011.

167. Ama, M., Garvey, L. African American Homeschooling and the Question of Curricular Cultural Relevance［J］. Journal of Negro Education, 2013(82).
168. Andrade, A.G. An Exploratory Study of the Role of Technology in the Rising of Homeschooling［D］. Ohio University, 2008.
169. Apple, M.W. Away with all Teachers: The Culture Politics of Homeschooling［J］. International Studies in Sociology of Education, 2000, 10(1).
170. Apple, M.W. The Culture Politics of Homeschooling［J］. Peabody Journal of Education, 2000(75).
171. Apple, M.W. Who Needs Teacher Education? Gender, Technology, and the Work of Homeschooling［J］. Teacher Education Quarterly, 2007, 34(2).
172. Basham, P., Merrifield, J., Hepburn, C.R. Home Schooling: From the Extreme to the Mainstream(2nd edition)［R］. Vancouver: The Fraser Institute, 2007.
173. Bielick, S. 1.5 Million Homeschooled Students in the United States in 2007［R］. Washington DC: National Center for Education Statistics, 2008.
174. Bielick, S., Chandler, K., Broughman, S.P. Homeschooling in the United States: 1999［R］. U.S. Department of Education. Washington DC: National Center for Education Statistics, 2001.

175. Blok, H. Performance in Home Schooling: An Argument against Compulsory Schooling in the Netherlands [J]. International Review of Education, 2004, 50(1).
176. Boschee, B., Floyd, B. A Profile of Homeschooling in South Dakota [J]. Journal of School Choice, 2011, 5(3).
177. Boudreaux, D.J. Lessons from Homeschooling [J]. The Freeman, 1998, 48(9).
178. Boyer, W.A.R. Exploring Home Schooling [J]. International Journal of Early Childhood, 2002, 34(2).
179. Burch, P. Hidden Market: The New Education Privatization [M]. New York: Routledge, 2009.
180. Callaway, S. Unintended Admission Consequences of Federal aid for Homeschoolers [J]. The Journal of College Admission, 2004.
181. Camber, B.M. Tearing down the Walls: Cyber Charter Schools and the Public Endorsement of Religion [J]. TechTrends, 2009, 53(4).
182. Carlson, D. Homeschooling and Bilingual Education: A Well-kept Secret [J]. Education for Meaning and Social Justice, 2009, 22(4).
183. Cheng, A. Does Homeschooling or Private Schooling Promote Political Intolerance? Evidence from a Christian university [J]. Journal of school choice, 2014(8).
184. Clare, L. Autism and Flexischooling: A Shared Classroom and Homeschooling Approach [M]. London, Philadephia, DA: Jessica Kingsley Publishers, 2012.
185. Clark, V.P. Homeschooling Guidelines and Statutes: An Analysis of Public School Superintendents' Perceptions in Ocean County [D]. New Jersey Capella University, 2010.
186. Cogan, M. Exploring Academic Outcomes of Homeschooled Students [J]. Journal of College Admission. 2010.
187. Conroy, J.The State, Parenting, and the Populist Energies of Anxiety [J]. Educational Theory, 2010, 60(3).
188. Cooper, B.S. Home Schooling in Full View: A Reader [M]. Greenwich, CT: Information Age, 2005.
189. Davies S., Aurini J. Homeschooling and Canadian Educational Politics: Right, Pluralism, and Pedagogical Individualism [J]. Evaluation and Research in Education, 2003,17(2 & 3).
190. Davis, A. Evolution of Homeschooling [J]. Distance Learning, 2012, 8(2).
191. Diana, P. You can Homeschool Your Child with Special Needs [J]. Exceptional Parent, 2010, 39(5).
192. Drenovsky, C.K., Cohen, I. The Impact of Homeschooling on the Adjustment of

College Students [J]. International Social Science Review, 2012, 87(1/2).

193. Dunn, J., Derthick, M. Homeschooler Strike Back [J]. Education Next, 2008.

194. Duvall, S. Assessing Homeschooling Students [J]. National association of school psychologists, 2011, 40(4).

195. Fields, C., Willianms, M. Motivations, Sacrifices, and Challenges: Black Parents' Decisions to Home School [J]. Urban Review, 2009.

196. Firth M., Sobkowisc, M. It Takes a Community to Help Children Learn [J]. Natural Life Magazine, 2000.

197. Furness, A. Helping Homeschoolers in the Library [M]. Chicago: American Library Association, 2008.

198. Fusarelli, L.D. The Political Dynamics of School Choice:Negotiating Contested Terrain [M]. New York: Palgrave Macmillan, 2003.

199. Gaither, M. Homeschooling: An American History [M]. New York: Palgrave Macmillan, 2008.

200. Gaither, M. Why Homeschooling Happened? [J]. Educational Horizons, 2008, 86(4).

201. Glanzer, P. Rethinking the Boundaries and Burdens of Parental Authority over Education: A Response to Rob Reich's Case Study of Homeschooling [J]. Educational Theory, 2008, 58(1).

202. Grady, S., Bielick S., Aud S. Trends in the Use of School Choice: 1993–2007 [R]. National Center for Education Statistics, Institute of Education Sciences, U.S. Department of Education. Washington, D.C., 2010.

203. Griffith, M. The Homeschooling Handbook: From Preschool to High School, A Parent's Guide [M]. Rocklin, CA: Prima Publishing,1997.

204. Groover, S., Endsley, R. Family Environment and Attitude of Homeschoolers and Non-Homeschoolers [D]. The University of Geogia, 2010.

205. Hanna, L. Homeschooling Education: Longitudinal Study of Methods, Materials, and Curricula [J]. Education and Urban Society, 2012, 44(5).

206. Henke, R.R., Kaufman, P., Broughman, S.P., Chandler, K. Issues Related to Estimating the Home-schooled Population in the United States with National Household Survey Data [R]. U.S. Department of Education. Office of Educational Research and Improvement, 2000.

207. Hurlbutt, K.Considering Homeschooling Your Child on the Autism Spectrum? Some Helpful Hints and Suggestions for Parents [J]. EP Magazine, 2010.

208. Immell, M.Homeschooling [M]. New York: Greenhaven Press, 2009.

209. James, J. Homeschooling for Black Families [J]. Mothering, 2007.

210. Lois, J. Home is Where the School Is: The Logic of Homeschooling and the

Emotional Labor of Mothering [M]. New York: New York University Press, 2013.

211. Jolly, J., Matthews, M., Nester, J. Homeschooling the Gifted: A Parent’s Perspective [J]. Gifted Child Quarterly, 2013(57).
212. Jones, P., Gloeckner, G.A Study of Admission Officers’ Perceptions and Attitudes towards Homeschool Students [J]. Journal of College Admission, 2004.
213. Kaplan, P. Reaching out to Homeschooling Families: Services and Programs [J]. Illinois Libraries, 2001, 83(1).
214. Kate McReynolds: Homeschooling [J]. Education for Meaning and Social Justice, 2007, 20(2).
215. Kellie, S., Duggan, M. Homeschoolers Entering Community Colleges: Perceptions of Admission Officers [J]. Journal of College Adimission, 2008(5).
216. Kraftl, P. Towards Geographices of “Alternative” Education: A Case Study of UK Home Schooling [R]. Transactions of the institute of British Geographers, 2012.
217. Kleist-Tesch, J. Homeschoolers and the Public Library [J]. Journal of Youth Service in Library, 1998, 11(3).
218. Kunzman, R. Homeschooling in Indiana: A Closer Look [J]. Education Policy Brief, 2005, 3(7).
219. Kunzman, R. Write These Laws on Your Child: Inside the World of Conservative Christian Homeschooling [M]. Boston: Beacon Press, 2009.
220. Kunzman, R. Homeschooling and Religious Fundamentalism [J]. International Electronic Journal of Elementary Educational, 2010, 3(1).
221. Kunzman, R. Education, Schooling, and Children’s Rights: The Complexity of Homeschooling [J]. Educational Theory, 2012, 62(1).
222. Laura LaCasse.Interest in Homeschooling Is Running High [J]. Countryside and Small Stock Journal, 1997.
223. Leiding, D. The Hows and Whys of Alternative Education: School Where Students Thrive [M]. Rowam & Little, field Education, 2008.
224. Lewis, W.D.The Politics of Parent Choice in Public Education:The Choice Movement in North Carolina and the United States [M]. New York: Palgrave Macmillan, 2013.
225. Lines, P. M. Homeschooling Comes of Age [J]. The Public of Interest, 2000, 140.
226. Lines, P. When Homeschoolers Go to School: A Partnership between Families and Schools [J]. Peabody Journal of Education, 2000(75).
227. Lines, P.M. Enrolled Home Study Partners with Public Schools [J]. Education Digest, 2004.

228. Lips, D., Feinberg, E. Homeschooling: A Growing Option in America Education [R]. Washington, DC: Heritage Foundation, 2008.
229. Lips, D., Feinberg, E. Homeschooling: The Sleeping Giant of American Education [J]. USA Today, 2009.
230. Littman.G. Homeschooling for Peace [J]. Path of Learning, 2002, 13.
231. Lois, J. Role Strain, Emotional Management, and Burnout: Homeschooling Mothers' Adjustment to the Teacher Role [J]. Symbolic Interaction, 2006, 29(4).
232. Lora, S. A Home away from Home: Libraries and Homeschoolers [J]. School Library Journal, 2008, 54(8).
233. Lyman, I. Homeschooling: Back to the Future [J]. Policy Analysis, 1998.
234. Madden, S. Public Library Service to Homeschoolers [J]. School Library Journal, 1991(3).
235. Mayberry, M., Knowles, J. Family Unity Objectives of Parents Who Teach Their Children: Ideological and Pedagogical Orientations to Home Schooling [J]. The Urban Review, 1989, 21(4).
236. Mazama, A., Lundy, G. African American Homeschooling and Question of Curricular Culture Relevance [J]. The Journal of Negro Education, 2013, 82(2).
237. Mazama, A., Musumunu, G. African Americans and Homeschooling: Motivations, Opportunities, and Challenges [M]. New York: Routledge, 2015.
238. McConnell, D.L., Hurst, C.E. No "Rip Van Winkles" here: Amish Education since Wisconsin v. Yoder [J]. Anthropology and education quarterly, 2006, 37(3).
239. McMullen, J. G. Pulling back the Curtains: Undetected Child Abuse and the Need for Increased Regulation of Home Schools in Missouri [J]. B. Y. U. Education and Law Journal, 2013(2).
240. Mcreynolds, K. Homeschooling [J]. Education for Meaning and Social Justice, 2007, 20(2).
241. Merry, M., Karsten, S. Restricted Liberty, Parental Choice and Homeschooling [J]. Journal of Philosophy of Education, 2010, 44(4).
242. Meyer, H.Trade, Profession, or Entrepreneurs? The Market Faithful Raise Important Questions about the Future of Teacher Unions [J]. American Journal of Education, 2005, 112.
243. Michael, L. The Schooling Book of Lists [M]. San Francisco: Jossey-Bass, 2008.
244. Michers, M. Homechooling: Adventitious or Detrimental for Proficiency in Higher Education [J]. Edication, 2001, 122(1).
245. Mills, D. Homeschooling's Liberalism [J]. First Thinking, 2012.

246. Mills, D. New Directions for School Effectiveness Research: Towards School Effectiveness without Schools [J]. Journal of Education Change, 2006(7).
247. Moore, S.A. Professional Resources: Do-it-yourself Books for Parents [J].The Reading Teacher, 1990, 44(1).
248. Muijs, D. New Directions for School Effectiveness Research: Towards School Effectiveness without Schools [J]. Journal of Educational Change, 2006(7).
249. Murphy, J. Homeschooling in America: Capturing and Assessing the Movement [M]. California: Corwin Press, 2012.
250. Murphy, J., Gilmer, S.W., Weise, R., Page, A. Pathways to Privatization in Education [M]. London: Ablex Publishing Corporation,1998.
251. Nemer, K.M. Understudied Education:Towards Builiding a Homeschooling Research Agenda [R]. Columbia University, 2002.
252. Noel, A., Srark, P. Redford, J. Parent and Family Involvement in Education [R]. From the National Household Education Survey Program of 2012.National Center for Education Statistics, Institute of Education Sciences, U.S. Department of Education. Washington, D.C.,2013.
253. Osborne, A.G., Russo, C.J., Cattaro, G.M. Alternative Schooling and School Choice [M]. SAGE Publications, 2012.
254. Patricia, S. Homeschooling and the Child with Autism: Answers to the Top Questions Parents and Professionals Ask [M]. San Francisco: Jossey-Bass, 2009.
255. Pedersen, A., O'Mara, P. Schooling at Home: Parents, Kids and Learning [M]. New York: John Muir Publications, 1990.
256. Pelt, D.A. Rejoinder to William H.Jeynes' "Response to the Journal of School Choice's Special Section on Private Religious Protestant and Catholic Education in the North America:Contributions and Concerns" [J]. Journal of School Choice, 2012(6).
257. Perry, J., Perry, K. The Complete Guide to Homeschooling [M]. Los Angeles, CA: Lowell House, 2000.
258. Phillips, L. Homeschooling is an Art, not a Science: The Impact of Homeschooling on Choice of College Major [J]. Sociological Viewpoints, 2010.
259. Pollack, D. Homeschooling and Children Protection [J]. Policy and Practice, 2012, 70(1).
260. Princiotta, D., Bielick, S. Homeschooling in the United States: 2003 [R]. U.S. Department of Education. Washington DC: National Center for Education Statistics, 2006.
261. Ray, B.D. Customization through Homeschooling [J]. Educational Leadership,

2002.

262. Ray, B.D. Homeschoolers on to College: What Researches Show Us [J]. Journal of College Admission, 2004.
263. Ray, B.D. Homeschooling Progress Report 2009: Academic Achievement and Demographics [R]. Purcellville: HSLDA, 2009.
264. Ray, B.D. 2.04 Million Homeschool Students in the USA in 2010 [R]. Salem, OR: National Home Education Research Institute, 2011.
265. Reich, R. The Civic Perils of Homeschooling [J]. Educational Leadership, 2002, 59(7).
266. Reich, R. On Regulating Homeschooling: A Reply to Glanzer [J]. Educational Theory, 2008, 58(1).
267. Rivero, L. The Homeschooling Option: How to Decide When It's Right for Your Family [M]. New York: Palgrave Macmillan, 2008.
268. Romanowski, M.H. Revisiting the Common Myths about Homeschooling [R]. The Clearing House: Heldref Publications, 2006.
269. Ross, C.J. Fundamentalist Challenges to Core Democratic Values: Exit and Homeschooling [J]. William& Mary Bill of Right Journal, 2010, 18.
270. Rothermel, P., Fiddy, A. The Law on Home Education [J]. Child Right, 2001.
271. Scheps, S.G. Homeschooler in the Library [J]. School Library Journal, 1999.
272. Sheffer, S. Homeschooling Leaves Home [J]. Peacework, 2008, 35(9).
273. Sherfinski, M. Contextualizing the Tools of a Classical and Christian Homeschooling Mother-teacher [J]. The Ontario Institute for Studies in Education of the University of Toronto Curriculum Inquiry, 2014, 44(2).
274. Shin.H. Single Parenting, Homeschooling:Prospero, Caliban, Miranda [J]. SEL, 2008, 48(2).
275. Shinn, L. A Home away from Home [J]. School Library Journal, 2008.
276. Simon, Rita, L. A Look Bachward and Forward At American Professional Women and Their Families [M]. New York: University Press of America, 2000.
277. Sorey, K., Duggan, M.H. Homeschooler Entering Community Colleges: Perceptions of Admission Officers [J]. Journal of college admission, 2008.
278. Staehle, D. Taking a Different Path: A Mother's Reflections on Homeschooling [J]. Roeper Review, 2000, 22(4).
279. Stevens, M. Kingdom of Children: Culture and Controversy in the Homeschooling Movement [M]. New Jersey: Princeton University Press, 2001.
280. Stevens, M. The Normalization of Homeschooling in the USA [J]. Evaluation and Research in Education, 2003, 17(2 & 3).
281. Tice, P., Princiotta, D., Bielick, S. Trends in the USA of School Choice: 1993 to

2003 [R]. U.S.Department of Education. Washington DC: National Center for Education Statistics, 2006.
282. Waal, E., Theron, T. Homeschooling as an Alternative Form of Educational Provision in South Africa and the USA [J]. Evaluation and Research in Education, 2003, 17(2 & 3).
283. Wanda A. Boyer R. Exploring Homeschooling [J]. International Journal of Early Childhood, 2011, 34(2).
284. Wells, A.S. Time to Choose: American at the Crossroads of School Choice Policy [M]. New York: Hill and Wang, 1993.
285. Wichers, M. Homeschooling: Adventitious or Detrimental for Proficiency in Higher Education [J]. Education, 2001, 122(1).
286. Williamson, K.D. The Last Radical: Homeschoolers Occupy the Curriculum [J]. National Review, 2012.
287. Winstanley, C. Too Cool for School? Gifted Children and Homeschooling [J]. Theory and Research in Education, 2009, 7(3).
288. Witte, D.E., Mero, P.T. Removing Classroom from the Battlefield: Liberty, Paternalism, and the Redemptive Promise of Educational Choice [J]. Brigham Young University Law Review, 2008.
289. Yuracko, K.A. Education off the Grid: Constitutional Constraints on Homeschooling [J]. California Law Review, 2008, 96.

后 记

博士论文即将出版，要写后记了。打开电脑，热泪盈眶，感慨万千。这本书是我整个博士阶段的最终成果，它的出版包含了太多人对我的关爱、帮扶和鼓励。

首先，我要感谢肖甦教授。她是我的博士生导师，学术上解疑答惑，道德上标杆引领，生活中贴心关怀。读博期间，肖老师给予我学业上的悉心指导，工作期间，她依然关注我的学术成长。博士论文从选题、开题到撰写完成，每一步都包含了导师的心血。每次看着论文批注中的圈圈点点，心里既羞愧又感激。在读博的艰难岁月中，能有这样一位充满正能量的恩师在身边，我感到无比的幸福、安慰，她给了我信心、力量和勇气。这次博士论文的出版机会就是在肖老师的推荐下获得的；本书的序也是在肖老师的引荐之下，由学术泰斗王英杰教授撰写。一些想都不敢想的念头在肖老师的引导和帮助下，竟然都变成了现实，这种惊喜与感动深深地埋在我的心里，永远激励我在学术道路上砥砺前行。

其次，我要感谢王英杰教授。在国际与比较教育研究院，同学们都亲切地称他为“爷爷”，“爷爷”德高望重、谦逊儒雅，备受大家爱戴，在美国教育研究领域有很高的知名度。每每听“爷爷”说话，都感觉是一种享受，意见总是娓娓道来，语气温和又直击要害。在博士论文开题、预答辩时，王老师提出了很多中肯的建议，对论文的顺利完成大有益处。在本书出版之前，他又答应为本书作序，这在很大程度上提升了本书的高度，增添了亮度，我深感荣幸，备受鼓舞。

此外，我还要感谢我的硕士生导师王晓辉教授。我是他在北京师范大学的第二届硕士，由于我本科就读的是汉语言文学专业，没有教育的根基，他耐心引领我进入比较教育之门，融入国际与比较教育研究院这个温暖的大家庭。感谢在博士论文开题、预答辩、答辩过程中给予我指导的马健生教授、王璐教授、林杰教授，他们的批判精神、建设性意见为我的论文写作指明方向。感谢赵伟师姐、婵娟师妹、尊伟、向旭等牺牲个人宝贵的时间，为论文的修订、出版提出诸多合理的建议。

我要感谢家人的支持。特别是我的丈夫，他关心我事业的发展，鼓励我读博深造。我在北京读博的三年里，他主动承担了照顾女儿和整个家庭的重担。感恩生命中有他的包容与呵护，让我的生命源泉不致匮乏。

感谢北京师范大学国际与比较教育研究院给予的出版资助。国际与比较教育研究院是一个有温度、有高度的学术阵地，在这里我度过了六年（硕士、博士各三年）的时光，遇到了人生中的良师，结识了学术研究中的益友。感恩国际与比较教育研究院在我毕业后依然为我的研究提供动力支持，它奠定了我学术成长的根基，永远是我眷恋的精神家园。我还要感谢现在任职的聊城大学教育科学学院的领导、同事们对我日常教学、科研工作的支持、关心和帮助。

此外，我还要向上海教育出版社的编辑表达最诚挚的谢意，一字一句，认真编辑，正是他们的敬业精神与辛勤工作，才保证了本书的顺利出版。

虽然论文几经修改，但即将正式出版之际，内心不免惶恐。综合来看，本书主要从宏观层面对美国“家庭学校”的生成环境、成长历程、内部运行、外部支持和阻力等进行了较为透彻的阐释与分析。由于资料的限制，本书对美国“家庭学校”的微观层面关注不够，如没有对在“家庭学校”读书的孩子与具有可比性的公立学校的孩子进行比较，没有详细分析通过“家庭学校”培养的学生日后的职业表现、社会表现以及学术表现，一定程度上影响了对家庭学校作出公正、客观的评价；美国教育部下属的全国教育数据中心每隔四年发布一次报告，论文出版时，相关数据还没有更新，因此导致数据看起来有些陈旧。

研究无止境，学术研究的过程就是不断寻求突破的过程。上述的缺憾、不足为后续的研究提出了努力的方向，如果日后有机会到美国进修或访学，一定争取深入美国家庭，获取一手资料，为研究积累更为鲜活、更具说服力的素材。同时，联系中国“家庭学校”的实际情况，加强对国内相关教育改革的讨论，实现比较教育的借鉴价值。于我而言，博士论文的出版是一种激励，更是一种鞭策，让我在以后的学术道路上争取做得更严谨，更精益求精。

张爱玲

2020 年 6 月 12 日

图书在版编目（CIP）数据

美国的"家庭学校" / 张爱玲著. — 上海:上海教育出版社, 2021.1
（基础教育国际比较研究丛书 / 顾明远主编）
ISBN 978-7-5720-0344-8

Ⅰ. ①美… Ⅱ. ①张… Ⅲ. ①家庭教育 – 研究 – 美国 Ⅳ. ①G789.712

中国版本图书馆CIP数据核字(2021)第018981号

策　　划　董　洪
责任编辑　毛　浩
书籍设计　陆　弦　周　吉

基础教育国际比较研究丛书
顾明远　主编
Meiguo De "Jiating Xuexiao"
美国的"家庭学校"
张爱玲　著

出版发行　上海教育出版社有限公司
官　　网　www.seph.com.cn
地　　址　上海市永福路123号
邮　　编　200031
印　　刷　上海展强印刷有限公司
开　　本　640 × 965　1/16　印张 24.75　插页 3
字　　数　297 千字
版　　次　2021年1月第1版
印　　次　2021年1月第1次印刷
书　　号　ISBN 978-7-5720-0344-8/G·0252
定　　价　78.00 元

如发现质量问题，读者可向本社调换　电话：021-64377165